〝二人のプリンス〟と中国共産党

張作霖の直系孫が語る
天皇裕仁・張学良・習近平

河信基
Ha Shingi

彩流社

はじめに

「抗日」と「反日」を混同する現象が広くあるが、本書は明治維新以来の官製常識を覆し、歴史の闇に隠された「二人のプリンス」の友誼と挫折に光を当て、「抗日闘争」と、それを契機に世界史の表舞台に躍り出た中国共産党の真実を明らかにする。そして、近現代世界史を東西広く俯瞰しながら、米国と対等な「新型大国関係」構築を前面に掲げた習近平率いる中国の戦略と目標、文明史的な意義を明らかにし、巷間飛び交う断片的な中国論に満足できない読者の期待に応えようとするものである。タブーなしの辛口は「親中」とは言えないが、誤解と対立を再生産する「反中」とは対極にある。無論、いわゆる「反日」とは無縁である。

張作霖は馬賊ではなかったとか、天皇裕仁（一九〇一年〜一九八九年）がキリスト教に改宗しようとしたとか、日中戦争の転機を開いた「西安事変」（一九三六年一二月一二日）の立役者の張学良（一九〇一年〜二〇〇一年）が秘密共産党員であったとか、荒唐無稽に思われる叙述が随所に溢れているが、いずれも事実、もしくは、独自の視点から史料を読み解いた十分に合理性のある推論である。一見して無関係な三人を宿命的に繋ぐ見えない糸を辿り、建前に隠された本音（意志）を穿ち、歴史の真実を浮かび上がらせた。

強烈な意志がシンクロして巨大な力となり、歴史を創る。「クレオパトラの鼻がもう少し低かったら、世界の歴史は変わっていたであろう」と述べたのはブレーズ・パスカルであるが、歴史における個人の役割がいかに大きいかを再認識させられる。「抗日」で国民党と共産党を団結させた西安事変も張学良が周恩来と出会わなかったらありえず、中華人民共和国は誕生しなかった。ポスト建国世代の習近平が超大国の米国と「新型大国関係」構築で丁々発止と渡り合うなど、夢のまた夢でしかなかった。

世界のパラダイム（枠組み）が揺れている。主因の一つは中国であるとの認識は多くの人が共有しているが、では、中国、具体的には習近平中国共産党総書記・国家主席が何を考え、どこへ向かおうとしているのかについては知的、政治的エリートの間でも意見が極端に割れる。それが世界を混沌とさせている最大の理由である。

習近平は二〇一四年から一九四五年九月三日（日本降伏の翌日）を国家の祝日に格上げし、翌年の「抗日戦勝七〇周年及び世界ファシズム戦勝七〇周年」記念行事で「七〇年前の今日、中国人民は一四年間の抗日戦争の偉大な勝利を手にした。近代以降の中国において、抗日戦争の勝利は外敵の侵入に対する初めての完全な勝利であった」と演説した。共産党主導の「一四年間の抗日戦争」を強調するのは、「抗日戦争の主体は共産党ではなく、国民党であった」（馬英九台湾総裁）、「日本軍降伏を受け入れたのは蔣介石の国民党政府」といった一部の評価を駁し、中国共産党の役割と正統性を再認識させることに本音がある。

それに疑義を抱く人々は、西安事件の真相に触れた時に初めて、張作霖爆殺事件（一九二八年）↓

満州事変（一九三一年〜三三年）→日中戦争（一九三七年〜四五年）を一つの必然的な流れとして理解し、「一四年間の抗日戦争」の真実に近付くであろう。「抗日」は「反日」と曲解されやすいが、より正確には「抗日本軍国主義」と表現すべきなのである。

その序曲は、結果的に悲劇となる「二人のプリンス」の出会いである。張作霖の後継者とされた「東北の貴公子」張学良は一九二一年秋、訪日した。わずかに読売新聞朝刊（一九二一年一〇月二一日）が二面下一段記事で「永隊旅長張学良（張作霖子息）渡日」と伝え、錯綜した国際情勢の中で秘密のベールに覆われていたが、事実上の国賓であった。皇太子裕仁と背丈、年恰好、醸し出す雰囲気まで「瓜二つ」と周囲を驚かせ、病床の大正天皇に代わって謁見した貞明皇后がわが子と見間違うほどであった。

外側の自分と内側の自分の乖離に悩んでいた「二人のプリンス」は、英語や漢語筆談を交わしながら打ち解け、互いに心を開き、ナイーブな内面世界がいつしか共鳴音を奏でる。幼時から帝王学を仕込まれ、志と異なる軍人の道を歩まされていた孤高の二人は密かに、西洋文明と共に日中支配層に深く浸透していたキリスト教を心の拠り所にしていたが、感応しあい、認め合うところとなった。初対面の相手を信じたが、自分を信じたかったのであろう。張学良は能弁で知られていたが、裕仁も軽妙洒脱な話し手であった。十歳の頃から学友を招いた談話会で「新イソップ」のような寓話をいずれ作りたいと語り、他を妬むホウボウ、タイをウナギがたしなめる「海魚の不評」、日照りで困るハヤを助ける蛙の「二匹のハヤ」など動物を主人公にした寓話をいくつか作り、「裕仁新イソップ」と命名していたことが『昭和天皇実録一九一二年三月一六日、一九一三年一月一八日』に記されている。

「二人のプリンス」の友誼は日本と東北三省（満州）の同盟の証となったが、背景には、領土紛争を発端にイタリアではムッソリーニのファシズムが猛威をふるい、ドイツでナチズムが台頭し、日本では軍国主義が足早に忍び寄る厳しい現実があった。張学良離日三日後、庶民宰相の呼び声高かった原敬首相が暗殺され、七年後、関東軍による張作霖爆殺事件が引き起こされる。敬愛する父を奪われた張学良は日本の背信に怒り、「抗日」が激しく芽生えてくる。即位直後の天皇裕仁も関東軍の関与を疑い、田中義一首相を叱責し、辞任に追い込む。やがて、傀儡満州国建国で東北を追われた「東北の貴公子」は酒色と麻薬に溺れる絶望の奈落に落されるが、忽然と再起を誓って渡欧し、バチカンのサン・ピエトロ大聖堂を訪れる。巡り合わせと言うべきか、裕仁も欧州歴訪中にバチカンを訪れ、張学良と出会ったのは帰国直後であった。ローマ法王ベネディクト一五世との会見で深い感銘を受けたことが『昭和天皇実録』などでうかがわれ、ある意味で張学良との会話の核心部を占めたと思われる。一〇年後、記憶力では少年時代から定評がある張学良が渡欧を決断した瞬間、その記憶が過ぎったことであろう。

欧米歴訪から戻った張学良は別人のように逞しく、強かになり、「抗日」の義憤を晴らすべく国民党軍副総司令に就任する。そうして総司令の蒋介石を西安に誘き寄せて共産党との「抗日聯共」を強引に約させたのである。西安事変がなかったら、中国が抗日戦争に勝利することは出来なかった。また、共産党が日本降伏後に再燃した国民党との内戦を制圧し、中華人民共和国を建国することも出来なかった。毛沢東が「救国の英雄」と張学良を称えたのは至極当然と言える。

「二人のプリンス」を結びつけたのは反戦思想とキリスト教であったが、それぞれの立場から公にされず、日本敗戦後、天皇裕仁は人間宣言を行い、キリスト教に改宗しようとした。「昭和天皇夫妻は、〝秘密の洗礼〟を受けたとカソリック教界では言われてきた」と日本キリスト教界の最長老の一人である村岡ゆきえ・宮崎修道院長は語る。張学良は半世紀にわたる幽閉中、洗礼を受けることを許された。

また、「二人のプリンス」の仲を裂いた関東軍の中核に東條英機がいた。戦後、A級戦犯として処刑された東條らが靖国神社に合祀されたことを知り、共に怒りを露にしたのは積年の鬱積した心情の発露であった。

物語は戦後七〇年経った今なお、現在進行形である。安倍晋三首相は戦後七〇周年記念談話で先の大戦への反省について間接的にしか言及しなかった。だが、翌八月一五日の日本武道館の全国戦没者追悼式で天皇明仁は短い「お言葉」で、戦後の復興を「平和の存続を切望する国民の意識に支えられた」と振り返り、「先の大戦に対する深い反省とともに、戦争の惨禍が再び繰り返されないことを切に願い……」と述べ、同席した安倍首相との違いを強烈に印象付けた。米有力紙ワシントンポストは即日、「安倍と平和主義で一線を画す天皇」とのタイトルで「過去の慣例を破り、自らの言葉で deep remorse と深い反省の言葉を述べた」と報じ、父裕仁の思いを受け継ぐ現天皇の平和への願いが「日本の良心」と内外で注目されたが、故なしとしない。

奇しくも、習近平の父親の習仲勲元副総理は西安事変当時、張学良が国民党の共産軍討伐副司令官として前戦司令部を置いた西安市と睨みあっていた共産党根拠地・延安の生え抜き共産党員であり、張学良との因縁浅からぬものがある。他方、安倍晋三の祖父岸信介は関東軍が作り上げた満州国総務次長として経済的な実権を握り、習仲勲と敵対していた。習近平と安倍晋三が歴史認識で激しく対立するのは血縁のなせる業でもある。

本文を読んでいただければ理解されるであろうが、「抗日」＝「抗日本軍国主義」は特定政治勢力の戦術やイデオロギーではなく、民族解放、階級解放、人間解放と結びついた時、真に人類普遍の大義となりうる。そこから自ずと、日中究極の和解と東アジアの平和と安定➡〝一つのアジア〟の道が見えてくるであろう。

国際社会で「平和学の父」と呼ばれるノルウエーのヨハン・ガルトゥング博士は「紛争解決にはそれぞれが抱える過去のトラウマや望んでいる未来を聞きだし、敵対の根底にある本質的な問題を解消することが必要」と説くが、ギクシャクした日中関係、さらには日韓・日朝関係にそのまま当てはまる。仏教では因果応報と言うが、人間は〝何か〟を背負って生きている。意識の深層に潜み、時として本人すら自覚されていない〝何か〟が希望や絶望、喜怒哀楽となり、他と主体的に、往々にして宿命的に関わる。それが人間であり、どんなに敵対する人間でも人間同士として理解しあえる、というのが本書の隠れた趣旨であることも明らかにしておきたい。

ノンフィクションの特性を生かし、登場人物たちが特殊な状況の中で〝何〟を思ったのかを史料を通して掘り下げることに努めた。同様の手法を『朴正熙　韓国を強国に変えた男——その知られざる思想と生涯』でも用いたが、韓国語訳を大統領当選前の朴槿恵氏が読み、「父のことをよく書いてくれた」と述べたと側近から伝え聞いた。その直後――東北地方太平洋沖地震数ヵ月後であるが、朴正煕大統領の最側近であった金在春「財団法人五・一六民族賞」理事長から私のもとに国際電話が入った。五・一六軍事革命後の大統領選挙候補選定で内部が割れ、金在春少将（後に中央情報部長）が朴正煕追い出しを図ったナンバー2の金鍾泌を最高会議常務委員会で激烈に批判する〝セリフ〟を想像力を交えて再現したのであるが、「そのように考えていた」と、八十余歳となった当人が感謝の言葉を伝えてきたのである。一度も会ったことがない人物の声が不思議な余韻を残して耳にこびりついているが、類的な存在である人間はやはり特殊な状況に対応しようと合理的に〝何か〟を考える。非合理的な衝動もその延長線上で弾けると言えよう。思えば、本書の〝語り部〟である張作霖の直系孫である張学飛氏との出会いも、『朴正煕』が取り持った奇縁であった。「存在が意識を決定する」（カール・マルクス）が、使命感といった、絆で増幅された強烈な意志が存在の壁を突き破った実例を読者諸氏はいくつか目にすることになろう。

目次

はじめに―― 3
プロローグ――日中和解と平和へのひたむきな願い―― 15
1 貴公子張学良と皇太子裕仁の交誼 15
2 張若飛の「二つの血」のこだわり 25
第1章 張作霖暗殺に激怒した天皇裕仁の想い―― 33
1 外圧依存の東アジア型ナショナリズム 33
2 関東軍過激派のテロ 37
第2章 「抗日」を大義に蘇った張学良少師―― 49
1 蔣介石にあしらわれた貴公子 49
2 解放区を拡大する毛沢東を意識 54

3　張学良と周恩来の秘密会談　61
4　西安事変の真実　67
5　第二次国共内戦の隠れた主役は旧東北軍（奉天軍）　86

第3章　平和憲法制定にイニシアチブを発揮した昭和天皇――93

1　人間・裕仁とマッカーサー連合国最高司令官　93
2　キリスト教に改宗しようとした昭和天皇夫妻　106
3　東條らの合祀を知り、靖国神社参拝を拒否　108

第4章　習近平と安倍晋三の遠くて近い関係――111

1　世襲政治家のプライド　111
2　先代、先々代の怨念を背負った習、安倍　120

第5章　ユーラシア大陸の新勢力図：「ドイツ帝国」VSロシア……中国――125

1　EUの夢の実験、スープラ・ナショナリズムの盲点　125
2　ドイツ一人勝ちの背後に〇・〇一%の寡頭支配　132
3　西に伸びる「一帯一路」とウクライナ情勢　142

第6章　中国が米国を追い抜くワケ――151

1　グローバリゼーションの落とし穴　151
2　格差拡大にすくむ「先進国の罠」　155

3 米国の衰退とアジアインフラ投資銀行（AIIB）ショック 160
第7章 「米中新型大国関係」は歴史の一プロセス——167
1 安倍政権の誤算 167
2 日米同盟の黄昏 172
3 岐路の日本経済 178
第8章 習近平主席と平成天皇の静謐な対話——刻まれた戦争体験——185
第9章 「習近平暗殺計画」説の深層——191
1 転換期の中国経済と「一路一帯」 191
2 「経済はすべてを圧倒する」 197
3 江沢民の偏向、「三個代表」 205
4 腐敗撲滅運動の狙いと薄熙来事件 212
5 「太子党」の宿命 240
6 習近平の中の「第二次天安門事件」 245
7 各論に入った「米中大型大国関係」 255
エピローグ——張四代の系譜と夢——271
1 国境を超えた愛 271
2 父を人質に取られた「貴公子」張義 274

3 周恩来総理の口添えで日本に「一時帰国」 279
4 半世紀の時空を超えた「救国の英雄」 287
5 張学良は秘密共産党員であった 295
6 中国に戻らなかった張学良の真実 300
おわりに―― 305
参考文献―― 310

プロローグ——日中和解と平和へのひたむきな願い

1　貴公子張学良と皇太子裕仁の交誼

神のみぞ知る交誼を引き裂かれた思いが弾けたのであろう、〝二人のプリンス〟は戦後共に、東條英機（一八八四年〜一九四八年）元首相らA級戦犯の靖国神社合祀を知り、憤慨した。似通った脈絡の中で、安倍晋三首相の突然の靖国神社参拝に習近平中国主席が怒り、日中関係はいきなり過去に引き戻されてしまった。

歴史の真実は往々にして〝官製常識〟の陰に隠れている。へそ曲がりは常識の方なのかもしれないと、二代目「貴公子」張義の子の張若飛は思う。一代目は旧東北軍（奉天軍）のプリンスであった張学良である。中国東三省（満州）の覇者・張作霖（一八七五年〜一九二八年）は長男の張学良を「太子」と呼び、人々は「貴公子」と奉った。

満州（中国東北三省＝遼寧省、吉林省、黒龍江省）と聞くと、満州国（一九三二年〜一九四五年）を思い浮かべる人は多いが、それ以前に、遼寧省の片田舎で母親の細腕で育てられた一介の一獣医から身を起こした希代の英雄・張作霖の東北政府が満州を世界が羨む豊かな地に変え、清時代に英国にもたらされて大流行し、巨額の貿易黒字を生んだ茶同様に、特産物の大豆が世界市場を席巻し、巨万の富をもたらしていたことを知っている人は少ない。馬賊か匪賊の不法集団のように描かれてきた張作霖の奉天軍閥は実は清朝滅亡後、中国各地に割拠した軍閥の中でも最も合理的な統治システムを有した最有力の軍閥であり、近代的な政府と議会制度を整えていた。

全中国から聡明な「東北のプリンス（貴公子）」と嘱望された張学良が一九二一年に来日したことを知っていても、日本と東北の事実上の同盟関係を誇示する国賓であったことを知る人は少ない。観兵式に招待された貴公子張学良を皇太子裕仁と間違えて軍楽隊が「君が代」を演奏したことを知っている人は少なくないが、同年輩の孤独な〝二人のプリンス〟がキリスト教的な博愛主義で共鳴し、愛すべき隣人として平和を誓い合ったことを知る人はほとんどいない。

それから七年後、「東北のプリンス」の父の張作霖が爆殺されたことを馬賊か軍閥の頭目が消されたくらいに軽く考える人がいても、今風に表現すれば、中国国家元首に対する関東軍過激派による重大なテロ事件と認識している人は皆無に近い。

〝官製の常識〟には、しばしば不都合な真実を隠そうとする企みや魂胆が潜んでいる。

天皇がキリスト教？　ありえない、とありきたりの常識を振りかざした時点で、見えるものも見えなくなってしまう。東アジアの伝統を非文明と切り捨て、西洋化＝文明開化を急いだ明治薩長軍閥政府の廃仏毀釈令により、聖徳太子以来、厚く信仰してきた仏教を奪われた皇室が、心の拠り所をキリスト教に求めたとしても何ら不思議ではない。

中国共産党を「反日」とする常識にも、「反日」と「反軍国主義」をごちゃ混ぜにする非常識が潜んでいる。汚職と腐敗にまみれた中国共産党が、万人平等な共産主義社会の実現を目指している？ありえない、一党独裁を正当化する口実だろうと訳知り顔をした時点で、父親譲りの一徹な習近平総書記が党綱領から「共産主義」を消さない理由が蒙昧の闇の中に隠れてしまう。

張作霖・張学良の直系孫が東京の片隅のキリスト教会系の孤児院に預けられていたこと自体が非常識の極みであるが、張若飛は世間の心無い常識に一つ一つ挑戦しながら、自分の存在意味を確かめたいと願っている。

二〇一五年一〇月、張作霖爆殺事件の現場近くに博物館がオープンする。習近平国家主席が「抗日戦勝七〇周年」記念事業の一環として建設を直接指示したが、満州事変→満州国建国→日中戦争へと日中関係を暗転させた原点を捉えなおす試みである。

日本では忘れ去られようとしている過去であるが、二〇一五年元旦、天皇明仁がそれに目を向けようと訴えた。「本年は終戦から七〇年という節目の年にあたります。……。この機会に、満州事変に始まるこの戦争の歴史を十分に学び、今後の日本のあり方を考えていくことが、今、極めて大切なことだと思っています」との感想を発表したのである。

「一四年間の抗日戦争」に日本側から言及した異例の発言であった。日本では戦争というと、多くの人が一九四一年の真珠湾攻撃から始まった太平洋戦争を思い浮かべる。「米英などの経済封鎖でやむなく始めた」と考える戦後世代が増えている。中国との認識ギャップは大きいが、天皇明仁の感想はそれを埋めようとする試みであった。平和と戦争の間で弄ばれた父親の昭和天皇の思いを受け継いでいるのであろう。

習主席の博物館オープンと天皇明仁の感想に直接的な関係はない。しかし、埋もれた過去に真摯に向かい合おうとする共通の思いを張若飛は感じる。両者は二〇〇九年一二月に特例会談をしており、通うものがあるのだろう。誰も歴史から自由ではありえず、一見して無関係な言動も滔々とした歴史の流れの中で絡み合いながら、現実的な意味を帯びるのだ。

「東北のプリンス」張学良の一〇一年の人生は「人を助ける医師を志しながら、人を殺す軍人となってしまった」と悔やんだ言葉そのままに、数奇の一言であった。西安事変で内戦状態の国民党と共産党を挙国的な抗日で手を結ばせ、父の仇討ちを果たす。西安事変がなかったら、中国人同士が争い、日本軍に中国は分割統治されたことだろう。その功は特筆されねばならないが、「二つの中国」誕生で生の身は宿縁の蔣介石（一八八七年～一九七五年）台湾総統によって台北近郊に移され、幽閉された。

昭和天皇が亡くなった年にかつての〝もう一人のプリンス〟が半世紀にわたる軟禁から解放されたのは、もはや宿命としか形容できない。翌年、ＮＨＫのインタビューに応じ、「なぜ（Ａ級戦犯として絞首刑になった）東條を靖国に祭っているのか……」と積年の思いを語った。中国侵略の急先鋒となった東條らの靖国神社合祀を知った天皇裕仁が参拝を止めたことは知っている。思いは一つであった。

しかし、西安事変の真相については「証言できない」と、固く口を閉ざした。蔣介石国民党軍総司令に次ぐ国民党軍ナンバー2の副総司令・陸軍一級上将（元帥）でありながら、蔣介石を拉致監禁し、敵方であった共産党ナンバー2の周恩来と引き合わせて抗日連共を誓わせる一世一代の離れ業をやってのけたのは、単なる日本軍への報復感情か、あるいは憂国の情か、それとも蒋介石が疑った特別な信念があってのことか、日中近現代史最大の謎として遺された。

「二人のプリンス」の記憶が人々の頭から薄らぎ始めた二〇一四年九月、『昭和天皇実録』が公刊された。戦争と平和に翻弄された天皇裕仁の言葉が生々しく蘇ったのである。張学良の「NHKインタビュー」などと付き合わせると、関東軍によって翻弄された二人の真実が見えてくる。おりしも日中関係に暗雲が垂れ込めている。「二人のプリンス」の平和への思いを無駄にしてはならないとの、声なき声が若飛には聞こえてくる。

今ようやく歴史の闇に落された真実に光を当てる時が来たと、張若飛は感じる。「東北のプリンス」の血が、失われた張一族の名誉回復の時が来たと胸をときめかす。待っているのは大団円なのか確信は持てないが、「二人のプリンス」の未完の物語の語り部となろう。

日中の対立解消、和解はいまや二国関係を超え、アジア全体、否、世界的な関心事となっている。満州事変に深く関わった米国も「一九三〇年から一九七五年までは東南アジアから北東アジアに至るまで、野蛮な衝突の時代であった」（デニス・ブレア前米国家情報長官）と、改めて一九三〇年代に注目している。オバマ大統領は「新型大国関係」構築で合意した習主席との綱引きを少しでも有利にしようと、日米同盟をリバランス戦略の梃子と考えている。日中対立は米国にとっては漁夫の利を得るチャンスであり、米国が日中の間でキャスティングボードを握った一九三〇年代の再現を狙っていると解釈できないこともない。

オバマ大統領に中国と全面対決する気は毛頭ないし、その余力もない。確かに、中国の核戦力増強に無関心ではいられないが、中国が米国との全面対決を決意して核実験を行った一九六四年当時と比べれば、危険性ははるかに少ない。偶発的な軍事的衝突はありえても、首脳会談を重ねている対話の域内で解決可能である。雌雄を決する主戦場は経世済民＝経済に移っている。

風雲急なのは、経済的な既成秩序が崩れていることの裏返しでもある。見た目以上に、国際経済社会におけるパラダイムシフトは急である。

二〇一五年三月一二日、米国を震撼させる電撃的な声明が英国政府から発せられた。「世界最速の成長市場であるアジア・太平洋地域との結び付きを強める」（オズボーン英財政相）と、アジアインフラ銀行（ＡＩＩＢ）への参加を表明したのである。中国が初の国際金融銀行として二〇一五年度内設立を目指すＡＩＩＢに対しては、オバマ大統領が「世界で最も成長が速いアジア太平洋でルールを作るのは、中国でなく、米国だ」と対抗心を剥き出し、「参加する計画はない」（アーネスト大統領報道官）と同盟国に強く同調を求めた。

それを、米国の伝統的な同盟国である英国がひっくり返した。堰を切ったように五七カ国が創設メンバー（理事国）に名を挙げた。「ブレトンウッズ体制以来の出来事であり、米国が世界経済システムの保証人としての役割を失った節目」（サマーズ元米財務長官二〇一五年四月五日）と米国内に衝撃が走った。

ドルと人民元の銃声なき戦争の始まりである。米国がＡＩＩＢ創設に反対した理由は明確だ。国際金融秩序再編で中国に主導権を握られ、ドルの基軸通貨としての地位が揺らぐのを恐れたからである。ドルか人民元か、いずれ一方が第二のポンドの道を辿るのは必至である。

ＡＩＩＢを巡る米国の歴史的な敗北は、中国の存在感を強烈に世界に示した。日本の三倍に達しつつある中国のＧＤＰは、世界一位の米国に迫る。二〇一四年の名目ＧＤＰは一位米国一七兆四一八九億ドル、二位中国一〇兆三八〇三億ドル、三位日本四兆六一六三億ドルであるが、ＩＭＦによると人民元の実質購買力に換算した購買力平価ベース（二〇一四年）では中国一七兆六千億ドル、米国一七兆四千億ドルと既に逆転している。ちなみに日本はインドに次ぐ四位で、四兆八千ドルと中国の約四分の一となる。ＡＩＩＢ攻防は当初から結果が見えていた。

ＡＩＩＢの創設メンバーに域内からは韓国が手を挙げ、日本が米国と共に見送ったが、中国は潜在能力の高い日本を諦めきれず、門戸を開いている。ＡＩＩＢが始動する二〇一六年からは、ユーラシア大陸全域が「一帯一路」で北京に通じる中国版マーシャルプランの「シルクロード経済圏構想」が具体化していく。その中核体と成る東アジア経済圏の統合は加速化し、欧州連合（ＥＵ）の牽引役となった独仏のように、日中が究極の和解へと突き進んでいくのは大河の流れなのだ。

張若飛の体内で脈打つ中国人の血が、中国の大国復活は文明史的な事件に違いないと騒ぐ。二〇世紀の東アジアは戦争と平和に弄ばれた受難の時代であった。五百年の繁栄を誇ったローマ文明は、辺境の蛮族ゲルマン民族の侵入で八世紀に歴史から姿を消し、朽ち果てたコロシアムが往時の栄華を偲ばす。東アジアも、世界に冠たる中華帝国がゲルマン民族の後裔である英国が仕掛けた阿片戦争（一八四〇年～一八四二年）に惨敗して半植民地国家に転落し、東アジア地域は分断されて争い、共滅の危機に瀕した。それでも復活できたのは、戦後、廃墟と化した日本がいち早く復興し、中国、韓国の発展を促したからなのだ、と日本人の血が吠える。東アジアが世界の成長センターとして奇跡的に復活したのは、漢字、儒教、仏教を千数百年間もの長きに渡って共有してきた中華文明圏の底力が発揮されたからだと、掛け値なしに評価しなければならない。アジア人としての自覚と矜持がいつにも増して求められる。

歴史は一直線には進まない。反動は付き物であり、試練を超えなければ前進しない。現下の日中関係は戦争を知らない戦後世代を試しているとも言える。

戦後生まれの習近平政権、安倍晋三政権が相次いで誕生した当初は和解と融和の新時代が訪れたと期待する声もあったが、あれよあれよという間に日中関係は戦後最悪へと暗転した。東シナ海の絶海の小島に暗雲が垂れ込め、連日のように日中の戦闘機、艦艇が睨みあう。

習近平・安倍晋三問題と言い換えても良いだろう。日中首脳がここまで意思疎通に欠けた前例はない。国交正常化時に誓い合った善隣友好を忘れたのかのように、自己主張を繰り返すのみで、歩み寄ろうとしない。無名に近かった二人だが、中国では対日感情の悪化とともに安倍首相が最も有名な日本人として急浮上している。日本でも、対中感情の悪化に乗って習主席が中国人有名ランキングのトップをうかがう。インターネット上の掲示板やブログでは応援団が満州事変前夜に飛び交った死語まで総動員して激しく応酬しており、まさに異常事態と言わねばならない。

米国に頼るしかなくなり、オバマ大統領の仲介で北京ＡＰＥＣ首脳会合（二〇一四年一一月）の合間に形ばかりの日中首脳会談が実現した。事前に相違点を確認してプレスリリースし、二五分間だけ顔見せした前代未聞の珍事は、茶番は言い過ぎとしても、世界中の失笑を買った。目すらまともに合わせず、伏目、横目で相手をうかがい、似たもの同士、腹の底が見えたのか不信感を倍化させ、会談後、尖閣（釣魚）諸島周辺にヘリポートや通信基地などの軍事施設を競って増強している。実弾装填の戦闘機のスクランブルや洋上での艦艇の睨み合いが急増し、領空、領海侵犯を互いに非難する。

ゾッとしない話だが、習主席は陝西省の空軍基地を視察し、一〇余機の長距離爆撃機H６Kを見て回った。二〇一五年二月一六日のことだが、その映像がテレビで流され、中国核戦略の一翼を担う戦略爆撃機の実戦配備がさりげなくデモされた。その一カ月半後、H６Kが台湾とフィリッピンの間のバシー海峡を抜け、西太平洋に飛行したと中国メディアが一斉に伝えた。いずれ沖縄諸島の間の空域を飛行するとの予告であろうが、それにも実弾装備の自衛隊機がスクランブルを掛けるのであろうか。米国が間に立って何とか平和が保たれているが、それも一つの通過儀礼かもしれない。歴史は螺旋階段に似て同じような事が繰り返されるが、全く同じではありえない。時としてスリリングな展開となるが、ケジメを経て緩やかに上昇していく。

中国外務省は二〇一五年九月一六日、習近平主席が二二～二五日まで米国を公式訪問すると発表した。国家主席就任後、初の国賓訪問は「信頼醸成と疑念払拭の旅」（王毅外相）と位置づけられ、「新型大国関係」構築の各論に入る。日本問題も議題となろう。

習、安倍の個性が火花を散らす喧嘩も、変革期に付き物のガス抜きと見れないこともない。大見得を切り、名分を並び立て、個人の意志を地域に押しつけているかのようであるが、地底深い活断層に戦後七〇年たまりたまった誤解、不信、怒り、憎悪のガスクランプを一挙に噴出させているのである。言いたいことを言い合うことで、見て見ぬ不利を決め込んでいた過去を総ざらいし、誰もが納得する形で大団円を迎える役割を果たしている。反面教師的でピエロ的ですらあるのは、当人たちも十分に自覚していないからである。

長いスパンで歴史を俯瞰すれば、目前の日中間の軋轢も東アジアの旺盛なバイタリティーのうちである。中国、日本、韓国が切磋琢磨することで、地域は発展してきた。中国には中華文明本家の矜持がある。日本には「日出ずる国の天子、日没する国の天子に」と隋の皇帝に国書を送った独立自尊の意地がある。朝鮮（韓国）には両国の架橋となった自負がある。気負いから時に争い、刺激しあうこともある。

平和の意味が問われている今だからこそ、日中は真の力量、度量が問われると、二つの血を受け継ぐ張若飛は考える。中華文明圏で教養を受けた者なら、誰しも雨降って地固まると知っている。いま求められているのは、争いを肥やしとし、謙虚さや寛容性を不断に涵養しながら、三人寄れば文殊の智恵を働かせる伝統的な叡知である。苔の生すことに日本人は美意識を感じるが、中国人は懐古趣味と笑う。水と油だと悲観した時期もあったが、「だから面白い」と今は思える。感性の違いを認め合い、力を合わせれば、より美しい庭園を創ることが出来るだろう。

2 張若飛の「二つの血」のこだわり

習近平主席のビジョンである「中華民族の偉大なる復興の夢」は、張若飛の血に訴える。歴史に埋没した張一族の悲願とオーバーラップする壮大なロマンすら感じる。時として覇権主義的に映るのは、米国による一極支配への果敢な挑戦が屈折するからであろう。

習近平が夢の先に見据えているのは、最大のライバルとみなしている米国である。中南米歴訪の帰途に立ち寄った二〇一三年六月の非公式米中首脳会談でオバマ大統領に「新型の大国関係」受諾を正式に申し入れ、合意している。地域のリーダーシップを米国から取り戻そうとする中国の悲願が込められているが、東アジア史を通観すれば一理も二理もある。米国の地域への関与はたかだか百数十年の、ペリー艦隊の浦和沖来航以来の一時的な歴史現象であり、永遠に続くと考える方が無理がある。

夢にも悪夢がある。隣人のちょっとした異変に神経質になるのが人情である。周辺国は習近平指導部のちょっとした奢りや慢心が気になり、覇権主義の臭いを嗅ぎ取る。中華というコンセプトが含む毒であるが、「冊封・朝貢体制」や「華夷の秩序」などを連想してしまう。それが妄想であり、非現実的なアナクロニズムでしかないことを納得させるのも、中国トップの責任と度量である。

実は「中華民族」というコンセプトには、中国人として目覚めつつあった頃から張若飛には拭いがたい違和感がある。曾祖父、祖父を満州族と誤解し、漢族を敵対視した時期もあった。いまだに多くの中国人が誤解しているが、中華民族イコール漢民族ではない。東アジア共同体の夢を育むためも、

「中華」は民族や国家を超越していたことを中国人も日本人も韓国人も再認識する時期に来ている。

中華帝国は人口的には漢族が多数を占めたが、歴代王朝は少なからず非漢族である。モンゴル族の元は有名だが、最後の清王朝も満州族である。阿片戦争の惨敗と、清最後の皇帝溥儀を皇帝に担いだ傀儡満州国建国で清のイメージは泥にまみれた。自分を満州族と思い込んでいた張若飛は自己を未開人の血筋と傷付ける荒れた時期があったが、実際の清は中華史上もっとも輝いた最大最強の帝国であった。

歴代中華皇帝屈指の賢帝は清朝第六代皇帝の乾隆帝（愛新覚羅弘暦。一七一一年〜一七九九年）である。帝国の版図を中華史上最大に拡げた西方への遠征途上、幕僚が国境碑設置を進言すると、「そのようなものが必要あろうか。見渡すところ全て朕の領土である」と許さなかった。類まれな征服者ではあったが、少数民族出身の皇帝ならではの気配りやロマンがあった。権利、自由、個人といった言葉がなかった時代であり、現代人の感覚で感情移入するのは控えなければならないが、「朕の帝国は民族や国境を超越している。帝国を束ねるのは文化の力である」といった思いを巡らしていたのであろう。隋以来の漢籍書物を集め、クレオパトラが誇ったアレクサンドリア図書館に比肩すべき膨大な「四庫全書」を編纂したが、世界最大の帝国の文化的、精神的な礎とする構想があった。少数民族による統治に苦心し、民族や国家を超えていた。中国の国力は絶頂期に達し、後漢時代に薬としてはじまり、長く貴族の高価な飲み物とされていた茶が庶民に広がったのもこの時代である。

歴代中国皇帝で初めて日本を強国と認めたのは清朝第一一代の光緒帝（一八七五年〜一九〇八年）である。見知らぬ小さな島国と侮り、日清戦争（甲午戦争＝第一次中日戦争。一八九四年〜一八九五年）は北洋水師（北洋艦隊）の李鴻章に任せきりにしていたが、想定外の敗北に驚き、注目するところとなった。改革派官僚の進言を受け入れて、旧敵国の元勲・伊藤博文を宮中の進講に招き、存分にしゃべらせて耳を傾けた。そうして明治維新に倣う改革派官僚の変法運動を採用した「戊戌の変法」を宣言したのである。それが多感な青年であった毛沢東に志を植え込んだ。まだ清国が「眠れる獅子」と西洋列強に一目置かれ、日本に莫大な賠償金を払うほど国力に余力があった頃であり、院政を敷いていた西太后に葬られなかったら、その後の歴史は様変わりしていたかもしれない。

歴史はつまるところ、人と人が紡ぎ出す物語である。変法運動の主唱者は日本の明治維新を考察した『日本政変考』、『日本書目志』を著した康有為であり、悲劇の皇帝・光緒帝に最後まで忠誠を尽くした漢族出身のエリート官僚であった。その康有為を師と仰ぎ、戊戌変法の母体が日本の明治維新にあることを知った感激をしたためた詩を父親に書き送ったのが青年毛沢東（一八九三年～一九七六年）であり、中華人民共和国の創建者である。

今も天安門広場から全中国を睥睨する毛沢東を、習主席は政治的な師と仰ぐ。「中華民族の偉大な復興の夢」が毛沢東の終生の夢であった共産主義社会―国家も民族も消滅し、〝万人が完全に自由で平等〟な地上のユートピアを目指すものなら、具体的な妥当性については検証の必要があるにしても、論理的な整合性や普遍妥当性は十分にある。万が一にも漢族王朝であった明帝国復活でしかないのなら、乾隆帝稜を盗掘した国民党の噴飯モノの漢族ナショナリズムと何ら変わらなくなる。

張若飛には、同世代の習、安倍両首脳を争わせる怪物の正体がハッキリと見える。先代、先々代の亡霊に取り付かれているのである。習主席の父である習仲勲元副首相、安倍首相の祖父である岸信介元首相は一九三〇年代、中国最強の三〇余万の東北軍（奉天軍）を率いた祖父張学良の存在を強烈に意識しながら対立する立場にあった。恩讐の世代連鎖である。それは長く自分の心に掬っていたものでもあった。

東京サレジオ学院の孤児院（児童養護施設）に乳児期に預けられた張若飛は、中等部卒業まで自分を日本人孤児の谷口俊夫と思い込んでいた。卒院式で本名が張若飛、中国国籍と知らされ、仲間と願書を出した自衛隊就職を一人はねられた。行き場を失い呆然としていた時、母が訪ねてきて、日本降伏後、故地瀋陽に凱旋した国民党軍で「貴公子」と呼ばれていた人物が父と知らされた。瀋陽に進駐した国民党軍の中核は「貴公子」張学良に忠実な旧東北軍で、第二代「貴公子」が何者かは自ずと知れる。父母は四川省成都に移ってそこで若飛が生まれ、乳飲み子の時に周恩来首相の口利きで「一時帰国」で母に連れられて日本に渡ってきた。母の実家は旧佐賀藩主の鍋島家の縁戚という。

自分は何者なのだと、頭の中が真っ白になってしまった。張作霖と聞いて馬賊と阿片しか思い浮かばず、汚れた血を呪った。氷のような世間の視線を気にし、打ちひしがれ怒り狂い、手負いの狼のように全国を放浪した。自尊心を持てない自分を許すことが出来ず、ドロドロとまとわり付く劣等感を削り落とそうと自己を貶めた。そんな自分を見かね、ある日、もう一人の自分が声を上げた。「自傷行為もいい加減にしろ。おまえは人様に嫉妬し、いじけているだけだ。これ以上付き合せられるのはご免だ」。自己を否定することで周囲に認めてもらおうとあがく自暴自棄的な自分と、それを冷たく突き放す虚無的な自分がことあるごとに衝突した。両親が〝国境を超える愛〟で結ばれたことに谷口俊夫が詰り、張若飛が反発した。

張作霖が馬賊の頭目との俗説は、隣国の国家元首を暗殺した後ろめたさを覆い隠す日本の官製常識でしかない。母の話を聞き、本を読み漁るうち、時代の十字架みたいなものを背負いながら必死に生きた一人の人間が見えてきた。

日本の三倍半の広大な満州は清朝発祥の聖地として万里の長城によって逆閉鎖され、長く満州族以外の部外者の立ち入りが禁止されていたが、清朝末期の爆発的な人口増で漢族流民が不法越境して、住み着く。張作霖は遼東半島の付け根の海城県に住みついた貧しい漢族流民張有財の息子として生まれ、早くして実父を失い勉学も中断せざるを得ない不遇を呪いながら、獣医の継父の手伝いをしていた。日清戦争に徴兵されて世界観、人生観が根本的に変わる。英国兵かと見まがう日本兵の一斉射撃に度肝を抜かれ、一躍強国の名を轟かせた島国の初代総理大臣伊藤博文が武士に憧れた元農民の利助と知って、身分が無意味な世の到来を直感した。利助にできて自分に出来ないはずがないと、身分不相応の立身出世を夢見る。

馬賊であったことは一度もなく、それを取り締まる側にいた。退役後、頭脳明晰を見込まれて結婚、馬賊や匪賊の襲撃に悩んでいた趙家廟（現黒山県）の富農の義父趙占元に勧められて数十人の保険隊を立ち上げ、富農や商人たちから用心棒代として保険料を受け取るようになる。

破天荒ではあったが仁義を大切にした。それが清朝の中核である満州八旗の趙爾巽・奉天都督に認められ、一九〇一年九月に「遊撃馬隊一営（五〇〇人）、歩隊一哨」と清朝政府軍の末端に連なることを許されたことで、新たな転機が開ける。その三カ月前に誕生した張学良に張作霖は「千金の子だ！」と歓喜したが、官軍の隊長となってから在地勢力の有力者として認知され、一気に上昇気流に乗る。清朝衰退・滅亡の乱世を持ち前の機転と才覚で巧みに泳ぎ、李鴻章に始まる北洋軍閥が分裂し、合従連衡を繰り返す中、最大派閥の奉天派の総帥の座を射止め、東北三省を支配下に置く。王永江ら清朝滅亡で行き場を失った優秀な人材を三顧の礼で迎えて東北軍や東北政府の要職に配し、富国強兵・殖産興業政策で存分に持てる能力を発揮させ、光端帝が果たせなかった「戊戌の変法」の実を挙げていく。独裁者ではあったが、在地勢力の代表として地域の意見に耳を傾けようと努め、奉天に中国でまだ珍しかった近代的な地方議会の諮議局を開設し、甲論乙駁の議論を交わしていた。

軍人というよりも商人的であり、他の軍閥総帥にない商才があった。満州ではロシア資本による鉄道建設と港湾整備によって大豆の海外販路が開かれ、食用から石鹸やマーガリンの原料へと用途が拡大、西洋のバイヤーが頻繁に現れるようになった。日露戦争後には三井物産などの日本資本が進出して満州大豆を世界的なブランド化し、張作霖が地域の覇権を確立した最盛期の一九二〇年代には、年産五〇〇万トンと世界市場を席巻した。大豆経済は油加工、紡績工業、鉱工業など周辺産業を育て、通信・鉄道・道路など社会インフラの整備拡充と新産業を興し、満州は上海など華南沿岸部とともに中国有数の経済発展地域となった。張作霖は地域経済を育成する一方、自身も大豆の集積、販売を一手に握る糧桟（穀物問屋）を経営し、満州各地に支店網を広げ、典当（質屋）や高利貸を兼ねた一大流通ネットワークを築いた。そこから上がる巨万の利益が、奉天軍＝東北軍を日本軍に劣らぬ近代兵器を備えた中国最強の軍団に育てたのである。

張作霖は北京へと駒を進め、大元帥を号して中原に覇を唱えるが、長く続かず、夢半ばで倒れる。

卑しい身分の張作霖を歴史の大舞台に押し出したのも、抹殺したのも日本であった。その二律背反故に張一族は歴史の闇へと落とされ、祖父張学良は蔣介石に幽閉され、中国に残った父張義、兄姉、叔父、一族郎党は文化大革命で迫害に遭い、自分は天涯孤独の身となって日本にいる。張若飛は透明化してしまう恐怖に怯いた。

歴史から消えた一族の末裔の自分が、どうして、何のためにここに居るのだろう？　十字架を背負われ、深い森をさ迷っているようだ。自分探しに疲れ果てた頃、「自分が生きているのは、張一族が存在した意味を明らかにするためではないのか」と、そんな声が聞こえてきた。中国人に対抗心を剥き出しにする谷口俊夫と、それに憤慨する張若飛が和解した瞬間であった。

思えば、人の心奥深く潜む嫉妬こそ争いの根源なのだ。天使長ルシファーさえ神の愛を独占しようと狂わせ、悪魔に変えてしまった。愛憎の境界で蟻地獄のように口を広げ、一瞬にして全てを破壊する。自愛的で他を認めず、差別的で排他的な底無しの深淵に映し出されるのは、悪魔と化した自分自身なのである。嫉妬の対極にあるのは「赦し」である。聖書でイエス・キリストは「七の百倍赦しなさい」と教える。全く同じことを孔子や仏陀が説いていることを知った時、イエスの言葉が蘇った。「赦し」こそ東西を超越した真理であり、究極の救いなのだ。人間である限り嫉妬を無くすことは出来ないが、嫉妬に駆られて犯した罪が赦された時、人間は天使の心を取り戻すことができる。

歴史に「もしも」は禁物だが、教訓とすることは出来る。友好関係を維持発展させていた東北政府と日本の同心円が交錯するところに居た「二人のプリンス」の平和へのひたむきな思いと友誼が守られていたら、日中は互いに持てる力を合わせ、日中関係やアジア情勢はずいぶんと異なった展開をしたことであろう。不幸な戦争に突入し、後世にまで争いの種をまくことはなかった。習、安倍の確執もありえない。

「二人のプリンス」の無念を忖度しながら、真摯に歴史の真実と向かいあう。平和と日中和解こそ、終戦の結晶である我がアイデンティティーなのだと、若飛の体内に脈打つ二つの血が疼く。

第1章　張作霖暗殺に激怒した天皇裕仁の想い

1　外圧依存の東アジア型ナショナリズム

「中華」を壊したのはナショナリズムである。昨今ぞろ復活し、東アジア情勢を混沌とさせているが、東洋に昔からあったわけではない。砲艦外交の黒船とともにやってきた西洋からの外来種なのである。歴史現象に永遠はありえない。国や民族はアフリカに始まる人類史の一時期に生じた歴史現象であり、最初があれば終わりがある。近代国家とて例外ではなく、国家や民族を前提にした共同幻想的なナショナリズムも生成消滅の過程にある。

全ては阿片戦争から始まった。清国が阿片禁輸令を犯した英国商人を取り締まろうとして逆に英国艦隊に打ち砕かれ、白旗を揚げた瞬間から、東アジアの伝統的な権威や秩序が音を立てて崩れ、弱肉強食の近代西洋の時代がこじ開けられた。英国が戦争を仕掛けた動機は当初、純粋に経済的なもので、中国からの茶、陶磁器の大量輸入で大幅な入超となり、インド産アヘンの対中密輸で少しでも赤字を穴埋めしようとしたことにあった。自国の数十倍の領土を有する巨大な帝国への野心などありようもなかった。ところが、開戦してみると清国海軍は意外ともろく、覇権主義に火がつく。産業革命で先んじた西欧列強の圧倒的な軍事力を見せつけられた東アジア諸国は、パニック状態に陥る。既成の権威が失墜し、西欧を「文明」と崇め、非力な東洋を「未開」と切り捨てる過激な近代化思想が力への信奉と共に広まっていく。

東アジア型ナショナリズムの誕生であるが、既存の封建制度を打破する革命性があったことも事実である。身分制度の下で腐るしかなかった人材に「身分が低い者でも国のために役に立つことができる」と立身出世の名分と希望を与え、世に続々と送り出す。その野心的で革命的な集団から外圧に屈しない生存戦略が編み出され、〝上からの改革〟を押し進める爆発的な精神的エネルギーの源泉となるのである。

その典型である近代日本は、政府要人へのテロ事件から幕が上がる。半農半商の下級武士が中心となった薩長倒幕勢力が尊皇攘夷を名分に力をつけ、日米修好通商条約を締結して開国に踏み切った徳川幕府の大老井伊直弼の暗殺で勢いづく。英仏と一戦を交えて惨敗するも体制変革の主導権を失うことなく、攘夷から開国へと百八十度転換し、鳥羽伏見の戦いで天皇を〝錦の御旗〟に掲げて形勢逆転、明治維新（一八六八年）へと突き進んでいく。日本の伝統文化を「非文明」としてかなぐり捨てる「文明開化」、「脱亜入欧」の大号令の下で、革命的な改革が断行される。憲法制定、議会設置、普通選挙制、徴兵制など西洋帝国主義列強、特にドイツ帝国の統治システムや法制度を模倣した人工国家・大日本帝国が一朝一夕に誕生したのである。富国強兵・殖産興業政策が遮二無二押し進められ、支配層が垂範率先して丁髷、袴を洋髪、洋装に変えて鹿鳴館で西洋ダンスに明け暮れ、食肉を禁じる仏教の教えをかなぐり捨てて四足を頬張った。

〝錦の御旗〟で官軍の正統性を誇示し、求心力を保っていた薩長軍閥の明治新政府は、三〇〇余の藩や士農工商を超えて国民を束ねるためにより強力な精神的権威を必要とし、皇室を徹底的に作り変える。絶対王政時代の王権神授説からヒントを得て日本を神国とする国家神道を創り、皇祖を祭る天皇家の儀式を神格化し、天皇を「現人神」に祭り上げ、国民は「現人神」に無条件忠誠を従う「赤子」とされた。

無教会派のキリスト教徒を自負する張若飛には、先祖伝来の信仰を奪われ、神にされてしまった天皇の孤独と苦悩が想像できる。サレジオ学園の中等部で神のように君臨した神父の醜悪な素顔、人間の業を嫌というほど見せられたが、生身の人間が神を演じるほど悲劇的なことはない。

明治維新政府は外圧を排する国力培養には大きな成功を収めた。日清戦争はその最初の証であり、敗北した清国にすら敬意を抱かせた。光緒帝の命により日本への国費留学の道が開かれ、遣隋使や遣唐使が渡った海を逆に、中国人留学生を満載した船が白波をかき分けて進む。若き周恩来、蒋介石らが中国再興のヒントを日本から得ようと努めた。

彼らと共鳴する日本人も少なくなかった。日中朝が手を携えて西洋に対抗する〝アジア共栄圏の夢〟を共有したが、至誠、格物致知、修身斉家治国平天下など孔孟の『四書五経』が教養の根底にあるので話が通じやすい。互いに思うことは「和魂洋才」、「中体西用」である。朝鮮は「東道西器」であった。東洋の教養と矜持を基に西洋の新知識や科学技術を貪欲に吸収し、国力培養を図るという問題認識や方法論は全く同じであった。

しかし、ナショナリズムは領土に貪欲な本性を現し始める。朝鮮統監となった伊藤博文が一九〇九年、ハルビン駅で朝鮮人の民族運動家・安重根に暗殺されたのは、〝アジア共栄圏の夢〟の終焉の始まりであった。

旅順の監獄に収監された安は、暗殺の名分を明らかにしようと『東洋平和論』の執筆に取り掛かる。「朝鮮、日本、中国が力を合わせ、西洋に対抗して東洋の平和を築く」と記され、〝アジア共栄圏〟の夢を共有できなくなった無念をにじませたが、完成を待たず絞首刑が執行される。運命の悪戯か、安の死刑執行を命令した関東都督府の大島義昌・都督は安倍首相の高祖父にあたる長州閥の軍人であった。

関東都督府は遼東半島先端部の関東州を統治する日本の出先機関であり、関東軍が配備されていた。日露戦争（一九〇四年～五年）勝利で賠償金代わりにロシアから譲り受けたものである。日本は清国から得た莫大な戦争賠償金で八幡製鉄所を作り、基幹産業を築いた。さらに、日露戦争で領土を新たに獲得し、西洋帝国主義列強と伍していく。戦争の度に国力を伸張させた成功体験が染み付き、その象徴的存在である関東軍の比重が高まると共に、日本型ナショナリズムは国家主義から軍国主義の色彩が濃くなり、隣国に牙を剥きはじめる。朝鮮は伊藤が暗殺された翌年、日本に合併され、植民地とされた。

2　関東軍過激派のテロ

三千万の人口を擁する満州は、地政学的に微妙な位置にあった。南下するソ連と北上する日本の緩衝地帯であり、万里の長城を超えれば北京と中国本土の政治に決定的な影響を及ぼす位置にある。大豆経済に刺激されて鉱工業が発達し始めた中国有数の市場に、過剰生産に悩まされ、大恐慌の影が忍び寄っていた米国も関心を向けていた。

張作霖には全中国平定の夢がある。その足場が東北三省である。長大な国境を画していたソ連を牽制し、亡命ロシア人によるロシア軍団を編成して備えた。外交の柱は気心知れた日本であり、何かと「兄貴分」と立てた。誇り高い中国人たちは眉をひそめたが、日本人の義理や人情を信頼していた張作霖は全く意に介さなかった。明治政府のお雇い外国人に倣って多数の日本人を政策顧問として抱え、日本とは事実上の同盟関係にあった。自身の名代として息子を日本に派遣するのは、同盟関係を確認し、来るべき中国全土制覇に備える意味があった。

しかし、日本側には違う思惑が芽生えていた。張学良訪日の五カ月前、原敬内閣は「帝国が張作霖を援助する主旨は、張個人にではなく、満蒙への特権維持にあり、張の中央への野心は助けない」との国家方針を閣議決定し、張作霖が北京へ進出することを警戒していたのである。

「二人のプリンス」の邂逅は、平和を祈る神の導きであったかもしれないと張若飛は思う。「東北のプリンス」は一一歳で母趙春桂を失っていた。国事に東奔西走する父親からあらゆるものを与えられ、多くの侍従にかしずかれていたが、親の愛に飢えていた。医者を志したが、断念するしかなかった。〝もう一人のプリンス〟裕仁も皇室のしきたりによって生後二カ月で両親から引き離され、養育係に育てられた。一二歳の時、将来の夢を「博物博士」と語っていたが、「大元帥」への道は決められている。共に孤独で、心が渇いていた。

張学良は帝王学として付けられた外国人家庭教師を通してキリスト教的な博愛主義に感化され、少年時代は人を助ける医者を志していた。皇太子裕仁も病弱な大正天皇の名代としての欧州を歴訪し、たっての希望で最後にバチカンを訪れ、法王ベネディクト一世の謁見を得た。ほんの一カ月前に帰国したばかりで、厳粛な大聖堂で魂を揺るがされた余韻がまだ残っていた。「籠の鳥のような生活から自由を経験」(『昭和天皇実録』)と半年の欧州旅行を振り返っているが、日本でまた籠の鳥に戻っていた。

国内では心を許して語り合う友人一人いない孤高の「二人のプリンス」は、すっかり意気投合した。人生で初めて、人間として対等に話し合える相手を得た。通訳を飛ばして漢語筆談、得意の英語で語り合い、共通の趣味であるゴルフやビリヤード、欧米映画鑑賞談義で盛り上がった。険しくなる内外情勢を語り合った。張学良は各軍閥が覇権を争う中国の現状を憂い、裕仁は第一次世界大戦で廃墟と化した街並み、真新しい十字架に埋め尽くされた墓地……英国、フランス、イタリアで目の当たりにした惨状を挙げ、平和への熱い思いを分かち合った。十日間の短い日々は、人生に二度とない記憶を二人の胸に刻んだ。

繊細でプライドの高い張学良は、かねてから父親張作霖の対日観に卑屈なものを感じ取り、父に訪日を勧められた時は正直、気乗りしなかった。しかし、地域の大国となった日本の実情を垣間見て、新しい視野から東北や中国の未来図を描けるようになった。思いもよらぬ収穫もあった。生物学に造詣があり、「本当は教師になりたかった」と漏らした異国の皇太子は、自分だ。「真の提携を願っています」と別れ際に述べていたが、平和は望むところであった。

運命と言うべきか、「二人のプリンス」の出会いは当初から暗雲に包まれていた。張学良の訪日は秘密主義のベールに覆われ、事実上の国賓であったにもかかわらず日本の新聞各紙はほとんど報じていない。わずかに読売新聞朝刊（一九二一年一〇月二一日）が二面下一段記事で「永隊旅長張学良（張作霖子息）渡日。以下部官数名、来月一日出発」と伝え、朝日新聞、毎日新聞は全く触れていない。

公にすることを許さない錯綜した国際情勢が、背後で蠢いていた。第一次世界大戦で対独戦に参戦した日本は、交戦国でもない中国に対して対華二十一ヵ条要求（一九一五年）を突きつけ、山東省の旧ドイツ権益の全面譲渡を要求したが、強引に過ぎた中国進出策は裏目に出る。中国の反日世論が沸騰し、北洋軍閥が仕切っていた北平（北京）の中華民国政府は対日強硬姿勢に傾き、翌年のワシントン条約で山東権益放棄が議決されるのは必至であった。明治維新以来の日本外交の基盤であった日英同盟は失効し、国際社会での孤立は深まる一方であった。大国意識に駆られていた日本はロシア社会主義革命（一九一七年）にも列強の先頭に立って干渉し、七万余の大軍団をシベリアに出兵するが、右も左も分からない広大な現地で立ち往生し、日々嵩む軍事費が重圧となって経済に覆いかぶさっていた。四面楚歌の日本としては、昇竜の勢いの張作霖の奉天軍閥との関係強化で局面を何とか打開したい。

北平を奉天（瀋陽）から虎視眈々とうかがっていた張作霖も、万里の長城を超える前に日本植民地化下の朝鮮との国境を安定化し、後顧の憂いを断つ必要があった。謀は密なるを良し、と双方の思惑が一致したのが張学良の訪日であり、十日間の滞在は盛大にして極秘裏に執り行われた。

運命がドアを激しく叩いたのは、「東北の貴公子」が離日して三日後である。日本初の政党内閣首班であり、平民宰相と庶民の期待を集めた原敬首相が、〝政商政治〟に不満を募らせていた大塚駅転轍手に東京駅構内で刺殺されたのだ。シベリア出兵による巨額の軍事費負担から米の輸入を制限せざるを得なくなり、投機的な買占めが横行して米価高騰→全国的な米騒動拡大へと世情が殺伐としていた。その最中の暗殺事件は、政党政治の終焉と軍強硬派による下克上の空気を社会全体に醸し出す。二年後、関東大震災が首都圏を襲い、明治維新以来、営々と築いてきた東京の近代的な街並を廃墟と化し、明治維新以来の「文明開化」の夢が激しくきしみ始めた。

張学良訪日翌年の一九二二年、張作霖は東北三省の独立を宣言し、日本との関係強化を公式に宣言した。その翌年、張学良は大震災で東京が壊滅的な被害を受けたと知らされ、あの優雅で清潔な街並が、と愕然とした。摂政となった盟友の窮状を想った。直ちに奉天を中心に義援金募集を呼びかけ、東京に送った。

しかし、東京の惨状は張学良の想像をはるかに超えていた。大震災は発展途上の日本経済の根幹を揺るがせ、社会不安が高まっていた。摂政裕仁は成婚の儀を先に延ばして国民を気遣っていたが、同年暮、軍の演習視察の帰り、虎ノ門停留所に差し掛かった地点で仕込み杖銃を持った暴漢に襲われる。

車の窓ガラスが割れ、寸前のところで難を免れた。暴漢は衆議院議員を父に持つ社会主義者の難波大助で、震災中に起きた大杉栄ら社会主義者や朝鮮人虐殺に義憤を抑えられなかったと動機を語っている。翌年、大逆罪で死刑となる。

中国では張作霖が北平への進出を積極化していた。北京政府が安徽派と直隷派の内紛で分裂状態に陥ったのを好機に一九二六年一二月に北京入場を果たして大元帥に就任し、中華民国の主権者であると宣言した。圧倒的な経済力で強軍を育成した張作霖の絶頂期である。各地に割拠する軍閥平定に力を入れ、張学良も蒋介石の国民党軍を討つべく一軍を率いて南京方面へと進軍した。

英米仏が権益の維持拡大に目を光らせていた。孫文の作った国民党は共産党と友党関係（第一次国共合作）にあり、後継者の蒋介石も支援を求めてモスクワを訪れた際、スターリンから「レッド・ジェネラル」の愛称で可愛がられた。息子の蒋経国は歴とした共産党員で、ロシア人の妻を娶ってモスクワに入り浸っていた。欧米は国民党を容共と警戒して距離を置いたが、野心家の蒋介石は上海クーデター（一九二七年四月一二日）で国民党内の共産党員を大量粛清し、欧米の懸念を払拭する。小躍りした米国は蒋介石支援に回る。この頃から総額二六億ドルもの軍需支援が流れ込む。蒋介石の国民革命軍はがぜん勢いづき、北京へと怒涛の北伐を開始する。形勢逆転された張作霖は一九二八年六月初め、ついに北京を放棄し、本拠地での再起を図るべく奉天へと出発した。

この時点で、日本の田中義一首相は張作霖との協力関係維持になおも努めていた。張作霖とは日清戦争で敵味方に分かれて以来の宿縁で、少佐時代、日露戦争（一九〇四年）でロシア軍のスパイとして捕縛された張の実力を見込んだ児玉源太郎・陸軍参謀次長の特命を受けて釈放を助け、肝胆相照らす仲となった。長州藩主の駕籠かきの下級武士の息子から身を立てた田中には、張作霖と心情的に相通じるものがあった。

しかし、関東軍は極秘裏に満州国建国案を作成し、蒋介石と秘密接触して張作霖と手を切ることを条件に「(万里の長城南端の)山海関以東(満州)に干渉せず」との言質を得ていた。事実上の満州割譲案である。村岡長太郎関東軍司令官は好機到来と、かねてから暗殺計画を具申していた参謀の河本大作大佐に実行を命令する。張作霖さえ亡き者にすればカリスマを失った東北軍は浮き足立ち、一気に全満州を掌中に収めることが出来る。

関東軍は遼東半島南端の租借地・関東州の一守備隊でしかなかったが、参謀本部の統制派と通じながら、広大な農地と豊かな地下資源が眠る満州占領計画を具体化していた。第一次世界大戦終結以来の不況が続く中で関東大震災に直撃された日本経済は一段と悪化し、復興資材の大量輸入による貿易収支悪化と財政逼迫に苦しんでいた。軍事費も削減対象になり、軍部全体に満州待望論が広がっていた。

同月四日、張作霖を乗せた御用列車が奉天近郊の皇姑屯の満鉄線との立体交差地点に差し掛かったところを、橋脚に仕掛けた爆弾が炸裂した。瀕死の重傷を負った張作霖は車で奉天の大帥府に運ばれるが、数時間後に息を引き取る。

当日、北京では張学良の誕生記念パーティーが行われようとしていた。事件の急報を受けた張学良は残存兵力をまとめて奉天へと急ぐが、大帥府に到着した時には父親は無残な姿に変わり果てていた。

張学良は父の死を外部に漏らさないようにと箝口令を敷いた。

関東軍司令部は列車爆破直後、一斉に瀋陽市内の奉天軍三万を奇襲攻撃して武装解除する計画であったが、張作霖の死亡確認に手間取っていた。四日後に死亡が公表され、時期を逸した。「北伐軍の便衣隊（密偵）の犯行」と発表し、蒋介石に責任を転嫁した。


日本では長く病床にあった大正天皇が一九二六年暮れに亡くなり、摂政の裕仁が皇室の中心にいた。裕仁は事件の一報に、不安が頭を過ぎった。事件を緊急上奏した田中義一首相に尋ねた。

「事件に帝国軍人は関係していないか」

「関係ございません」

田中は心中の狼狽を押し殺し、否定してみせた。関東軍の関与を確信していた。事件当日、朝食中に第一報を聞き、「しまった」と箸を投げ捨てた。関東軍司令部が張作霖の奉天撤退に反対し、「満州の治安に影響を及ぼす事態は阻止する」との警告を送っていたことを知っていた。関東軍司令部は蒋介石に責任を転嫁したが全く信用せず、調査報告を出すように厳命していた。それを待つしかない。

事件から五ヵ月後の同年一一月六日、天皇は京都御所で即位の礼に臨み、式後田中に再度尋ねた。関東軍の関与を裏付ける内部の調査報告を受けていた田中は在るがまま再度、上奏する。

「以前に申したことと違うではないか。事実を隠して朕が臣民に嘘をつけと言うのか。もう顔も見たくない」

昭和天皇は声を荒げ、叱責した。

天皇は田中首相の辞表を求め、驚愕した田中は「不忠の臣」の汚名だけは避けたいと釈明にあたふたする。「田中の奏上はこれまでの説明とは大きく相違することから天皇は強き語気にてその齟齬を詰問され、さらに、辞表提出の意を以って責任を明らかにすることを求められる。また、田中が弁明に及ぼうとした際には、その必要はなしとして、これを斥けられる」(『昭和天皇実録』昭和四年六月二七日)。その数日後(七月二日)、田中首相は辞職した。

長州閥最後の巨頭と一目置かれていた田中も、哀れを極めた。気付いてみれば軍の実権は新興勢力に握られ、事態は彼の掌の外で進んでいた。軍法会議を開いて関係者を厳罰に処するべきと声を上げたが、虚しく響いた。翌年、失意のうちに死去する。村岡関東軍司令官も予備役に編入され、やはり翌年、病没する。

首謀者であった河本大佐は、最後まで非を認めなかった。事件後、予備役に編入され、国策会社に天下りし、満鉄理事、満州炭鉱理事長などを歴任する。満州国崩壊後に再燃した国共内戦では旧日本軍の残党を率いて共産党軍と戦い、一九四九年に捕虜となる。四年後に山西省太原の戦犯管理所において七二歳で病死したが、爆殺の詳細を記した調書に謝罪の言葉はない。娘がプリンストン大学に留学し、張作霖の孫娘(張学良と于鳳至との子)と同級生になったが、「父は満州に住む日本人二〇万、朝鮮人四〇万を含む五族協和の王道楽土建設を夢見た理想主義者でした。匪賊上がりの古い専制的な軍閥の頭目を暗殺したのです」と父を庇った。

「現人神」とされた昭和天皇が感情を剥き出しにしたのは、後にも先にもこの時だけであったが、その怒りは、首相一人の首をすげ替えただけで封印される。犯人の名は敗戦まで伏され、張作霖暗殺事件は日本政府内で「満州某大事件」と隠語で呼ばれた。しかし、人間裕仁が被った精神的なダメージはずっと尾を引いた。「この事件あって以来、私は内閣の上奏するところのものは、自分が反対の意見を持っていても裁可を与えることに決心した」と、虚脱感に陥ったことを戦後になって赤裸々に明かしている。「生涯ただ一度、感情を露にした。あの件は私の若気のいたりであると今は考えている」とも述懐したが、無力な老臣を詰るしかなかった自身への忸怩たる思いがあったのであろう。

昭和天皇は当初から嘘を見抜いていた、と張若飛は思う。英米の短波放送を聴いて独自に情報を入手していたこともあったろうが、キナ臭い流れを読んでいた。街が破壊され、一般市民を犠牲にしたあの悲惨な第一次世界大戦も、オーストリア・ハンガリー帝国の皇太子暗殺事件が導火線となった。日本が中国との全面戦争に突入することを真剣に危惧したのだ。長く病床にあった父（大正天皇）を失ったばかりであり、父親を無法に奪われた盟友の悲しみ、怒りが生々しく伝わって来たに違いない。

昭和天皇の本音が語られたこれらの言葉はほんの一瞬、輝きを放ったが、ほどなく消えてしまう。『昭和天皇実録』に収録され、日の目を見ることになったが、随所の黒塗りで真実がぼかされた『大正天皇実録』と異なりすべて公開された。父親の思いをあるがままに国民に伝えたいとの、天皇明仁の計らいであろう。

張作霖爆殺事件を機に、日本の政局は陸軍士官学校十四期生以下の佐官級幕僚将校の派閥組織である一夕会と連動した関東軍高級参謀に引きずられていく。関東軍は柳条湖事件（一九三一年）→満州国建国（一九三二年）→蘆溝橋事件（一九三七年）と謀略事件を次々と重ね、中国大陸への権益拡張と侵略を拡大していく。

満州事変後、犬養毅内閣が発足し、高橋是清蔵相は不況対策のために全満州経済を日本経済に組み込み、関東軍の軍事行動を財政支援する方向に転換する。しかし、犬養は満州国承認は拒んだ。満州国の形式的領有権は中国にあり、経済的支配下に置けば十分というものであった。軍の不興を買った犬養は五・一五事件で将校団に暗殺された。満州事変からわずか三カ月後のことであった。

関東軍の実権は板垣征四郎大佐、石原莞爾中佐ら高級参謀が掌中に収め、参謀本部編成課長の東條英樹と通じていた。いずれも傍流扱いされた旧東北諸藩の出身であり、軍内に一夕会など非薩長系の新派閥を巡らしていく。東條は板垣と同じ旧盛岡藩出身で、能楽師の家柄であった。父親は逸材と注目され中将まで昇進したが、長州閥に阻まれ大将になれなかったと息子に嘆いていた。

東條の頭からは出身地東北の惨状が離れなかった。一九二九年のウォール・ストリートの株価大暴落に発した世界恐慌は産業基盤が脆弱な日本経済を一飲みにし、東北地方の大凶作（昭和農業恐慌）まで重なり、「米よこせ暴動」が全国に広がる。東北では餓死者が続出し、娘を楼閣に売り飛ばして命を繋いでいる。その打開策を東條なりに模索していた。その矢先、〝憂国〟の情に駆られた皇道派の青年将校グループが天皇親政による政治の刷新、昭和維新を求めて二・二六事件（一九三六年二月）を起こす。難しい立場に置かれた昭和天皇は岡田啓介首相（重傷）、高橋是清蔵相（死亡）、斉藤実内大臣（死亡）、鈴木貫太郎侍従長（重傷）らが襲撃されたとの報に激怒し、「陸軍が躊躇するなら、私自身が直接近衛師団を率いて反乱部隊の鎮圧に当たる」と悲壮な覚悟を示した。反乱軍に同情的な弟の秩父宮を叱るなど、天皇が感情をストレートに表したのは張作霖爆殺事件以来のことであるが、軍部への積年の不信感が噴出したのであろう。もはや運命の悪戯と言うしかないが、この九年後、天皇は「一億玉砕」の本土決戦に固執する頑迷な軍首脳を退け、無条件降伏のポツダム宣言を受諾する「聖断」を下す。天皇の懇請で終戦内閣首班に緊急登板した鈴木貫太郎首相が終戦交渉にあたるが、相手側のジョゼフ・グルー米国務省次官は二・二六事件で鈴木が岡田首相とともに避難した米大使館の大使であった。

血気にはやった青年将校らが政府要人を殺傷した衝撃的な事件は政治不信と下克上の雰囲気を醸し出し、軍主導による政治刷新を企む統制派が軍主流に台頭する契機となったが、背景に、世界的な全体主義の台頭があった。第一次世界大戦の戦勝国として日本と共に国際連盟常任理事国となったイタリアでは、敗戦国オーストリアのイタリア人居住地域併合を主張するムソリーニのファシズムが急速に社会に浸透していた。それに刺激され、ドイツではアーリア人種優先主義のヒットラーのナチズムが、そして日本では「大東亜共栄圏」に憑かれた関東軍参謀部を中心にした軍国主義が頭をもたげていた。その中核に東條英機・関東憲兵隊司令官がいた。反乱軍は東條と同郷の東北出身の将兵が多かったが、東條は天皇親政は妄想と一蹴して関東軍内の皇道派を容赦なく検挙、その功で中将に昇進し、統制派の押しも押されもせぬ実力者として浮上するのである。東北にない肥沃な大地が広がる満蒙開拓こそ根本的打開策と執念を燃やし、憲兵隊司令官から板垣の後任の関東軍参謀長となる。

関東軍の野望は満州国建国で頂点に達するが、同時に限界であった。国際社会の信用は失墜し、「大東亜共栄圏」と取って付けたことを言っても通じなかった。三歳にして清朝最後の廃帝（第一二代）となり、清朝滅亡後に天津市の日本の租界に匿っていた愛新覚羅溥儀を満州国の執政（後に皇帝）

に担ぎ出して独立国の外見を装うが、日本の傀儡との非難はかわせなかった。

溥儀は執政を受け入れた理由について、国民党軍が乾隆帝や西太后が眠る清東稜を暴いたことに衝撃を受け、清朝復辟の思いを強くしたためと後に明かしている。終戦後ソ連に抑留されたが、中国建国後に戻り、不本意な人生を送った旧清朝皇帝に同情していた周恩来首相の計らいで中国人民政治協商会議全国委員として生涯を終える。周の父は清朝の官僚であった。

国際連盟は満州国を認めず、日本に撤兵を求め、日本は一九三三年、脱退を余儀なくされる。張作霖の東北政府との友好関係を維持していれば、日本はここまで国際的な孤立を味わうことはなかった。中国大陸での泥沼の戦いや米英との開戦も避けられたことであろう。〝二人のプリンス〟の友誼を破った代償はあまりに大きいといわねばならない。

東條がその行政手腕を高く買ったのが、安倍首相の祖父にあたる岸信介である。満州国国務院実業部総務次長、産業部次長、総務庁次長として経済部門を一手に任され、ソ連の社会主義計画経済を大胆に取り入れた「満州産業開発五カ年計画」を実行に移していく。その柱の一つが満蒙開拓団推進で、日本国内から二七万の入植者が送り込まれた。「五族（満州人、日本人、漢人、朝鮮人、モンゴル人）協和の王道楽土」と聞かされ、新天地開拓にいそしんだが、その結末は悲惨の一言に尽きる。張若飛の母親も貿易商の父と共に大連に移り住み、瀋陽で劇的な、あまりに劇的な終戦を迎える。

第2章 「抗日」を大義に蘇った張学良少師

1 蒋介石にあしらわれた貴公子

関東軍＝日本軍の暴走に反撃の狼煙を上げたのが張学良であるが、ありえない形で父を失った衝撃から立ち直るには多くの時間と血涙の体験値を要した。

父の存在は、あまりに大きかった。六二年後に「父が亡くなった日はちょうど私の誕生日（二七歳）でした。私と父の間には確かに特別な何かがあったのです」（ＮＨＫインタビュー）と振り返ったが、一日ずらした誕生日の度に事件の古傷が疼いた。父の死を公表してから、山のような弔電が内外から寄せられた。その中に「裕仁」の名を認め、名状しがたい感情が突き上げた記憶も鮮明だ。

張作霖が正式に後継者を指名する間もなく逝ってしまい、東北軍に亀裂が生じた。張作霖腹心の楊宇霆総参謀長が「貴公子はまだ若い」と後継者の野心をちらつかせたが、張学良を救ったのは亡父の徳であった。

「張大元帥が後継者として貴公子を育ててきたことは、誰もが知っている。張大元帥の遺訓を尊重し、貴公子の下で一致団結しよう」

張作霖が保険隊を立ち上げた八角台以来の老幹部たちで作る「緑林グループ」が声明文を発し、大勢は決した。張作霖は初心を共にした「緑林グループ」との絆を大切にし、「土匪」出身の湯玉麟が一、二度失態を犯しても再起のチャンスを与え、支えあってきた。

東北の内紛を見透かしたように、蔣介石が特使を送ってきた。中華民国の唯一正統中央政府の看板を掲げた南京政府に服する「易幟《えきし》」を催促したのである。中央政府に服従しつつ、自治権を最大限保持して域内の民生向上を図る「保境安民」が張学良の持論であったが、東北には「易幟」に反対する対日協調派が少なくない。暗殺犯が関東軍なのか蔣介石軍なのか判別していない状況下で、張学良自身にも日本への未練があった。皇太子裕仁との友誼を大切にしたい。

張学良は日本政府に「易幟」を断念する四条件を示した。①南満州鉄道と中国資本の四鉄道の合併・日中合弁事業化、②満鉄付属地を撤廃し、治外法権地区は関東州のみとする、③四億円の借款供与というものであった。爆殺事件への日本の関与を測るリトマス試験紙でもあったが、返事がなかなか来ない。田中首相が天皇からの問責で急な辞職に追い込まれた日本政府は、重大な外交的判断ができる状況ではなかった。

張作霖の死からほぼ一カ月経った一九二八年七月二日、張学良は「易幟」を受け入れた。蔣介石から東北三省保安委員会委員長兼保安総司令に任ぜられる。形式上は一地方政府だが、事実上の独立区である。瀋陽に東北大学を設立し、東北と華北を一体化させた準中央銀行の設立を指示した。撫順郊外に一四〇〇万元の巨費を投じて三〇万坪の父親の墓陵造営に着工した。一見、意欲的に政務をこなしていたが、心身の疲労が蓄積していた。

何よりも、中国有数の商鉱工業地域に変貌した満州を虎視眈々うかがう外部勢力との外交に、神経をすり減らした。日本もさることながら、退潮気味の英国に代わって存在感を増している米国の動きが急であった。八月、マックスモウエル公使が瀋陽（旧奉天）を訪れ、総参謀長の楊宇霆に張学良との会談を申し入れ、一度、実情視察と称して朝鮮に向かって瀋陽に戻る慌ただしさであった。

「朝鮮の次は満州、満州の次は華北が日本の狙いです。だが、日本国内は混乱しており、早くとも三年、いや、五年先のことになるでしょう。その間に閣下は蒋介石大元帥と協力して侵略に備えるべきです」

マックスモウエルは、蒋介石にも同様なことを述べたと明かした。「米政府はジェネラル張作霖がなくなった以上、今後は東北三省の問題について蒋大元帥と話し合いたい」と述べ、「プリンス張学良と提携し、日本にあたるべきだ。対立はお互いに不利になる。米国も全面支援する」と、蒋介石に東北三省に積極的に関与することを求めた。張学良の腹の内がいま一つ読めなかった蒋介石は、マックスモウエルに仲介を託したという。張学良には焦る米公使の国内内情がある程度見えていた。新聞は米市場で商品がだぶつき、デフレに苦しんでいると報じている。ウォール街の株大暴落は一〇カ月後のことである。米公使の言葉の裏々から、日本以上に、実はソ連を警戒していることも分かった。

関東軍が柳条湖事件（一九三一年九月一八日）を企んでいた頃、張学良は体調を崩して入退院を繰り返した。腸チフスを患い、北京の協和医院に入院した。退院は長引き、奉天から通ってくる側近と政務を打ち合わせる日々を送っていた。

奉天近郊の柳条湖付近で満鉄の線路が爆破された、との一報が届いた。一帯で満鉄防衛の軍事演習をしていた関東軍が、事件を東北軍の仕業と非難し攻撃を仕掛けてきたとし、応戦命令を求める電報が次々と飛び込んできたが、張学良は戦闘命令を出さなかった。精鋭の東北軍は北京に総兵力の三分の一、残りの一九万は奉天一帯に展開している。三万の関東軍なら十分に押さえ込める兵力である。一戦も交えず撤退を重ね、むざむざ奉天を明け渡す一線部隊からは、早く戦闘命令を出してくれと悲鳴のような声が上がるが、張学良は「不抵抗方針」を繰り返し伝えた。蔣介石の支援なくして勝ち目はない。たとえ関東軍を打ち負かしても、朝鮮や日本本土から増援部隊が続々送られてくるのは目に見えていると、戦う前から腰が引けていた。

蔣介石からも「不抵抗方針」を貫くように念を押されていた。張学良は蔣介石が慎重に開戦の時期をうかがっていると思っていたが、蔣には日本軍と戦うつもりはない。満州よりも中国本土制定を優先し、共産党軍掃討に力点を置いていた。何のことはない、張作霖暗殺時に関東軍と交わした「山海関以東（満州）に干渉せず」の密約に沿って、東北を放棄しようとしていたのである。

後に分かったことであるが、スチムソン米国務長官が蔣介石に不抵抗方針堅持を求めていた。あくまでもソ連を見据えていた米国は、日本に対しては錦州で兵を止めれば干渉しないと伝えていた。大恐慌で国内が混乱していた米国は、原状回復ではなく、現状維持にトーンダウンしていた。

関東軍はほとんど血を流さず満州全域を占領した。本庄繁・関東軍司令官は張作霖の元軍事顧問で、東北軍の弱点を知り尽くしていた。実家は農家だが、陸軍幼年学校上がりの生粋の軍人で、張学良も軍事顧問時代から清廉潔白を絵に描いたような人物を評価していた。満州事変の功で大将まで昇進するが、十四年後の敗戦直後、GHQから逮捕命令が出されたことを知って割腹自殺する。

極力戦争を回避したいと考えていた張学良は国際連盟の調停に期待し、リットン調査団にひたすら日本の非理を訴える。一九三三年二月二四日、国際連盟総会で日本軍の満州からの撤兵を求める勧告案が賛成四二、反対一（日本）、棄権一（シャム）で採択された。しかし、日本は脱退を通告し、さらなる強硬手段に訴える。国際連盟の採決一週間前の二月七日、武藤信義関東軍司令官・特命全権大使は東北三省以外に領土を広げる熱河省攻略作戦を決定した。万里の長城を隔てて北京は間近であり、中国内部への侵攻を予告したも同然である。

ここにいたってようやく張学良は重い腰を上げ、東北軍幹部ら二七人の連名で「武力自衛による救亡図存」を全国に通電（二月一八日）した。しかし、東北軍将兵はすでに意気消沈し、蔣介石が約束した援軍も来ず、大敗した。要衝の承徳陥落後、張学良は蔣介石に軍事委員会北平分会委長を辞職する旨の電報（三月七日）を送った。政治顧問のドナルドらを伴い専用列車で保定に向かい、二日後、蔣介石と会談し、思いの丈をぶつけた。

「共匪（共産党）討伐の第四次包囲攻撃に手を取られ、北方まで手が回らなかった。申し訳ない」

蔣介石は増援部隊を送らなかったことを詫びたが、張学良は納得しない。

「全国一丸となって抗日にあたらねばなりません。ただちに内戦を止めるべきです」

「安内攘外の大方針を理解してほしい。共匪討伐で中国を統一する。日本はその後だ」

会談は平行線であった。

張学良は二日後、全国の同志宛に辞職通電を発した。同日、北京の順承王府で東北軍の師長以上の軍官会議を開き、軍事委員会北平分会委長辞職と欧米への出国の意思を伝え、最後の訓示を締めくくった。

「蒋先生に服従することが、私に服従することである」

張作霖が手塩に掛けて育てた旧奉天軍が総帥を失った瞬間であった。「貴公子！」、「貴公子！」と場内に嗚咽が溢れた。

2 解放区を拡大する毛沢東を意識

張学良は挫折感と自責の念に苛まれ、女と阿片に溺れていく。人は離れていき、中国国民からは「軟弱な東北のプリンス」「不抵抗将軍」と怒りと嘲笑の声が浴びせられた。人間不信が募り、自分まで信じられない。軍人には向いていなかったと、頬を伝るのは涙ばかりである。気力も展望も失われていく。思えば父の張作霖は軍閥政治の継承を求めていたが、張学良は国民に不評の軍閥の将来を早くから見限っていた。辛亥革命の功労者である孫文が張作霖の協力を求めて来た折に、天津で会い、「決して軍閥たることを願わず」と共和制を支持する心情を伝えたこともあった。

しかし、狡猾極まる蒋介石が口にする共和制は胡散臭い。共産党は国民党軍に追われ、非力である。誰を信ずるべきなのか。

北京の張学良の私邸には、抗日決起を求める学生デモ隊がしばしば押しかけてきた。張学良は代表を応接間に通し、議論に応じたが、趙藩という北京大の闊達な女子大生が論争を挑んできた。優柔不断、ひ弱、と声を上げるが、言うことに筋が通っていた。「蒋介石は共匪討伐を自慢するが、第一次、第二次、第三次、第四次と包囲攻撃をだらだら繰り返しているのは、苦戦しているからだ」、「学生たちは、抗日の先頭に立っている共産党を圧倒的に支持している」……。

言われてみれば、一々納得できる。蒋介石から毛沢東が江西省瑞金に樹立した中華ソビエト共和国臨時中央政府攻撃の話をたびたび聞いたが、倒したとはついぞ聞いていない。四娘、趙藩が四女だと聞いてからそう呼んでいるが、四娘によると、共産党は毛沢東が指導権を確立し、大衆の中に根を広げているという。自分が青年時代にその論文を耽読した初代総書記の陳独秀は極左として除名され、後任の李立三も失脚し、モスクワにいる王明は名目上の最高指導者らしい。蒋介石が自慢する安内攘外政策破綻の構図が見えてきた。蒋は毛沢東にてこずり、ずるずると日本軍に譲歩せざるを得なくなっている。

張学良は九・一八事変（柳条湖事件）から阿片の吸引回数が増え、一時も手放せなくなっていた。情緒が不安定になり、四娘と一晩過ごした朝も、窓外を眺めながらポロポロと涙を流した。と、後ろで声がした。

「私か阿片か、どちらかを選んでください！」

張学良は四娘に付き添われて上海に入り、フランス租界に家を借りる。政治顧問のドナルドの紹介で、ドイツ人経営の病院に入院し、阿片を断つ治療を受けた。この時の心情について「父を殺され、故郷を踏みにじられた怒りにより、禁断症状の苦しみを克服できた」(NHKインタビュー)と語っている。

その一カ月後の一九三三年四月、四娘の密かな見送りを受けた張学良は、妻の于鳳至、子供四人（閭瑛、閭珣、閭玗、閭琪）、秘書の硝一荻ら総勢一七人とともにイタリアの豪華客船コンテロッソ号に乗って母国を離れた。ドナルドが影のように付き従った。オーストラリアの元新聞記者で先代から政治顧問を務めているドナルドは、ユダヤ系の反日親米秘密結社であるフリーメーソンの一員、スターリンに通じたコミンテルン要員……との噂があったが、情報収集に欠かせない貴重な人材であった。

イタリアのムッソリーニ、ドイツのヒットラー総統、英国のマクドナルド首相ら各国要人と会見し、欧州各地の実情をつぶさに見て回る。起点にしていたローマではサン・ピエトロ大聖堂をしばしば訪れた。七カ月後、帰国の途につく。妻子はイギリスに残し、秘書兼愛人の硝一荻が付き添った。

ヴェネチアを出港して三日後、蒋介石から帰国要請の電報が入った。短い電文から国民党の内紛に苦しんでいる様子がうかがえた。

欧州にいた張学良のもとには旧東北軍関係者から国内情報がひっきりなしにもたらされた。蒋介石は張学良の出国を待っていたかのように、その二カ月後、日本と河北省塘沽において停戦協定を結んだ。中国軍が長城以北への軍事行動を中止し、「排日抗日」を改めれば、日本軍も長城以南の北支（華北）での軍事行動を自制するというものであった。しかし、この塘沽協定は売国的と国民から轟々と非難され、国民党からも離反者が続出した。福建地区の国民革命軍一九路軍は独自に共産党軍と和解して中華共和国政府を作り、蒋介石は鎮圧に四苦八苦していた。第二、第三の福建政変も噂されている。

国民党には張学良待望論が高まっていた。ローマ滞在中、新規借款を得るために欧米諸国を歴訪していた南京政府財政部長の宋子文が訪ねてきて、「いずれ帰国要請が来ますよ」と耳打ちした。宋の姉は孫文の元妻で国民党左派の宋慶齢、妹は蒋介石夫人の美齢である。宋慶齢は孫文以来の友党の共産党を裏切った蒋介石を許しておらず、第二次国共合作の機会をうかがっていた。中華人民共和国建国後、国家副主席になる。美貌で鳴らした妹の宋美齢はその昔、張学良と恋仲であった。

一九三四年一月六日、コンテ・ベルデ号は香港に寄港した。待機していた旧東北軍幹部四〇余人とドナルドが合流し、福建事変がかろうじて収束したことを伝えた。張学良は内外記者たちを船内に招いて記者会見を開いた。

「欧米人も中国人も頭脳は同じだが、国家に対する犠牲的精神に於いて異なる。中国国民は自私自利（自分勝手）という伝統的な毒にあたっている。特に、中上層社会の罪悪が大きい」

張学良の言葉は自信に満ちていた。一年足らず前、負け犬のように欧州へと立った元東北のプリンスの変貌ぶりに記者席がどよめいた。

「How about Manchuria?」

「Manchuria? It is finished.」

張学良は「満州は終わった」と繰り返した。父親を超えていた。地域主義的な東北ナショナリズムにこだわるから全中国の力を結集できない。東北も中国の一部と明確に認識すれば、新たな展望が開かれる。

上海港に到着すると、張学良は直ちに南京に赴いて蒋介石、汪兆銘と会見し、「安内攘外のために積極的に戦う」と伝えた。気を良くした蒋介石は行政院臨時会議（同年二月七日）を開き、張学良を湖北・河南・安徽三省巣匪総司令部副司令に任命した。総司令の蒋介石に次ぐ地位である。蒋介石は総勢一三五万の第五次包囲攻撃で共産党を壊滅させる作戦を遂行中で、張学良の協力を必要としていた。

しかし、張学良の腹は決まっていた。「共産党、国民党、第三党、その他いかなる党であろうと、連合一致して共に危急存亡を救うべきである。これこそ救国の唯一の道である」（「外国通信社記者への談話」）。

張学良には自由な軍事行動を支える秘密資金があった。父の張作霖が遺した大豆問屋の糧桟ネットワークである。関東軍は満州占領後、旧東北政府の資産は没収したが、張一族の個人資産には手を付けていない。皮肉なことに、満州国建国後も満州経済は堅調に推移し、糧桟ネットワークから毎年、巨額の収益が上がってくる。それを軍資金に旧東北軍を再結集した。故郷を失った三〇余万の旧東北軍は家族と共に中国各地を流浪する巨大な難民集団と化していたが、貴公子の呼びかけに続々とはせ参じた。

蒋介石の強硬路線に押されていた共産党では、独自の人民戦争方式を取る毛沢東の存在感が高まっていた。朱徳とともに紅軍を創設し、湖南省、江西省、福建省、浙江省にまたがる広範な地域に農村根拠地を建設し、地主の土地・財産を没収して小作農に無償分配する土地改革を実施して農民の熱狂的な支持を集めた。江西省瑞金で中華ソビエト共和国臨時中央政府樹立を宣言（一九三一年一一月）し、主席となった。

蒋介石の第五次包囲攻撃が始まると、毛沢東は瑞金を放棄し、国民党の追撃を交わしながら新革命根拠地を探す長征を開始する。貴州省北部の遵義県で今後の大方針を決める共産党中央政治局拡大会議（遵義会議。一九三五年一月一五日）が開かれ、博古、張聞天、周恩来、ブラウン、毛沢東、朱徳、劉少奇、陳雲、鄧小平ら幹部が批判、反批判の激論を交わす。周恩来が都市中心の戦略の失敗を自己批判し、博古をトップとする指導部の三人団解散を提案する。新たに周恩来を中央革命軍事委員会主席、張聞天を総書記、毛沢東を中央政治局常務委員兼書記処書記とする指導部が選出された。

国民党との内戦に埋没しつつあった共産党が、抗日闘争の前面に立つ大きな転機が訪れる。コミンテルン第七回大会（一九三五年七月二五日）で各国共産党に反ファシズム人民戦線結成を指示する決議が採択され、スペインでの人民戦線と中国での第二次国共合作が焦眉の課題とされた。コミンテルン中国共産党代表としてモスクワにいた王命は、蒋介石の安内攘外政策を批判し、中国共産党を中心とする広範な抗日闘争を呼びかける八・一宣言を発表した。中国国内に伝わると、上海や北京など大都市で抗日反蒋世論が燎原の火のように燃え上がった。

毛沢東は、モスクワから国内の実情を無視して一方的な指令を出す王命を快く思っていなかった。共産党を「抗日反蒋」の前衛となる戦闘的な組織に改編することを提唱すると、農村を重視する毛の斬新な革命思想と紅軍を仕切るリーダーシップを高く評価していた周恩来が積極的に同調し、中央革命軍事委員会主席の地位を毛沢東に譲るとの書記処決定（八月一九日）を採択した。自ら中央革命軍事委副主席に退いた周恩来は、以後、毛沢東に忠実な〝偉大なナンバー2〟に徹する。書記処長に鄧小平が就任し、共産党新指導部の骨格が固まった。

紅軍は一〇月一九日、中国北西部の陝西省膚施県（延安）にたどり着く。一帯は攻めにくく、守りやすい峻険な地形で、地元出身の高崗や習仲勲らが革命根拠地を築いていた。毛沢東は中華ソビエト共和国樹立と長征終了を宣言した。

逃げる紅軍を蒋介石は「大流鼠」と嗤い、第六次、第七次包囲網を敷いて追撃の手を緩めなかった。毛沢東、周恩来らの首に高額の懸賞金をかけた。武昌に軍事委員会・委員長行営が設置され、張学良が主任となる。さらに、延安に立てこもった紅軍撃滅のために目と鼻の先の陝西省西安市に西北巣匪総司令部が一一月一日に設置され、張学良が副総司令・代理総司令に指名された。

張学良は着任に先立って、国民党第四期六中全会（一一月一日〜六日）に参加する。その後、上海に国民党左派の重鎮・宋慶齢を訪ね、第一次国共合作時代からの経験豊富な古参共産党員である劉鼎を紹介される。劉鼎は周恩来と懇意の間である。大どんでん返し劇の役者がいよいよ揃ってきたが、幕を上げるのは敵役の日本軍である。

３　張学良と周恩来の秘密会談

天津の梅津美次郎・支那駐屯軍司令官が塘沽協定を反故にする「梅津・何応欽協定」（一九三五年六月一〇日）を結び、万里の長城以南での日本軍の動きを活発化させる。さらに北京西方の通州に日本の傀儡である冀東防共自治委員会（一一月二五日）が作られ、一カ月後に自治政府へと看板が変わる。

中国側を無用に刺激する愚挙は、大恐慌以来の不況で国民生活が困窮していた日本国内の状況と無縁ではありえなかった。政局を主導する軍は統制派と皇道派に割れ、陸軍士官学校事件などのクーデター未遂事件が起き、政情不安が極限に達していた。梅津は日本陸士同窓で、蒋介石の右腕とされる何応欽と通じ、華北五省（河北省、山東省、山西省、察哈爾省、綏遠省）を中国から分離させ、満州国、朝鮮、日本とブロック圏化して軍需品生産を円滑にする野望を企んでいた。岸信介が策定した「満州産業開発五カ年計画」とも連動している。

統制派の梅津は「梅津・何応欽協定」の功が認められて陸軍次官に栄転し、二・二六事件を機に陸軍の粛清を行う。東條らの強力な後ろ盾となり、陸軍省に軍務課を新設し、政治への干渉の道を開く。陸軍最大の実力者に伸し上がっていく東條におだて上げられて落日の関東軍司令官を長く務め、敗戦直前に参謀総長と貧乏くじを引かされる。戦後、Ａ級戦犯として終身刑を言い渡され、獄死する。

中国全土に反日機運が一挙に高まり、抗日を前面に掲げた共産党に国民の支持が集まる。過酷な長征で一〇万から数千人規模にまで弱体化した紅軍に入隊希望者が殺到し、急速に勢いを盛り返していた。抗日映画『風雲児の女』が大流行し、「立ち上がれ、奴隷たちよ！」で始まる主題歌「義勇軍行進曲」が抗日歌として全国で歌い継がれ、紅軍が進軍するときに歌われた。この一四年後に建国される中華人民共和国の国歌となる。

張学良の西北掃匪総司令部は紅軍と小競り合いを繰り返したが、見せ掛けのようなものであった。「親日売国奴の蒋介石を打倒せよ！」と抗日共闘を呼びかけられ、部隊ごと寝返ってしまうケースもあった。東北軍には共産党の秘密党員が多数まぎれこんでいたのである。九・一八事変後に多くの青年学生が共産党に志願したが、張学良の四番目の弟の張学思も学生党員となり、東北軍第六七軍特務大隊で地下党員として活躍した。張学良の勧めで南京中央軍校でキャリアを積み、東北軍第五三軍参謀となる。二番目の弟の張学銘も共産党シンパであった。一九三〇年に二十代で天津市長を務め、行政経験が豊富だ。

毛沢東、周恩来との直談判を考えていた張学良は側近の王以哲中佐に共産党との折衝に当たらせ、洛川で共産党西北中央局連絡局長の李克農との会談（一九三六年一月二〇日）が実現した。挙国的な国防政府樹立で意見が一致したが、蒋介石の扱いで対立した。毛沢東は李に「抗日反蒋を基礎に東北軍と連合せよ」と指示していた。

「蒋委員長を排除し、国防政府の樹立などできるはずがない。『国家に対する犠牲的精神』を発揮し、過去の経緯を捨てるべきである！」

張学良は断固として主張した。毛沢東が「抗日反蒋」を放棄すれば、蒋介石に「抗日連共」を認めさせることが出来る。罪を憎んで人を憎まない育ちの良さもあるが、欧州から帰国した自分を副総司令・代理総司令に任命してくれた蒋介石を立てる、張一族の流儀ともいうべき仁義であった。

五日後、毛沢東、周恩来ら二〇人連名の『東北軍との連合抗日を願い、紅軍が全東北軍の将士に致すの書』が送られてきた。東北軍全幹部に回覧された書簡には「数千年の歴史をもつ黄帝の子孫のスローガン」と添書きされていた。

張学良は「抗日」の大義が全てに優先したと理解した。王以哲と李克農との間で相互不可侵・通商を認める口頭協定が結ばれた。張学良は西安市に共産党西北特別支部を設置することを認め、東北大学出身の共産党員を派遣するように求めた。宋慶齢の意向を受けた古参共産党員の劉鼎が西安入りし、延安との風通しが良くなった。

この頃、獄中の共産党員が次々と反共宣言して転向していた。〝転向者〟の中心人物が薄一波であった。山西省の共産党委員をしていた一九三一年に北京で逮捕され、獄中で密かに結成された共産党支部書記をしていたが、「反共宣言」をして出獄した。蒋介石は喜んだが、東北軍と共産党との間に獄中の共産党員に反共宣言させ、釈放する取り決めが交わされていた。薄一波も張聞天や劉少奇の秘密指示を受けて仮装反共宣言をしたのであった。出獄後、山西犠牲救国同盟会を結成して抗日闘争を再開する。

習仲勲とも近かった薄一波は中華人民共和国建国後に習と共に国務院副総理などを歴任し、八大元老の一人となる。次男の薄熙来は重慶市党委員会書記・党中央政治局員となり、「紅二代」（太子党）の筆頭格として一時はポスト胡錦涛の一番手、革命第五世代初の共産党総書記・国家主席とも嘱望されたが、文革を真似たぎらついた野心が疎まれ、習仲勲の息子の近平を推す胡錦涛総書記・主席により排除される。

共産党側は張学良に周恩来、李克農を全権代表とする会談を申し入れた。「国防政府と抗日聯軍を組織する具体的な段取りと政治綱領を検討する」（『毛沢東年譜』上巻）ためである。

張学良は自ら延安に行くと返答し、四月九日、夜陰にまぎれて現地入りする。極秘の前線視察を装って側近の王似哲だけを伴い、南京政府の特務の目を欺いた。

周恩来らとの四者会談が、深夜一〇時から延安城内の天主堂で行われた。清朝末期に広がったキリスト教の勢いを偲ばせる大きな石造りの教会の一室での会談には、途中から劉鼎も加わった。張学良の『西安事変懺悔録』、劉鼎『回想録』、周恩来の報告などを総合すると、以下のようなやり取りが行われた。

「私は東北で青年時代を過ごしました」

周恩来がにこやかに切り出すと、張学良が笑みを浮かべた。

「存じています。張伯苓先生から聞いています」

座が和やいだ。張伯苓は周恩来の母校である大連の南開大学学長であったが、張学良が設立した東北大学の理事として招かれ、今は西安において張学良の顧問をしている。

「日本軍国主義に対抗する強力な抗日民族統一戦線の構築が急務です。日本では一部軍人によるクーデター未遂事件を機に、より攻撃的な軍事政権が誕生しました。困窮する国民の不満を外に向けるために、中国への侵略を一段と強化してくるでしょう」

日本留学経験のある周恩来は共産党切っての知日派であった。張学良にも一カ月ほど前に東京で勃発した二・二六事件のことを言っているのが分かった。皇道派将校の反乱軍一五〇〇人が高橋是清蔵相らを暗殺したのだ。大半の将兵は農村出身で、親兄弟が飢えに苦しみ、姉妹が遊郭に身を売る惨状に耐え切れず、天皇親政による政治の刷新を主張したと聞いている。裕仁の顔が頭を過ぎった。

「蔣委員長についてはどうですか？」

「蔣委員長をどうするかは国民党内部の問題です。国民党が我々との内戦に終止符を打ち、抗日に同意すれば済むことです」

「統一的な指揮の下で全国民一丸となって戦わなければ、勝利は覚つきません。蔣委員長が抗日連ソ連共に同意すれば、共産党はその指揮に従うことができますか？」

「非常に難しい問題です。正直に言えば、多くの同志を殺した蔣介石を八つ裂きにしたいほど憎んでいます。しかし、それ以上に憎むべきは日本の侵略です。蔣氏が抗日の立場を明確にし、以前の国共合作時のような関係を我々と築くことができるなら、再び指導を受けることは可能です。蔣氏次第です」

張学良は大きくうなずいた。

「驚くかもしれませんが、蔣先生はかつての上司でした。孫文先生が創設した黄埔軍官学校で校長、教務主任として力を合わせた時期があったのです」

三歳上の周恩来は、学者のように穏やかに、理路整然と話す。率直で、誠実な人物であると張学良は思った。

張学良と周恩来の会談は深夜四時まで続いた。張学良は周恩来と再会を固く約し、真っ暗な道を洛川へと飛ばした。

延安会談から二週間後、周恩来から張学良に決起を促す手紙（四月二二日）が送られてきた。「先生と肝胆相照らすことができたことは抗日のために喜ぶべきことです。抗日のために蒋氏は重要ですが、蒋氏のために殉ずることはできません。抗日戦線のためにも、東北軍の前途のためにも、先生は準備されるべきです」（周恩来書簡選集八七～八八ページ）。

張学良は劉鼎を通して共産党中央に打電（五月四日）し、周恩来との再会談を求めた。さらに、共産党上海地下党の周建屏と洛川で会い、極秘軍事機密を周恩来に伝えるように託した。蒋介石が直属の中央軍四個師団を黄河西岸に進駐させ、陝北の紅軍に対する攻撃を開始するので、紅軍と東北軍の連携を強化したいと提案したのであるが、毛沢東は即座に回答（五月七日）を寄せ、「楊虎城、馬占山、閻錫山らと西北連合戦線結成について協議したい」と申し入れた（『毛沢東年譜』上巻）。

五月一三日、張学良は再度延安を訪れ、周恩来と会談した。具体的な政策協定が結ばれ、四点が合意された。①東北軍が延川などで蒋介石軍の陝北進攻防止、②紅軍が河南省に入って蒋軍を牽制、東北軍が弾薬支援、③蘭州に大本営をおいて東北軍と紅軍が連合し、ソ連と通交、④張学良が通行を保障して共産党代表の鄧発をソ連に派遣というものであった。

西安に戻った張学良に西北軍司令の楊虎城が接近してきた。西北軍は国民党軍第一七路軍であるが、蒋介石直轄の中央軍ではなく、地方軍閥の流れを引く。東北軍と似た存在である。西北軍は東北軍より先に紅軍と秘密停戦協定を結んでいた。張学良は八歳上の楊虎城と同志の契りを交わし、西安近郊の王曲鎮に士官養成の長安軍官訓練団を設立して自ら団長となり、副団長に楊を招いた。東北軍と西北軍の将兵が同じ講義を聴き、訓練を共にしながら共同作戦の実を挙げていく。

張学良は長安軍官訓練団で「中国の活路はただ抗日にのみあり」と講演（六月二二日）し、九・一八事変後を総括しながら、抗日戦を戦略的に展望した。「九・一八事変後、我々は膝を屈して妥協を求め、事態の不拡大を希求する大きな誤りを犯した。東北軍は抗日の第一線に立たねばならない。日本は長期的作戦を維持できない弱点を持っている」（『張学良文集』二）

西安は抗日一色となった。張学良は東北軍幹部約七〇人を対象に秘密組織の抗日同志会を結成し、一朝有事に東北軍が連共抗日で一致結束して行動する旨を申し合わせる。共産党西北特別支部を通じて延安との陸路が開かれ、共産党幹部が公然と市内を闊歩し、西安からも延安に物資を満載した通商のトラックと共に将兵たちが頻繁に訪れて紅軍兵士と交歓した。

4 西安事変の真実

南京の蔣介石に、西安の特務から「共産党と密かに通じている」と伝えられたが、「漢卿がそんなことをするはずがない」と受け付けなかった。掃討作戦の遅れには痺れを切らしていたが、西安と延安の出来レースなどとは夢にも思っていない。蔣介石の致命的な失敗は、張学良を見くびったことにある。物量的には圧倒的に優勢であるにもかかわらず、共産党軍との戦いで無様な敗退を重ねているのは、実戦経験が不足し、軍事的能力に欠陥があるからとみなしていた。延安との共謀を疑う報告も上がってきていたが、苦労知らずの東北の貴公子にそんな胆力はないと侮っていた。強烈な上昇志向の原動力であった出自へのコンプレックスが傲慢となり、目を曇らせていた。

一九三六年も秋ごろになると、両広事変など南京政府に楯突いた各地の反乱も平定のめどが立った。蒋介石は共産党討伐に総力を挙げ、第二五師団を陝西一帯に増派した。新たな攻撃命令（一〇月二一日）を発した翌日、自ら幕僚たちを引き連れて西安に乗り込む。

宿舎は近郊の山間の華清池の旧離宮であった。玄宗皇帝が楊貴妃と過ごした秘園に蒋介石は魅了された。片親育ちの塩商人の息子が今、唐の皇帝と同じ高みにいる。

張学良を呼び出して、厳命した。

「毛沢東は私に抗日を呼びかける手紙を寄こした。だが、ここに来たことが私の返答だ。毛沢東とは上海で代表同士が秘密接触を重ねているが、これ以上話し合いの余地はない」

「……」

張学良は押し黙って聞いていた。毛沢東が蒋介石にトップ会談を呼びかけていることは知っていた。

「漢卿、第六次包囲作戦の準備はできているかね？」

張学良は〈今になっても〉と腹立たしくなった。

「日本が北平近郊に傀儡政府を作り、華北五省への侵略を露骨化しています。そちらへの対処が先決ではありませんか」

「安内が先だ。共匪討伐を急がねばならない」

「しかし、……」

五年前と同じ押し問答であった。

「軍人は服従をもって天職とする。死ねと言えば死なねばならない。上官に向かって、何故かと問う必要はない！」

蒋は強力な旧東北軍を率いる張学良を別格扱いしてきたが、遠慮がなくなっていた。

五日後、蒋介石は自ら長安軍官訓練団に赴き、訓令した。

「諸君！　共匪を瑞金から延安まで追い詰めた。共匪軍はたかだか六、七万。西北巣共総司令部は三五万である。これに中央軍二〇万が加われば、共匪の息の根を止めることができるのだ」

一気呵成に、持ち場に帰って延安攻撃に総力を挙げよと檄を飛ばし、その場で長安軍官訓練団の解散を命じた。

蒋介石は意気揚々と河南省の洛陽へと向かった。後漢の都があった洛川南岸の景勝の地で、五〇歳の誕生祝賀宴が準備されていた。すっかり皇帝気分である。付き従う高級武官たちは多くが黄埔軍官学校の卒業生たちであった。

しかし、一人でいると日毎に不安が募った。毎日、こまめにつけていた日記に、「東北軍兵士の心は動揺している。余は西安に進駐し、軍情を鎮め、危局を救わざるを得ぬ」（蒋介石日記。一二月二日）と記した。

一二月四日早朝、ダグラス輸送機が西安飛行場に着陸し、厚い防寒衣に身を固めた蒋介石が幕僚たちを引き連れてタラップを降りた。迎えに出た張学良、楊虎城と握手を交わすのもそこそこに、第六次巣共作戦を発令し、三〇万の軍と一七〇機の軍用機を西安に前方展開するように厳命した。参謀たちは三カ月で作戦は完了すると楽観的な見通しを立てていた。蒋は西安城内に入ると東北軍幹部たちを集め、一人ひとり確かめるように、掃討作戦の先頭に立つようにと叱咤激励した。夕刻、宿舎の華清池に向かう。側近たちは西安の異様な雰囲気を察知し、急遽、憲兵第三中隊を洛陽から空輸させた。二個小隊が西安、一個小隊が華清池に配備され、身辺警備を固めた。

「華清池にいる今が、チャンスだ」と楊虎城は計画の実行を促したが、張学良は「礼を先にし、兵を後にす」と述べ、最後の説得に赴いた。

蒋介石は西安城内の設備の整ったホテルや軍人クラブよりも、驪山の麓からコンコンと湧く白色透明の温泉をことのほか気に入り、腰痛の湯治を兼ねて定宿としていた。専用の部屋に特別仕立ての洋式家具やベッドが運び込まれ、二〇キロ離れた西安城内と専用電話が引かれた。

「日本の侵略は止まるところをしりません。もし反撃しなければ、我々は千古の罪人になってしまうでしょう。共産党は蒋委員長が抗日を指導することを受け入れています。抗日こそ人心の向かうところです。内戦停止と一致抗日を決断してください」

張学良は泣きながら諫めた。臣下が身を賭して天子を諫める哭諫である。しかし、尊大になった蒋介石は声を荒げて叱責した。

「おまえは若い。共産党の策略に嵌められているのだ。たとえ、銃で私を殺しても、巣共計画は変わらないと知れ！」

張学良が大作戦を前に怖気ついていると思っていた。モスクワに入り浸っている赤かぶれの息子の経国と似て、頭でっかちで理想論ばかり口にする。

張学良から哭諫の次第を聞いた楊虎城は翌日、華清池を訪ねた。邸内の警備状況と蒋介石の腹を探るのが狙いであったが、幸い、張学良のクーデターを疑っている気配は微塵もない。軟弱な張学良に大それたことなどできないと見くびっていた。楊虎城は華清池から張学良の公館へ直行し、決断を促した。

「蒋委員長には礼を尽した。もう迷いはない」

数時間前、蒋介石の朝食会に招かれた王似哲第五七軍長から、延安と頻繁に無線連絡していることを蒋に窘められたと報告を受けていた。蒋の幕僚には張学良に面と向かって西北巣共副総司令を辞任するように求めるのもおり、東北軍幹部切り崩しも露骨化している。これ以上引き伸ばすことは出来ない。演習を名目に部隊を移動させ、東北軍が華清池を制圧して蒋介石の身柄を確保し、西北軍は西安城内の中央軍中枢部を無力化する。

遊欧前に上海で別れた四娘が張学良の公館を訪れ、西安市の共産党西北特別委員会が一二・九運動一周年の大規模抗日デモを決行すると明かした。中央軍の注意をデモ隊に引き付ければ、部隊を怪しまれずに移動させることができる。張学良は楊虎城の公邸を訪れ、「決行は、一二日」と伝えた。

同じ頃、蒋介石は中央軍首脳を招集し、張学良解任を申し合わせた。東北軍を福建省に移動させ、中央軍と全面的に入れ替える。一二日午後六時に宴会を催し、張学良と楊虎城を招いて決定を伝える段取りとした。急な召喚通知を受けた張学良と楊虎城は計画を一日遅らせ、一二日午前六時を期して、西安と臨潼で同時に決起することとした。楊虎城は前線に行くことを理由に宴会を欠席し、張学良一人が副官と幕僚数名を引き連れて華清池に向かった。中央軍幹部数名が同席した宴会のテーブルには蒋介石専属のコックが腕を振るった南方料理がふんだんに並べられ、蒋はいつになく饒舌であった。さりげなく第六次包囲作戦計画を口にしたが、張学良と楊虎城の名は指揮要員に含まれていなかった。張学良は明日前線に向かうからと孫銘九大佐を蒋に紹介した。明日の決行部隊長であり、体のよい面通しである。

一二日早朝、漆黒の闇の中を東北軍第一〇五師が華清池へと強行軍し、華清池を囲んだ。外郭の北の津陽門、南の昭陽門、見張りの楼閣など逃走経路を遮断し、孫銘九の一個中隊が六時丁度に正門から突入した。警護隊は一五分ほどで沈黙させた。蒋介石は、時ならぬ機関銃音で目を覚ました。衛兵の急報を受け、外郭を超えて裏山に潜んだ。

西安の司令部で張学良は待機していたが、蒋介石逮捕の報告が来ない。西安城内は華清池攻撃と同時刻に楊虎城の西北軍が中央軍要所を強襲し、武装解除していた。時計の針が八時を指すのを見て、張学良は楊虎城に言った。「あと一時間で蒋委員長が見つからなければ、自分を逮捕し、君だけでも助かってくれ！」。そういって別室に籠もり、側近に銃を渡し、九時になったら射殺するようにと命じた。

華清池裏山では孫銘九大佐の一隊が必死に蒋介石を追っていた。二人の将校が山道の茂みに潜んでいるのを発見した。蒋介石の甥にあたる兄弟であったが、孫大佐は見覚えのあった、侍従長である兄の蒋孝先を即座に射殺した。元憲兵隊第三団長の孝先は北京で愛国学生三〇〇〇人余を逮捕、虐殺した張本人であった。震え上がった弟の孝鎮が叔父の蒋介石が潜んでいる洞窟を指した。洞窟の方へと進むと、大きな岩陰で息絶え絶えの蒋介石を発見した。零下一〇数度の厳冬に薄い寝巻きのまま二時間以上も隠れていた蒋は、冷体温状態に近かった。孫大佐は蒋を背負って山を降りた。

九時少し前、蒋介石逮捕の報が飛び込んできた。張学良は午前一〇時、楊虎城とともに記者会見を行い、「西安政府」の名で南京国民政府、全国省長、主要新聞社、有名大学宛の「中国国民への通電」を発表した。

「東北を失ってから五年、我が国の主権は日ましに弱まり、領土は削り取られた。この国家存亡のときに、蒋介石軍事委員長は阿諛追従の輩に取り囲まれ、民心は離反した。張学良は涙をふるって上申し、政策変更を陳情したが、常に拒絶されてきた。国難を坐して傍観できず、委員長に対して最後の勧告を行うために今日、兵諫（武力で主君の過ちを諫める）を起こした。蒋委員長の反省を求める。狐疑逡巡は許されない。我々の救国の主張が聞き届けられることを切望する。我々の功罪は全て国民の判断に任せる」

通電はそう訴え、八項目の要求を掲げた。①南京政府の改組と各党派の参加、②内戦停止、③上海の愛国者釈放、④政治犯釈放、⑤民衆の愛国運動に干渉しない、⑥集会、結社の自由などの政治的自由保証、⑦孫文の遺訓遵守、⑧救国大会召集。通電には張学良、楊虎城、東北軍と西北軍首脳が署名し、張学良は拘留した国民党軍首脳にも署名を求め、全員が応じた。蒋介石は西安に移送され、午後二時、張学良が通電を持って蔣の部屋に入った。

「委員長閣下、今朝はお騒がせしました」

「私はもう委員長ではない。一介の捕虜だ」

「いや。あなたは依然として我々の委員長です」

蔣介石は薄笑いを浮かべた。どこまでも人の良い貴公子だ。

張学良は一四日、西北巣匪総司令部を廃止し、自身を主任委員、楊虎城を副主任委員とする西北抗日連軍臨時軍事委員会を発足させた。しかし、肝心の綱領が定まらなかった。蔣介石の処遇も不明確であった。


張学良は蔣介石確保を電報で延安に知らせた。毛沢東は小躍りした。「蔣介石を直ちにここに連れてきて、人民裁判にかけろ！」。蔣介石には妻を含め多くの同志が殺されている。あいつだけは八つ裂きにしてもあきたらない。連共抗日文書に署名さえさせたら、用済みだ。翌日の共産党中央政治局会議で張学良の通電支持を決定し、周恩来、葉剣英らを西安に派遣する用意があると返電した。

だが、スターリンから送られてきた急電に延安は驚いた。「国民党と妥協せよ。蔣を殺すな」とあったのだ。毛沢東は椅子を蹴り、怒り狂った。ソ連共産党機関紙・プラウダは社説で「西安のクーデターは親日派と結託した日本の陰謀」と報じ、「対日戦宣、容共通電」などと号外で報じた中国新聞各紙や、「聯共抗日」と一面で大きく報じた英米諸国の新聞の論調とも大きく異なる。事件に共産党が関わっていることを否定し、陰謀説を打ち消そうとするスターリンの意図が伝わってくる。延安との齟齬は毛沢東とモスクワの王命の意思不疎通の結果であり、この問題に決着がつくのはコミンテルン解散が決まった一九四三年以降に延安で始まる整風運動によってである。

蒋介石拘束が伝わった南京政府も荒れていた。当日深夜、国民党中央常務委員会と中央政治委員会臨時会議が開かれ、何応欽・軍政部長ら主戦派が西北への軍事攻撃方針を決定してしまう。何応欽は反日運動に火を付けた「梅津・何応欽協定」の張本人で、蒋介石と東京振武学校同期であり、日本陸士まで進んだ親日派であった。「抗日」は自身の政治生命の死を意味する。

何応欽らに猛然と反対したのが、蒋介石夫人の宋美齢、宋子文ら和議派である。妻が宋三姉妹の長女である孔祥熙・行政院長代理も和議に賛成する。しかし、国民党政治委員会は何応欽を討逆総司令に決定した。事態が緊迫する中、蒋介石の政治顧問となっていたドナルドが西安に入り、張学良に面会した。ドナルドは宋美齢から軍事委員会委員長として停戦命令を出して欲しいとの夫への伝言を託されていた。何応欽は一七日、西安攻撃を発令するが、宋美齢が泣きながら懇願するのを見て蒋介石直系の軍幹部たちが何を諌める。蒋介石は何応欽が西安を空爆すれば自分は殺されるとして三日間の停戦命令をドナルドに託し、西安郊外への爆撃は中止された。

張学良は蒋介石の説得に手間取り、クーデターであってクーデターでない半端な状態が続いて立場が厳しくなる。新政権樹立を期待した東北軍と西北軍の一部が失望して離反する。国民党中央軍が洛陽を奪回し、西安にも迫ってきた。当初支持を表明した地方の有力者たちも距離を置き始めた。

張学良は日に何回も蒋介石と会い、聯共抗日に応じるように説得した。しかし、張学良に自分を殺す気はないと読んだ蒋は、のらりくらりと交わし、逆に、張学良の焦りを見て取り、「謀反人の汚名を残すのか。自分を南京に送り返せば、罪は免じよう」と開き直る始末であった。

張学良は周恩来の助けを借りることにした。一七日夕、劉鼎がボーイング247型機で延安まで迎えに行き、周恩来一行を乗せて西安飛行場に戻ってきた。周恩来は張学良の快挙を称え、共産党は全面支援すると伝えた。停戦命令の経緯を聞くと、いつもの落ち着いた声で言った。

「南京政府内の和議派と全面合作すべきです。今後考えられるのは、蒋委員長に聯共抗日を約させるか、殺害して全面的な内戦を覚悟するか、二つに一つです。わが党としては、蒋委員長が聯共抗日に合意しさえすれば、その指導の下で戦うことに異議はありません」

「それは心強い。だが、蒋委員長はなかなか応じようとしないのです」

張学良が弱音を吐くと、周は軽くうなずいて引き取った。

「頃合いをみて、私が会って見ましょう。旧知の間なので、話が出来るかもしれません」

南京政府から宋子文を代表として西安に送るとの連絡が来た。張学良は周恩来と交渉方向を協議し、八項目を六項目に整理した。①即時停戦、②中央軍の潼関からの撤退と綏遠抗戦支援、③宋子文による南京新政府組織と親日派一掃、④抗日連軍樹立、⑤政治犯釈放と民主実現、大衆武装化、⑥救国会議開催と西安での準備会である(『文献與研究』「周恩来與張学良商談後給中央的報告」)。

宋子文が二〇日、ドナルドとともに西安に入ってきた。張学良は「中国国民への通電」にある八項目の主張を受け入れれば、蒋介石を釈放すると伝えた。宋子文は蒋介石の承認を得たいと面会を求めた。

蒋介石は義兄の宋子文の顔を見て、少し安堵の表情を浮かべた。ドナルドを意識して最初は強気なことを口にしたが、深夜、交渉を委ねると譲歩した。翌日、宋子文は南京に戻り、孔祥熙・行政院長代理から同意を取り付けた。

いても立ってもいられなくなった宋美齢は、夫のいる西安に飛び立つ。思いもかけず妻と再会できた蒋介石は、涙した。生きる希望が湧いてきた。再婚した時は政略結婚と陰口をたたかれたが、妻の勧めでキリスト教に入信し、生涯、一人の妻と決めていた。唯一、心が許せる存在であった。父に反発し、モスクワにいる経国は前妻の子である。

夫の解放を直談判しようと、宋美齢は張学良を訪ねた。

「マダム蒋介石、上海以来です」

張学良はもって回った言い方で、温かく迎えた。美齢の変わらぬ美しい顔に赤みがさした。時計の針が上海時代に戻った。

「学良、夫を本当に無事に南京に帰してくれるのですね？」

「連共抗日に同意しさえすれば、それで全て済む。君の夫を殺したくない」

美齢の目から涙が溢れた。言葉は無用であった。一一年前、二人は一目で恋に落ち、二カ月の時間に燃え尽きた恋人同士であった。美齢はいつまでも美齢だと張学良は思った。孫文を支援した浙江財閥の「宋氏三姉妹」の末っ子で、奔放な性格は留学した米国でさらに磨きがかかった。六十余年後、張学良は亡くなる前、「自分が心から愛した女であった」と明かしている。

宋美齢は周恩来に会い、夫の命の保証を求めた。共産党が本当に夫の指揮下で抗日戦を戦うのかと繰り返し尋ね、周恩来の真意を探ろうとした。周恩来には蔣介石が妻を通して自分に命乞いしているのが分かっていた。連共抗日に同意さえすれば命は必ず保証すると宋美齢に確約した。

蔣介石は周恩来と会うことを避けていた。宋兄妹と張学良、楊虎城、周恩来の協議が繰り返され、蔣介石の案が示された。①中央軍は西北から離れる、②孔祥熙を行政院長、宋子文を副院長とし、何応欽は出国する、③蔣介石が南京に戻ってから愛国指導者七人を釈放する、④聯紅容共して外にあたる、⑤国民大会開催に同意する、⑥聯ソ、聯英米政策をとる（『文献與研究』「周恩来、博古致中央書記処電」）というものであるが、周恩来には蔣介石の小賢しい狡知が透けて見えた。協定には賛成するが、自分の人格を担保とし、協定文に署名はしないと言い張ったのである。第一次国共合作を裏切った蔣介石が人格を担保？とさすがの周恩来も怒りが込み上げてきた。張学良、楊虎城も蔣の署名のない協定分は無意味だと反対し、協議は中断された。

宋兄妹が会議場を出るのを見送り、周恩来は張学良に耳打ちした。

「私が直接、蔣委員長と会ってみましょう」

時計の針は午後七時を指していたが、周恩来は張学良とともに蔣介石の部屋に向かった。部屋のドアを開けると、蔣が尊大そうに振り返った。次の瞬間、顔から血の気がさっと引いた。怯える蔣を、張学良は初めて見た。だだっ広い部屋に張学良には理解しがたい冷気が立ち込めた。

「校長同志、お久しぶりです」

周恩来の低いが、よく通る声が響いた。軽い笑みを浮かべながら手を差し伸べたが、蔣は横を向き、金縛りになったように立ちすくんでいる。周恩来の言葉が穏やかなほど、自分を八つ裂きにしたい氷のような怒りと憎悪が伝わってくる。国民党から共産党を排除しようと、上海クーデターでは不意討ち同然に数百、数千の共産党員を殺害し、首を街角に晒したが、周恩来は取り逃がした。今は自分が首を刎ねられる番だ。

「紅軍は蒋委員長の指揮下に入る容易があります」

慇懃な言葉遣いだが、言うことを聞かなければ殺すまでだ、と響く。周恩来は時計をチラッと見た。一〇時を指していた。

「今日はこれまでにいたしましょう。蒋委員長、よくお考えください」

ゆっくりと部屋を出て行く周恩来を呆然と見送りながら、蒋介石は観念した。周恩来は張学良のように柔な男ではない。協定に署名しないかぎり、私は絶対に生きて戻れない。蒋介石は張学良を呼んだ。六項目を遵守するとの念書を書き、署名して渡した。「南京政府の主戦派を怒らせないために、非公開にしてほしい」と懇願した。

後々まで、張学良が念書の存在を明らかにすることはなかった。蒋は泣いて張学良に命乞いしたとの噂が流れた。蒋介石に連共抗日の念書さえ書けばモスクワの蒋経国を帰国させるとのスターリンの言葉を伝え、周恩来は翻意を促したとの噂も実しやかに飛び交った。一つだけ確かなことがある。愛する楊貴妃を誅して生き長らえた玄宗がそうであったように、今皇帝は人一倍生への執着心が強かった。

蒋介石が拡大時局会議の開催を求めてきた。国民党軍事委員会委員長としての形を作って所信を表明したいという。

二五日午前、南京政府側は蒋介石、宋美齢、宋子文、陳誠、蒋鼎文、銭大均、衛立煌、西安側は張学良、楊虎城、王似哲、馬占山、何柱国、共産党は周恩来、葉剣英、秦博古らが見守る中、蒋介石は「聯共抗日」を表明した。東北軍、西北軍に対して毎月五〇〇万元の軍事費を支給し、西安事変参加者の責任追及は無い。共産党に対しては二一県の辺区自治政府容認、毎月六八万元の軍事費支給、八〇〇万発の小銃弾支給などを約した。

「自分が南京に帰れば、各条件を、行政院を通して全国に交付する」

と述べて、席を立った。南京政府側が退出したのち、蒋介石釈放の時期について意見が割れた。張学良は早期釈放を主張し、周恩来と楊虎城は南京政府の動きを見極めるべきであると慎重であった。張学良は立ち上がり、声を強めた。

「諸君、蒋委員長が約束を完全に履行することを見届けるために、私は共に南京に飛ぶ」

「無謀だ！」

「蒋介石に殺されてしまう！」

楊虎城は強く諫めた。

「国民に、救国運動以外に何らの野心もないことを信じてもらうためにも、私が南京に行くのがよい。抗日救国のために私は命を投げ出す。もし蒋委員長が南京で私を罰し、約束を履行しなければ全中国の非難を一身に集め、『信義のない男』との汚名を歴史に残すことになる。そんなことができるはずがない」

停戦協定が切れようとしており、機を逸すると南京政府の主戦派が息を吹き返しかねない。疑い深い蔣介石に西安や共産党側が六項目を守ると信じさせるためにも、自分が人的担保になるしかない。

「周先生はどう思いますか？」

楊虎城が一言も発せず聞き耳を立てていた周恩来に意見を求めた。

「蔣はファシストだ。彼が政策を変えたのは、あなた方の力が一時的にそうさせたのです。一緒に行くのは余りにもロマンチックすぎる」

「国難を救うために、一人くらいは私のような純真な男がいてもいいでしょう」

周恩来はそれ以上、止めようとはしなかった。張学良が「抗日連蔣」を主張したからまがりなりにも事は成就した。彼のロマンに最後まで付き合うしかない。

同日午後二時、張学良は蔣介石の釈放命令を出し、飛行機の手配をした。飛行場に向かう張学良の前に王以哲ら東北軍幹部たちが悲壮な表情を浮かべて立ちはだかったが、貴公子の決意が固いのを見て、下がるしかながった。張学良は空港への車に同乗した楊虎城に東北軍の職務代理を任せる委任状を渡した。自分が発った後、二〇万東北軍は楊虎城に従うようにと、全軍長、師団長に電文で命令していた。

蔣介石夫妻、宋子文、ドナルドらを乗せた車が後に続き、車列は西安飛行場へと急いだ。楊虎城が敬礼して見送る中、二機の輸送機は洛陽へと飛び立った。翌日、宋子文が同乗した張学良機は南京飛行場へと向かった。

蔣介石の嬉しい誤算は、「親日売国奴」と評判の悪かった自分が抗日の先頭に立つ英雄として中国世論の期待を一身に担っていることである。汪兆銘ら主戦派は聯共抗日に異議を唱え、張学良の処罰を求めた。国民党中央本部は張学良を軍法会議にかけると発表し、高等軍法会議が年の暮の三一日、「上官暴行脅迫罪で懲役十年、公民権剥奪五年」との判決を下した。張学良の身柄は宋子文邸から孔祥熙・行政院長の公館に移され、軟禁されることになった。

翌一九三七年元旦、西安の楊虎城が宋子文に手紙で合意遵守と張学良の即時釈放を要求したが、その三日後、蔣介石軍事委員会委員長が特赦を発表した。法的には無罪放免となるが、軍事委員会の拘束下に置く「厳加管束」とされた。政治犯扱いである。張学良は軍事委員会軍事統計局なる特務機関の監視下におかれる。

さらに三日後、蔣介石は西北巣匪司令部を廃止し、東北軍が西安から撤退することを求めた。西安事変の母体となった紅軍、東北軍、西北軍一体の西北大連合体制の解体を目的としたもので、中央軍三五万が西安周辺に展開して圧力をかけた。西安側は「張学良元帥の釈放が先だ」として二七万が一歩も引かなかった。共産党は西安側に立ち、周恩来、楊虎城、張学良代理（何柱国もしくは王似哲）の三人団を結成し、楊に紅軍の指揮権を預けた。

蔣介石は軍権は自分にあるとして張学良に協力を求め、張学良は東北軍元老である于学忠に全権を委任する手紙を書き、「自分の釈放を条件にして中央軍と争わないようにせよ」と認めた。于学忠は周恩来、楊虎城、何柱国、王似哲らから「平和的解決」の同意を取り付け、東北軍指揮官たちに決定として伝えた。しかし、「東北軍を売った」と激昂した孫銘九大佐ら青年将校団が二月二日、王似哲少将を襲って射殺した。東北軍は真っ二つに分裂してしまったのである。

以後、国民党と共産党が直接、交渉し、共産党中央は国民党への電報（二月一〇日）で①国民政府への武力活動停止、②ソビエト解放区の特別行政府への改組、③紅軍の国民党軍への改組、④地主の土地没収停止を約束した。その五日後、国民党全員会議が開催され、「赤禍根絶に関する決議案」を採択した。題名はいかめしいが、共産党の四項目保証を受容するものであった。楊虎城は蔣介石から「辞職出洋」を求められ、欧米視察に発つ。領袖を失った東北軍、西北軍は国民党軍と共産党軍に改編吸収されていくが、張学良の弟の張学思はすでに延安でも知られた筋金入りの共産党員であり、東北軍の多くが行動を共にしていく。

関東軍は地方勢力を懐柔分断する華北分離工作を強め、北京城内に部隊を常駐させて実効支配地域を拡大していた。抗日に力点を移し始めた国民党軍との緊張が高まる同年七月七日、北京から西南に少し離れた蘆溝橋で日本軍が夜間演習を強行している最中、日本軍に向けた発砲があった。柳条湖事件と同じパターンであり、日本軍は一帯を守備していた国民革命軍第二九軍の哨所を急襲し、大規模衝突に発展した。近衛文麿首相は事態の拡大を防ごうとしたが、参謀本部の石原莞爾作戦部長らが作成した関東軍、朝鮮駐屯軍、内地師団の華北派兵案を閣議で承認するしかなかった。

中国各都市では反日感情が沸騰し、毛沢東が一五日、抗日闘争を呼びかけ、蔣介石も一九日に全中国人民に抗日を訴える声明を発表して歩調を合わせる。九月二三日に第二次国共合作が正式に成立し、西安事変はようやく結実した。西安で合意された八項目に従って国民党軍と共産党軍の統合が行われ、紅軍は国民革命軍第八路軍に改組された。延安の中華ソビエト共和国は中華民国陝甘寧辺区政府となり、毛沢東が共産党中央革命軍事委員会主席、周恩来が副主席となった。

張学良は浙江省奉化県渓口鎮にある山寺の旅行者用宿舎に移されていた。蘆溝橋事件を聞いて一線復帰を蒋介石に申し出るが、黙殺される。弟の張学思が訪問した時、東北軍の各軍長あてに「東北軍が団結し、抗日戦争を戦えば、自分は自由になれるかもしれない」との伝言を託した。学思は兄の釈放に奔走し、武漢の八路軍弁事処で周恩来と出会い、いよいよ覚悟を固める。周の紹介で延安の馬列学院で学び、抗日軍政大学東北幹部隊長となる。張学良の二番目の弟の張学銘は国民党側の立場から華北、東北で抗日闘争を行う。

全人格を「抗日」の大義にかけた「東北の貴公子」は歴史の表舞台から姿を消すが、その影響力が消えることはなかった。力のみを信じる蒋介石が、力以上に強いものがあることを思い知らされるのは、これから八年後である。

華北に続々増派された日本軍は七月二八日を期して総攻撃を開始する。周到な準備をした日本軍は中国軍の拠点を次々と落して怒涛の進撃を重ねるが、奇襲攻撃から始まる宣戦布告なき戦争は、大義のない、殺戮のための泥沼戦争であった。日本軍参謀本部は宣戦布告がないことを逆手に、捕虜虐待を禁じるジュネーブ条約適用外とし、投降した中国兵を容赦なく虐殺した。敵の戦意を挫き、補給が途絶える広大な戦線で軍が動くには足手まといの捕虜は処分する方が得策と考えた。従軍記者が「百人斬り競争」と伝え、好戦気分を煽ったことも日本軍を狂暴にした。

中国側の怒りと挙国的な抵抗が呼び起こされ、日本軍は街や村の住民すべてが敵との強迫観念に憑かれ、「殺しつくし、奪いつくし、焼き尽くす三光作戦」に走る。侵略される方も、侵略する方も血で血を洗う地獄であった。

開戦五カ月目の一二月に早くも国民党政府の南京を攻略した。この時に問題の南京大虐殺が起きる。被害者の数は「二〇万人以上」(東京裁判)、「少なくとも三〇万人」(南京軍事法廷)と様々であるが、虐殺が行われたことは多数の被害者の証言と外国人の目撃談が示している。

ジーメンス南京支社長でナチス党員でもあったジョン・H・D・ラーベは南京の状況を同月一七日の日記に書き残した。

「今や耳にするのは強姦につぐ強姦。夫や兄弟が助けようとするとその場で射殺。見るもの聞くもの、日本兵の残忍で非道な行為だけ」(ラーベ『南京の真実』)

現地で取材したロイター通信のスミス記者の講演記録も残されている。

「一四日の昼頃から徒党を組んだ日本兵が家から家へと略奪を繰り返した。中国兵の略奪は食糧に限られたが、日本兵は見境無しで、組織的、徹底的に略奪した。中国人の家は全て、ヨーロッパ人の家も大部分が略奪され、特に壁時計がやられた」(同)

日本軍指揮官の日記などにも赤裸々に書き記され、南京掃討作戦を指揮し、占領後に市内警備を担当した第一六師団の中島今朝吾師団長の陣中日記(一二月一三日)は生々しい。

「至ル所ニ捕虜ヲ見……大体捕虜ニハセヌ方針ナレバ片端ヨリ之ヲ片付クルコトトナシタル……佐々木部隊丈ニテ処理セシモノ約一万五千、……」

そうした数々の残虐行為や重慶無差別爆撃などが蒋介石を支援していた米国に影響を与え、原爆投下や東京大空襲などの負の連鎖となっていく。

都市や村の点を確保しても面を奪えず、確保した点まですぐ奪われた日本軍は広大な中国大陸をさ迷うように転戦する消耗戦に追い込まれ、勝利への展望を失っていく。長期化する戦時経済に日本国内は疲労の度を深める。

局面打開を狙ってソ連軍と二度にわたって戦火を交えたノモンハン事件（一九三九年）でも日本軍は惨敗し、東南アジアなど南方に活路を求めるしかなくなった。英米の権益と衝突し、孤立無援の太平洋戦争へと突入していくが、その先に待っていたのは焦土と化した国土と無条件降伏であった。

5 第二次国共内戦の隠れた主役は旧東北軍（奉天軍）

日本降伏（一九四五年八月一五日）後、共通の敵がなくなった国民党と共産党との主導権争いが始まる。その実態は多くが謎であったが、実は、主戦場となる故地東北（旧満州）に国民党軍、共産党軍に分割、吸収された東北軍が総結集し、決定的とも言える役割を果たしていた。今はじめてその全貌が明かされるが、幽閉されていた張学良が蔣介石を追いつめるのである。

四川省の重慶（旧武漢）で、新政権樹立を協議する初の蔣介石・毛沢東会談（八月三〇日）が行われる。民主的な政権樹立とその構成が中心となったが、双方の思惑が食い違い、四三日間にわたる協議の末に双十協定が暫定合意された。二カ月後の一〇月に双十協定が正式調印されたが、山西省で両軍がぶつかり、共産党軍の圧勝となる。米政府特使のマーシャル将軍、国民党の張群、共産党の周恩来の三者会談が急遽開かれ、停戦が成立する。

翌一九四六年一月、重慶で各党各派代表（国民党八、共産党七、諸派二三）による政治協商会議が開催された。双十協定に基づき、憲法改正案、政府組織案などが採択され、最高機関の国民政府委員会の委員が選出された。委員の半数以上が非国民党であったが、政府首班に蒋介石が選出されることは確定的であった。蒋はカイロ会談にルーズベルト米大統領、チャーチル英首相と共に参加し、連合国首脳の一人として国際社会で認知されていた。戦後秩序を決めたヤルタ会談で蒋介石が代表する中華民国は米国、ソ連、英国、フランスと共に新設の国際連合安全保障理事会常任理事国となることが決まり、日本に無条件降伏を求めるポツダム宣言にも署名した。

しかし、共産党代表の周恩来がすっくと立ち上がり、熱弁を始めると会議場の空気が一変する。

「我々は国家民族の危機を救った真の英雄を忘れてはならない！。張学良と楊虎城である」

さらに声を張り上げ、張学良と楊虎城の自由回復と協商への参加を求めた。西安事変で張学良と協力した楊虎城も、抗日戦争に参加しようと帰国した一九三七年、蒋介石の差し金で妻と共に監禁されていた。

「そうだ」

「その通りだ」

政府委員の中から怒声にも似た声が上がり、会議を仕切っていた国民党代表は立ち往生する。周恩来は日中戦争が始まると共産党の代表として重慶に駐在し、蒋介石との統一戦線の維持に努めていた。その一方で、重慶に移されていた張学良、地方の楊虎城の釈放を働きかけていた。日本降伏後、張学良解放を求める陳情が地元東北からもひっきりなしに寄せられていた。

中国世論が張、楊の即自釈放を求めて沸騰した。

しかし、蒋介石は二人を解放しようとしなかった。政治協商会議二カ月後、国民党大会を開き、共産党が提唱する民主連合政府拒否と国民党の指導権確保を決議した。政治協商会議をないがしろにするものであった。宋慶齢ら国民党左派は反対したが、蒋は軍事委員会委員長の強権を発動して沈黙させる。蒋介石は国民の信望を一挙に失い、「救国の英雄」の名声は張学良、楊虎城に移ってしまう。

蒋介石は圧倒的な軍事力と、米ソを手玉に取る外交に自信を持っていた。米ソ両大国は蒋を戦後アジア秩序のキーパーソンとみなし、自陣営に引き付けようと腐心していた。蒋は米国から軍事援助を引き出す一方、日本降伏前日、ソ連と中ソ友好同盟条約を調印し、ソ連軍が攻略した東北を丸ごと譲り受ける約定を交わした。一九四五年一〇月、長春（旧新京）に東北行営を設置し、東北接収を進めていた。翌年一月の米中会談の合意に沿ってソ連軍は三月から四月にかけ全東北から撤退、入れ代わるように四川省、雲南省、貴州省など中国西南部から国民党軍三〇万が米空軍輸送機や鉄路で東北に進駐した。

蒋介石は東北が共産党との決戦場になると見越し、軍事部門の責任者である東北保安司令に旧東北軍幹部で張学良の姻戚である杜聿明を任命する。「杜司令は『貴公子』と呼ばれていた夫・張義の叔母の夫にあたる人でした」と張若飛の母が秘話を明かした。政治部門を統括する政治主任に熊式輝、経済統括の経済主任兼長春鉄路理事長に張公権、外交統括の外交特派員にモスクワから戻った息子の蒋経国を配置する。

同年五月三日、蒋介石は愛妻の宋美齢を伴って瀋陽に意気揚々と入城し、盛大な祝宴を催した。念願の東北を掌中にし、人生の絶頂期にあった。祝宴から二カ月後（六月二六日）、蒋介石は杜聿明・東北保安司令に共産党支配地区への全面侵攻を命令した。続く一二月一八日には中国全土での共産党攻撃を命令した。

毛沢東も中国有数の経済地帯である東北を重視していた。対日戦勝利が目前の第七回党大会（一九四五年四月）で「全ての根拠地を失っても、東北さえあれば中国革命の基礎を築くことができる」と檄を飛ばし、「北進南防」方針を打ち出した。ソ連軍進攻直後の同年八月一一日に主力部隊を東北に進軍させ、九月には中心都市の瀋陽の要所を押さえた。

しかし、蒋介石と友好同盟条約を結んでいたスターリンは一一月、米国の圧力もあって中国共産党軍の長春、瀋陽からの撤退を命じた。対独戦に勝利したスターリンはコミンテルン解散後も国際共産主義運動の絶対的な権威者であり、中国共産党にも武器援助をしていた。毛沢東はスターリンの指示に服したが、共産党東北局は政治工作を緩めない。林彪総司令の八路軍（共産党軍）は東北人民自治軍、東満人民自衛軍、東北民主連軍と名を使い分け、東北各地に浸透した。

国共内戦は当初、外交に長け、物量で圧倒した国民党軍が優勢で、共産党は一時、最大根拠地の延安まで失う。だが、東北で勢いを盛り返し、一大攻勢に転じる。要衝の長春（新京）を落とし、瀋陽へと迫る。

「どうしてこんなことに？ 最近共産党は反撃に出て、火力は往年の倭寇（日本軍）に相当する」（『蒋介石日記』一九四八年七月四日）

蒋介石は想定外の劣勢に呆然となっていた。優れた軍人ではあったが、戦略家としては毛沢東の足元にも及ばなかった。三五〇〇万の東北の民心を完全に見誤っていた。張学良が瀋陽に創立した東北大学卒業生たちは東北社会で指導的な地位を占め、張学良帰郷の準備に余念がなかった。その期待を裏切った蒋は彼らの怒りを呼び起こした。人心は共産党になびき、旧東北軍の離反も始まった。張学良を人質にとっていた蒋には大誤算であるが、国民党軍内の旧東北軍が共産党軍内の旧東北軍と内通し、国民党軍は戦う前から敗れていたのである。

朝鮮北部に一九四九年九月に創建された親ソ的な朝鮮民主主義人民共和国の国際的な支援も見逃せない。戦車、重砲などソ連の最新武器で装備された一〇万以上の強力な正規軍が中国の人民解放軍に姿を変えて参戦し、勇猛果敢な戦闘で国民党軍を震え上がらせた。姜健（朝鮮人民軍参謀長）、金策（副首相）らが率いる部隊は上海近辺まで進撃している。他方、国民党軍には旧日本軍の一部が加勢し、逆に中国人民の憤激を買っていた。

一九四八年一一月、共産党軍は国民党最後の拠点、瀋陽を陥落させる。勢いを駆って翌年一月、北京に入城し、国民政府の首都南京を攻略（一九四九年四月二三日）する。北京で全国の著名な有識者や諸党派の代表が集まって中国人民政治協商会議が開催され、中華人民共和国樹立と毛沢東を政府主席とすることが決議された。一九四九年一〇月一日、毛沢東が天安門広場で中華人民共和国建国を高らかに宣言した。

共産党東北局第一書記が、西安事変当時、西北グループの中心的存在として活躍した高崗である。第二次国共内戦が勃発すると東北各地の要衝をいち早く制圧し、天下分け目の瀋陽攻防戦を勝利に導く。東北人民政府主席、東北軍区司令員を兼任し、中華人民共和国創建直前、スターリンと「ソ連・東北人民政府貿易協定」を交わす。建国後、国家副主席と東北行政委員会主席を兼ね、東北の小皇帝と言われたが、その高崗との近さが後の文化大革命で旧東北軍系列の禍根となる。

共産党東北局で特異な存在感を放ったのが、東北などで抗日闘争を行ってきた張学良の弟・張学思である。遼寧省政府主席兼軍区司令員、東北行政委員会副主席を歴任し、一九四九年四月、人民解放軍初の海軍学校である安東海軍学校を創設して副校長となる。その後、兄の盟友というべき周恩来の強い推挙でソ連海軍アカデミーに留学し、帰国後、海軍参謀長となり、中国海軍建設に大きく貢献する。

哀れを極めたのが、蒋介石である。南京から重慶、さらに成都へと落ち延び、一九四九年一二月、経国とともに米軍機で台湾へと逃げ去った。

目的のために手段を選ばない蒋介石は、重慶陥落直前、白公館監獄に収容していた楊虎城を幼い娘、秘書ら六人と共に惨殺する。遺体は共産軍によって発見されたが、楊の顔は硫酸で焼かれていた。遺体は西安に葬られ、楊虎城将軍烈士陵園として今に伝わる。

いつ解放されるかと注目されていた張学良は、国共内戦再発が不可避となった一九四六年一一月、極秘裏に重慶から台湾の新竹県竹東鎮にある井上温泉に移されていた。翌年六月、井上温泉を張作霖以来の旧東北軍幹部である莫徳恵が訪ねると、張学良は多くを語らず、五言絶句を書き与えた。

「十載無多病　故人亦未疏　余生烽火後　唯一願読書」

対日戦終了により自分の役割は終わった。志を同じくして亡くなった多くの先輩、同僚、部下を悼みながら、余生を静かに送りたい、と心情を託した。

張若飛は祖父が釈放されていたら、張一族のその後の運命は随分と変わっていたに違いないと思う。しかし、その場合、異空間で生きていた父と母が交わる可能性は極めて低く、自分がこの世に生を受けることはなかったろう。

第3章　平和憲法制定にイニシアチブを発揮した昭和天皇

1　人間・裕仁とマッカーサー連合国最高司令官

籠の中の鳥、という点で、宮中深くの天皇裕仁は幽閉された張学良と大差なかった。西安事変による国共合作で中国大陸の戦況に展望が持てなくなった日本はファシズムのドイツ、イタリアと三国同盟（枢軸条約。一九四〇年九月）を結ぶが、昭和天皇は驚愕し、「（松岡洋右外相は）ヒットラーに買収でもされたのではないか」と、やるかたない心情を吐露する。型どおりの上奏文を全く信用せず、密かに英米の短波放送を聴いて情勢を判断していた。中国大陸で行き詰まった軍部が、温存している海軍力による局面打開を狙って英米とも開戦するのではないか——そう危惧したのであろう。

御前会議前日（一九四一年九月五日）に御学問所で近衛文麿首相と会い、「無謀なる師（戦争）を起こすことあれば、皇祖皇宗に対して誠に相済まない」と述べ、国策遂行要綱（第一項「戦争準備」第二項「外交手段」）の序を変えるように求めた。しかし、軍部の操り人形でしかなかった近衛にそのような力はない。近衛が辞職し、次期首相候補に名が挙がった伏見宮博恭との対面（一〇月九日）

では外交交渉を尽くすように求め、御前会議開催に反対の意思を伝えた。開戦の詔勅を求められることを恐れたのである。

東條英機が現役軍人のまま首相（一九四一年～一九四四年）に就任する最悪の事態になると、いても立ってもいられなくなり、皇居での任命式（一一月二日）で東條に対米戦争を回避するようにと言葉をかける。開戦の大義名分ありやと質し、ローマ法王を通じた時局収拾を検討するようにと提案した。ローマ法王は最後の拠り所であった。

一線の日本軍将兵も多くが、大本営の無謀な戦争拡大策に不安を感じていた。日本を敗戦へと突き落とす分水嶺となった真珠湾奇襲攻撃で最初の爆弾を投下し、戦死後に「軍神」と崇められた航空母艦「翔鶴」のパイロット高橋赫一が日米開戦四カ月前、「支邦は本当に強い。その支邦を片付けきれない日本が、今度は世界一金持ちの米英を相手にしなければいけなくなった」と家族に嘆いていたと、息子の赫弘が回顧している（毎日新聞二〇一五年八月二八日夕刊）。

しかし、東條はすでに対米戦争を決意していた。一カ月後、ハワイ沖に密かに接近した日本の空母艦隊から戦闘機が発し、米太平洋艦隊の基地である真珠湾を奇襲攻撃し、太平洋戦争に突入する。東條は陸軍大臣と参謀総長まで兼任する軍事独裁者となり、誰も手の出しようがなくなった。東條は満州国以来の盟友である岸信介を商工大臣に迎え、戦争遂行にすべての資源を動員する。

天皇は操り人形でしかなかった。明治憲法で「元首にして統治権を総攬」する絶対不可侵の主権者とされ、「現人神」と祭り上げられているが、実態は御前会議で用意された勅語に判を押し、政府の戦争政策を追認、正当化する存在でしかなかった。

関東軍＝陸軍参謀本部は天皇の専権事項とされる統帥権を利用し、奇襲攻撃を重ねて戦争を既成事実化してきた。国民は「天皇陛下万歳」と叫んで続々と戦地に送り出された。「英霊となって靖国神社で会おう」と誓い、「天皇陛下万歳」と叫んで肉弾突撃を繰り返すなど、戦陣訓で玉砕戦法を強要された。神風特攻隊や回転など人間爆弾となって敵に体当たりした。天皇裕仁はいかに心を痛めたであろうか。しかし、心許せるものはいない。宮中深く一人、神にすがるしかなかったであろう。

連合艦隊潰滅で敗戦色が濃くなる中、東條が退き、小磯国昭が首相となるが、沖縄戦敗北後これも辞職した。天皇に「頼む」と懇請された老臣鈴木貫太郎が就任する。

暴走する軍部を全く信用せず、米英軍の短波放送に耳を傾けて戦況を読み、降伏を早くから決意していたが、矛盾した行為も行っている。トルーマン米大統領、チャーチル英首相、蒋介石中華民国主席の連名で日本に無条件降伏を求めるポツダム宣言（一九四五年七月二六日）が出され、最後の終戦工作をしていた最中の一九四五年夏、昭和天皇の勅使が宇佐神宮、氷川神社、香椎宮を訪れ、敵撃滅戦勝祈願を行ったのである。死の恐怖が迫る極限状況の中での事であった。御祭文は全文漢字で、天皇親筆とされた。

昭和天皇は戦勝祈願が無意味なことは重々分かっていた。だが、皇室の祭祀を事実上、仕切っていた母・貞明皇太后のたっての願いを退けることは出来なかった。連日の空襲で東京が一面火の海となっても頑として疎開しようとしない母を見放す選択肢は、子としてありえない。貞明皇太后の背後に一億玉砕の徹底抗戦を主張し、全国の神社に戦勝祈願を命令する軍部主戦派の陰を感じていた。だが、敗色の軍部の威信は急速に崩れ、重臣たちも本土決戦論派と講和派に分裂、対立する中、天皇の比重が相対的に高まり、「御聖断」への期待が高まる。鈴木首相をはじめとする講和派も「国体護持（天皇の地位保全）」への不安からポツダム宣言受諾を渋っていたが、新型爆弾（原子爆弾）が広島、長崎に落され、万事窮した。戦争終結を第一と考えていた天皇は皇居内の地下一〇メートルの防空壕での深夜の御前会議（八月九日～一〇日）で「自分の意見を言おう。自分のことはどうなっても構わない。日本民族が一人でも多く生き残るようにするため、この戦争を止める決心をした」と述べた。鈴木首相は「国体護持」を唯一の条件にしたポツダム宣言受諾を連合国に通告し、「日本国天皇及び政府の統治権は連合国司令官の下に置かれるが、最終の統治形態は日本国民の自由な意思によって決せられる」との回答を得る。日本の内情を汲み取った婉曲な表現は、鈴木首相と知己の前駐日大使であったグルー国務省次官ら知日派の意向が反映されたとみられる。最後の御前会議（一四日）が持たれ、「国体護持の保証がない」と陸軍大臣、参謀総長、海軍軍令部総長がなおも本土決戦を主張したが、天皇は「自分の意見は変わりない」と「聖断」を下した。それはラジオで国民に直接呼びかける「玉音放送」の形を取ることとなり、密かに収録された録音盤は軍強硬派による強奪を恐れて皇居外の放送局に持ち出された。

一九四五年八月一五日正午、昭和天皇がポツダム宣言受諾を国民に直接訴える「終戦の詔勅」（玉音放送）がラジオに流れ、日本国民は無条件降伏を知らされた。その政治的な効果は大きく、「本土決戦」、「一億総玉砕」を主張した軍部主戦派は孤立し、ようやく平和が戻った。

同月三〇日、日本占領統治の全権を託された連合国軍最高司令官のマッカーサー元帥が専用機バターン号で神奈川県の厚木海軍飛行場に降り立った。一カ月後の九月二七日、天皇は黒のモーニングとシルクハット姿でマッカーサー元帥の執務室がある米大使公邸を訪れた。自らの意思で、恭順の意を伝え、占領政策への協力を申し出たのである。

中国、朝鮮などアジア諸国に多大の人的物的犠牲を強い、日本人三一〇万の命を奪った戦争責任は重大である。極東国際軍事裁判（東京裁判）が開かれ、「一九二八年から一九四五年における侵略戦争に対する共通の計画謀議」など「平和に対する罪」で東條英機ら二八名がA級戦犯として起訴された。東條は逮捕直前、拳銃自殺を図ったが、一命をとりとめ、生への執着を見せた。法廷では「どうしてそうなったのか解からない。止められなかった」と釈明した。

天皇への戦争責任追求が陰の主題であった。オーストラリアのアラン・ジェームス・マンスフィールド代表検事は裕仁の訴追を強く主張した。昭和天皇自身は責任の重さに慄いていた。有って無きがごとく、無くて有るがごとき存在であり、実情を知らされていなかったとはいえ、自身の名で戦争が遂行された罪と責任は厳然と存在する。

マッカーサー元帥はというと、先に降伏したドイツのナチスがニュールンベルク裁判で断罪された事例に従い、日本軍国主義の解体と戦争責任追及を粛々と進め、戦犯容疑者たちを震え上がらせた。事実、ＧＨＱに参与する連合国は中国、インドネシア、仏領インドシナ、フィリピンなどアジア各都市と横浜の四九カ所で「通例の戦争犯罪」Ｂ級戦犯、「人道に対する罪」Ｃ級戦犯五七〇〇人を裁き、九〇〇人以上を死刑に処した。

しかし、天皇の戦争責任追及は慎重に進められた。終戦直後、米国民の六割が天皇裕仁の起訴を求めていたとのギャラップ社世論調査が残されている。米政府は天皇と近親者を拘束し、極東軍事裁判所の被告席に立たせる方針を立てていたが、他方で、日本人の天皇に対する忠誠心を占領統治に利用する案も密かに検討されていた。

マッカーサー元帥はGHQの世論調査で日本国民の中には天皇制維持の声が多いとの報告を受け、治安維持の安全弁として天皇の権威を利用できないかと考える。元帥の政治顧問付補佐官を務めたジョン・エマーソンは日本国民を軍国主義の呪縛から解き放つ「ウオー・ギルト・インフォーメーション・プログラム」(WGIP)を立て、天皇裕仁の戦争責任を不問とする代わりに、民主化と新憲法制定に協力を求める案を提示した。

エマーソンは「初期のGHQは、日本民主化のために日本共産党の協力を求めた」(米上院国内治安小委員会一九五七年三月一二日)と証言している。現在から見れば違和感があるが、米政府、マスコミなどから多くの共産主義者、リベラル派を追放する一九五〇年代のマッカーシズム(赤狩り)以前のことであり、エマーソンが同じ連合国側の共産主義者と協調的であったとしても何ら不思議ではない。

米戦時情報局要員であったエマーソンは一九四四年に延安を訪れているが、その記録である『延安リポート――アメリカ戦時情報局の対日軍事工作』によると、延安では野坂参三を中心とする日本人民解放連盟が中国共産党と行動を共にし、日本軍捕虜の覚醒に努めていた。野坂らは天皇批判より軍国主義批判に重点を置き、日本軍国主義者と日本人民を明確に区別する「反日本軍国主義闘争」に日本軍捕虜が加わるように説得していたという。日本人独特の国民性や文化を理解し、占領政策に活かそうと腐心していたエマーソンには、それが大きなヒントとなった。昨今、ＷＧＩＰを「戦勝国の歴史観で洗脳」と批判し、東京裁判や新憲法の正当性に疑問を投げかける動きが一部に出ているが、軍国主義の亡霊に憑かれた妄動である。

天皇の人となりを知った元帥は、戦争犯罪人としての訴追を断念し、パートナーとして協力を求める方向に傾いていく。昭和天皇は通算一一回もマッカーサー元帥を訪れ、人間的な交流が芽生えた。旧思考に囚われた頑迷な日本政府要人たちに手を焼いていたマッカーサー元帥にとって、リアルに現状を認識し、キリスト教にも造詣が深い合理的思考の天皇裕仁は「上からの民主主義革命」を目指した占領政策の最良の協力者となった。「自分の身を賭して日本国民を救おうとする勇気に満ちた態度に、私は大きな感動に揺さぶられた」（『マッカーサー回想記』）と書き残している。

とはいえ、マッカーサーはあくまでもシビアな連合国最高司令官であり、天皇家を財政的に追い詰めることも忘れない。五項目にわたる皇室財産凍結令（一九四五年一一月二〇日）で「明年度の皇室財産は連合国の承認を要す」と縛りをかけ、三億三六〇〇万円の現金も凍結して糧道を断ったのである。

天皇にも、生殺与奪の権を握られていた相手と決死の覚悟で渡り合い、日本再建に物申す使命感があった。生きることに恋々とし命乞をしていると批判の声も上がったが、一人の人間として向き合い、自らの意思で自由に意見を交わせたのは「東北の貴公子」以来のことである。日本国民の中には戦争責任を負って退位すべきとの声も少なくなかったが、マッカーサーは認めなかった。昭和天皇は稲田周一侍従長に「退位すれば混乱する。マッカーサーから退位するなと希望された。これは秘密」（『稲田の備忘録』）と率直に打ち明けている。

新憲法はマッカーサー元帥と昭和天皇の合作の所産、と言っても過言ではない。『マッカーサー回想記』を読み解くと、マッカーサー元帥が早くから昭和天皇に、日本軍解体＝戦争放棄とセットで天皇制を残し、天皇の地位を旧憲法の「統治権の総攬者」から「日本国民統合の象徴」とする構想を伝えていたことが分かる。後の新憲法草案に「天皇は日本国の象徴であり日本国民統合の象徴であり、この地位は、主権の存する日本国民の総意に基づく」と記されたものである。天皇制が残されることに昭和天皇は安堵し、積極的に応じた。新憲法が事実上、誕生した瞬間と言ってもよい。戦犯容疑不起訴が正式に決まっていない天皇裕仁に「ノー」の選択肢はなかったが、廃墟から平和国家として蘇る日本改革の先頭に立つ責任と義務を果たす充実感に満ちていた。

マッカーサー元帥と昭和天皇の秘めた連携プレーが始まるが、手始めが「人間宣言」（一九四六年一月一日）であった。天皇裕仁自ら「天皇を以て現人神とし、……架空なる観念」と現人神神話を否定する。GHQ民間情報教育局作成の英文では「天皇が神の裔なることを架空」とあったが、侍従次長が反発して修正した。「神の裔」を守ろうとしたのだが、昭和天皇自身は自分が神であるなどと思ったことは一度もない。「人間宣言」から三週間後の同月二四日、幣原喜重郎首相がマッカーサー元帥を訪ね、「戦争放棄を自ら提案した」（『マッカーサー回想記』）が、天皇の意向を受けてのことであろう。その翌日、マッカーサーは「天皇を起訴すれば日本の情勢に混乱を来たし、占領軍増員が必要となる」と本国政府に報告し、初めて天皇不起訴に同意を求めた。さらに翌月三日、天皇の元首化・戦争放棄・封建制度廃止の三原則で憲法草案を作るようにGHQ民政局に指示した。

マッカーサー・裕仁初会談から一カ月後（一九四五年一〇月二七日）に法学者を中心とした憲法問題調査委員会（松本委員会）が発足したが、終始、迷走していた。松本委員会が「人間宣言」後にGHQに提出した憲法改正要綱（二月八日）は天皇が統治権を総攬するとの旧憲法の規定を温存し、国内治安維持に最小限の軍が必要とあった。すでにGHQ民政局はマッカーサー三原則に基づく憲法草案作成に着手しており、二月一三日、ホイットニー民政局長が外相公邸を訪れ、吉田茂外相と松本烝治国務相に二一枚の用紙にタイプ書きしたGHQの憲法草案を示した。初めて目にする象徴天皇制の条文に吉田らは驚くが、ホイットニーは「最高司令部は天皇を戦犯として取り調べるべきだという他国の圧力から天皇を守ろうと決意している。この諸規定が受け入れられるなら、天皇は安泰となる」と述べた。受け入れないと、「天皇の身体は保障できない」とも付け加えた。GHQ案は二月一九日の閣議で示されたが、不満が噴出する。

その二日後、マッカーサー元帥は幣原喜重郎首相を呼び、「私は天皇を安泰にしたいが、極東委員会の議論は不愉快なものと聞いている」と伝えた。英国、オーストラリア、ソ連などが天皇を戦犯リストに入れることを主張していることを伝えたのである。翌日、日本政府は閣議でGHQ案受け入れを決める。幣原首相が天皇に報告すると、「最も徹底的な改革を、たとえ天皇自身から政治的機能のすべてを剥奪するほどのものであっても全面的に支持する」と述べ、老臣の背を押した。もはや御前会議の操り人形ではない。幣原は国際協調主義的な「幣原外交」で鳴らした外相時代から張作霖、張学良の東北政府と協力的で、関東軍の暴走に反対し、満州事変後に政界を退いた。天皇裕仁が最も信頼する重臣であり、敗戦処理内閣の首班指名に尻込みした幣原を自ら説得して、その任に就かせた。絶対的な統治者であったマッカーサーが幣原首相案を裁可したのも、天皇との近さが決め手になった。トントン拍子にGHQ案に沿った憲法改正草案作成閣議決定（二月二六日）、憲法改正草案要綱発表（三月六日）、極東委員会の天皇不起訴方針決定（四月三日）、憲法改正草案発表（四月一七日）と進んだ。

新憲法草案が日本国民に公表されたのを見計らって、GHQは天皇に「全国巡幸」を勧めた。国民懐柔策であることは重々分かっていたが、喜んで応じた。直に接する国民がどんな反応をするか不安もあったが、御前会議の人形ではなく、自分の意志で行動できる喜びがあった。新憲法が定めた「象徴」がいかなるものか分からず、主権者となった国民との距離感を測りかねたが、「人間宣言」で誓った「相互の信頼と敬愛」を行動で示し、国民と苦楽を共にする存在になろうと努める。

焼け野原の神奈川県を手始めに回るが、GHQは簡単な警備だけで話の内容に干渉することはなく、天皇の自由に任せた。当初は表情が固く、手を振り、頭を軽く下げる動作を繰り返し、声を掛けられても「あっ、そう」「えっ、そう」しか出なかった。日常会話のない世界で育ったため、何を話せば良いのか分からなかった。段々と表情がほぐれ、国民一人ひとりと言葉を交わせるようになった。自分が変わるのを感じた。刺すような目を向けていた国民の顔も穏やかになり、笑顔が混じり、「万歳」の歓声が沸きあがるようになった。

しかし、戦争で経済が壊滅した冷酷な現実が付きまとう。国民は食糧に飢え、配給が足らず餓死者が続出していた。全国で「憲法より米が先だ！」、「米よこせ！」と求める大会、デモが頻発する。皇居前広場での「食糧メーデー」（五月一九日）には二五万もの群集が押し寄せ、一部が皇居になだれ込み、怒号は天皇の耳にも届いた。ＧＨＱが大衆示威運動に警告を発し、何とか秩序を維持した。

昭和天皇は終戦一周年前日の一九四六年八月一四日、閣僚らを集めて座談会を開いた。「かつて白村江の戦いでの敗戦を機に改革が行われ、日本文化発展の転機となった例を挙げ、今後の日本の進むべき道について述べられる」（『昭和天皇実録』）とあるが、わずか一行の文には、建国以来の国難に右往左往して足に地がつかない閣僚らを叱咤激励し、「大化の改新」に勝るとも劣らぬ日本再生の大方針を示す心意気と充実感があふれている。

同年一一月に新憲法が公布され、天皇裕仁の「象徴」となるべく戦いは一つの区切りを付けた。その時点でＧＨＱの日本占領統治は事実上、極東委員会の手を離れ、最高司令官であるマッカーサーの胸三寸となる。

その翌年の一九四七年一〇月、キーナン極東軍事裁判所主席検察官が「天皇に戦争責任なし」と言明し、晴れて無罪放免となった。キーナンは前年の裁判の冒頭陳述で「自己の個人的意志を人類に押しつけんとした」と、戦争責任追及の矛先を東條英機、板垣征四郎（元陸相、満州国軍政部最高顧問・関東軍参謀長）ら特定の日本軍国主義者に絞っていた。一九四八年一一月に出された判決は、七人絞首刑、一六人終身刑、二人有期禁固刑とし、翌月に東條ら七人の絞首刑が執行された。マッカーサー元帥の意向に沿ったものであったことは言うまでもない。

しかし、米国とソ連との東西冷戦が始まり、安全保障環境が激変する。中国で国共内戦が再発して共産党軍が優勢となり、朝鮮半島では北朝鮮が韓国を圧迫し、朝鮮戦争（一九五〇年～一九五三年）の雲行きが濃くなっていた。蒋介石の中国を中心に戦後アジアの国際秩序構築を想定した米国の思惑は崩れ、日本を共産主義膨張に対抗する防波堤と位置付けるようになった。

マッカーサー元帥は日本軍国主義解体よりも親米への改造が優先と判断し、日本占領統治は次第に二重性を帯びてくる。ＧＨＱの超法規的措置により自衛隊の前身となる警察予備隊（一九五〇年八月）が発足し、九条で戦力の保持を禁じた憲法との二重構造が作られた。それがやがて、集団的自衛権が違憲か合憲かと国論を真っ二つに割る遠因となる。

国家経営の経験豊富なＡ級戦犯たちが不起訴処分となり、公職追放も免れて続々と現役に復帰してくるが、その代表的な人物が岸信介である。東條内閣の商工大臣として軍需経済を担い、Ａ級戦犯として巣鴨プリズンに三年半収監されたが、ＧＨＱは行政手腕を評価し、有能な親米派として生まれ変わらせる。それを間近にで見ていた岸の長女洋子は、「お祖父様はアメリカに助けられたのです」と幼い息子・晋三に何度も聞かせた。

ＧＨＱの日本占領は、西側陣営との単独講和となったサンフランシスコ講和条約調印（一九五一年）で終了した。同年同日、日米安全保障条約が調印され、日本は親米国家として再出発する。岸は対米協力的な姿勢を明確にし、アイゼンハワー大統領のお墨付きを得て首相に就任する。「昭和の妖怪」と畏怖されて親米保守政界の黒幕となり、旧関東軍と因縁の深い満州人脈が日本各界に再び根を広げていく。

「鬼畜米英」から衣替えした親米保守派には強大国の米国を相手に無謀な戦争を挑んだ悔いはあったが、日中戦争への反省は皆無に近かった。日本経済が奇跡的な復興を成し遂げて世界第二位の経済大国となると、再びアジアの盟主への野心を膨らませ、敗戦の記憶が刻まれた憲法に代わる「自主憲法制定」と軍事強化へと動き出す。

その一方で、中国、韓国、朝鮮民主主義人民共和国（北朝鮮）の声は顧みられることなく、戦争責任や植民地支配問題は置き去りにされてしまった。と言うのも、国共内戦中の中華民国と中華人民共和国はサンフランシスコ対日平和条約に呼ばれず、調印していないからである。韓国、北朝鮮は交戦国とはみなされなかった。

蒋介石の責任は免れない。再発した国共内戦での勝利を優先させ、賠償問題を取引の材料にしたからである。『蒋介石日記』には、共産党軍との内戦に勝つために重慶で岡村寧次前支那派遣軍総司令官と密約を結び、戦犯裁判で岡村を無罪とする代わりに、旧日本軍の生き残りを集めて「白団（パイダン）」を組織して前線に送り込んだと克明に記されている。さらに、内戦に敗れ台湾に駆逐されると、米国の支援を維持するためにサンフランシスコ条約発効に合わせて即日、日華条約を調印し、対日賠償請求権を放棄した。但し、これは国家賠償請求権であり、サンフランシスコ条約調印国でないため同条約一四条ｂ項にある「個人賠償請求権の放棄」は当然には適用されない。

中国も一九七二年の日中共同声明で対日賠償請求権を放棄したが、これも国家賠償請求権の放棄であり、個人賠償請求権については一言の言及もない。日韓条約も同様であるが、個人賠償問題は被害者不在のグレーゾーンとなり、後世の課題として残されてしまったのである。

昨今、中国、韓国の裁判所に戦前の戦争被害への賠償、従軍慰安婦や徴用時代の未払い賃金支払い請求などが頻繁に提訴され、原告が勝訴するケースが多い。日本側は「請求権問題は完全かつ最終的に解決された」とするが、法理論的には立法措置、すなわち新たな条約で解決するのが妥当である。

2 キリスト教に改宗しようとした昭和天皇夫妻

「人間宣言」により一人の人間として解放された天皇は、水を得た魚であった。ローマ法王庁から派遣された枢機卿や外国人牧師と頻繁に会うようになる。

『昭和天皇実録』には、天皇即位後、妻の香淳皇后がキリスト教の野口幽香を宮中に招き入れ、定期的に聖書の講義を聞くことを黙認していたことが記されている。西洋の教養がある昭和天皇は夫婦生活を大切にし、側室を拒み、妻の意見を尊重した。監視役の宮内省が「文明開化」の香り漂わせるエレガントなキリスト教に対しては寛容であったこともあるが、天皇が心の拠り所を求めていたことが大きい。

皇室は千数百年、仏教を崇めてきた。明治天皇の父である孝明天皇の葬儀も仏式で執り行われている。孔子、孟子は教養の要であり、人格形成の基礎であった。天皇の呼称も皇帝の別称である漢風である。その伝統的な信仰や教養が明治新政府による強権的な廃仏毀釈令で奪われてしまったのである。

神仏習合廃止により、寺院、仏像、経典が破毀され、釈迦の教えが否定された。孔孟も蔑ろにされる。歴代天皇が出家して入室した数多の門跡寺は廃され、皇室が代々厚く保護してきた東大寺、興隆寺など全国の名刹が荒れ果て、僧侶は四散した。

代わって明治政府が急造した国家神道は、体系化した教義も教典も持たないアニミズムの先祖崇拝であり、心の空白を埋めることは到底できない。天皇は「天照大神の末裔」である「現人神」とされたが、明治天皇も大正天皇も天皇裕仁も自分を神などと、仏罰に値する大それたことを考えたことなど一度もない。意に反して神として振る舞わなければならない心の飢えを、皇后良子の聖書講義を陰で聞きながら癒そうとしたのであろう。

皇后良子がキリスト教に傾倒したのは、皇室のしきたりで幼い我が子から引き離され、第二子を病気で失った苦しみがあった。結婚当初から反りが合わなかった気丈な姑との確執も無視できない。姑の貞明皇太后は身体障害者支援に熱心な開明的な面もあったが、病弱な夫に代わって皇室を仕切るようになってから尊大になる。母が華族の側室で農家の里子として育てられた出自から「黒皇后」と陰口をたたかれ、コンプレックスを拭うように宮中祭祀の厳格化に努めた。裕仁には幼少時から天皇大神の神号を描いた掛け軸を拝ませ、「三種の神器」を守ることを最上の努めと躾け、天皇家の神格化を図った。宮内省官僚の後押しがあったことは言うまでもない。生まれながらの皇女である皇后良子にはことさら辛く当たり、女官たちの面前で「何をやらしても不細工」と叱責したこともあった。

人間として自由になった昭和天皇は、自らも女性牧師の植村環から皇后と共に聖書の講義を受けた。一九四九年の九州巡幸では事前に側近に調べさせた長崎県や大分県のカトリック教会を訪れ、聖堂で祈るように佇んだ。皇太子の家庭教師にクエーカー教徒のヴァイニング夫人を招いてもいる。公式の洗礼こそ受けていないが、宮崎修道院長のシスター村岡は「秘密の洗礼を受けたのでしょう。受難の恐れがあったり、立場上公に出来ない場合に、神と個人との間の儀式として認められてきたのです」と語る。吉田茂首相の妻雪子ら、そうした例は少なくなかったという。

キリスト教への改宗説が巷間、飛び交う中で応じたオーストラリアの新聞主筆ウォーターズとの会見で「キリスト教に帰依するか」と改宗説の真偽を聞かれて、「外来宗教については敬意を払っているが、自分は自分自身の宗教を体していった方が良いと思う」（一九四八年八月二四日）と答えた。国民への影響を考え、改宗を断念したのだろう。張学良は軟禁中に台北郊外の小さな教会で洗礼を受けたが、昭和天皇には責任を問わず退位も認めないGHQの占領政策を甘んじて受け入れるしか、自らの責任を果たす術はなかった。新憲法で定めた「象徴」として生きることを選択した以上、個人の意思は封印するしかない。戦争責任の判断をマッカーサー元帥に委ね、自らの言葉で語らないことに内外から批判が出ていることは承知していた。罪を告白しない限り、赦されないことも……。

3 東條らの合祀を知り、靖国神社参拝を拒否

天皇裕仁には終生、戦争責任が付きまとい、沖縄巡幸は叶わなかった。戦争末期に米軍を迎え撃ち、味方の日本軍によって銃殺、食糧強奪、暴行、集団自決に遭ったと反発する沖縄は、戦争への反省を

語らず訪れられる場ではなかった。一九七五年の沖縄国際海洋博覧会に皇太子明仁夫妻が名代として参加するが、ひめゆりの塔前で火炎瓶を投げつけられた。

海外の目は一段と厳しかった。一九七一年に西欧七カ国歴訪中のオランダで車に魔法瓶を当てられている。インドネシア占領中の日本軍が三五人のオランダ人女性を慰安婦にしたスマラン事件（白馬事件）の遺恨を思い知らされたのである。

その四年後の訪米直前、外国人記者と会見し、「開戦に際しては、事前に閣議の決定があり、拒否することは出来ませんでした」と自身の置かれた立場を明かし、米社会の理解を求めた。ホワイトハウスでの晩餐会では、横で凝視するフォード大統領の視線を意識しながら、「私が深く悲しみとする、あの不幸な戦争」と、許される最大限の言葉で謝罪した。帰国直後の記者会見では「原爆投下は、遺憾だがやむを得ぬと思う」とまで言わねばならなかった。敵国から同盟国へと変わった米国に対して神経をすり減らした一人の人間の戸惑いと苦悩が透けて見える。

昭和天皇が意地を見せたのが、一九七五年を最後に靖国神社参拝を取り止めたことである。一九七八年に松平永芳・靖国神社宮司が隠れて東條英機らを合祀したことに怒り、「私はあれ（A級戦犯一四人が合祀されて）以来、参拝していない。それが私の心だ」と富田朝彦宮内庁長官に伝えたと「富田メモ」（一九八八年四月二八日条）に記された。

その逸話はアジアの隣国に伝わる。途絶えていた国賓訪問が始まり、昭和天皇は「象徴」として可能な限りの謝罪の言葉を伝えようと努めた。一九七八年に訪日した中国の鄧小平副首相に謝罪の言葉を述べている。一九八四年、全斗換韓国大統領歓迎の宮中晩餐会で、「今世紀の一時期において両国の間に不幸な過去が存在したことは、まことに遺憾であり、繰り返されてはなりません」と述べた。植民地支配への謝罪を外交ルートで求めていた韓国側の求めに、自分の言葉で応えた。

しかし、中国、韓国訪問はついに実現せず、一九八九年に波乱の生涯を閉じる。遺り残したことは多いが、次代に委ねるしかなかった。

もはや宿命と言うしかない。昭和天皇逝去の年、〝もう一人のプリンス〟であった張学良が半世紀にわたる幽閉を解かれた。旧友が先立ったことを知り、最後まですれ違った現世の無常を想い、「あの独特のキングス・イングリッシュを聞けるのは、そう先のことでもないだろう」と静かに送ったことであろう。自身も長寿には恵まれたが、それは歴史の証言者たれとの神の思し召しであろう。

翌年の一九九〇年、NHKのインタビューを受け入れた張学良は、日本国民に直接呼びかけた。「中国を兄とは見なくとも弟分と見て、力を貸してくれればよかった。しかし、中国を力で併合することしか頭になかった」と無念の思いをにじませ、率直に胸の内を吐露した。

「日本はなぜ東條を靖国神社に祀っているのか?」

中日関係を破壊した同じ誤りを犯してはならない、との警鐘であった。

しかし何故か、日本の運命を変えた西安事変の真相についてだけは、何度聞かれても「証言できない」と拒否した。

第4章　習近平と安倍晋三の遠くて近い関係

1　世襲政治家のプライド

　戦後世代の習近平主席、安倍晋三首相が戦前に責任を持つ直接的な義理はない。戦争責任が曖昧にされてきたため割を食わされている。しかし、たとえ過去の問題であっても、庇ったり隠したりした時点で自己の道義的、政治的な責任問題が生じる。

　対日批判に力を入れる習総書記だが、中国共産党が日本なくしては誕生しなかった謂れをそれほど知らないのではないか。中国共産党史そのものに日本が母斑のように刻まれている。中国共産党創設者の一人で初代総書記となった陳独秀は成城学校（現在の成城中学・高校）で学び、社会主義に目覚めた。やはり共産党創設者の一人で、中国初の『資本論』を訳した李大釗・北京大教授は早稲田大に留学している。周恩来首相も明治大学で学んだ。毛沢東すら明治維新から近代の息吹を感じている。日本の近代は複雑で奥が深いのである。

　他方、安倍首相は天皇尊崇をしばしば口にするが、靖国神社を参拝することは、一九七八年から靖国神社に参拝しなくなった昭和天皇の心に反することには思いが至らない。より不可解なのは、昭和天皇が全人格を掛けた新憲法よりも、祖父の岸信介元首相が悲願とした「自主憲法」制定に重きを置くことだ。

戦後世代の良さも悪さも持ち合わせた二人は、外見に似合わず共通点が多い。勝ち気でプライドが高く、世襲政治家特有の強烈な自意識がある。世界二位、三位と日中のＧＤＰが逆転した新しい現実に神経を昂ぶらせ、「自分が一番」と奢りと嫉妬を交えて張り合う。人情家で気が優しい面もあるが、話が過去に及ぶとトラウマ化した執念をもろにぶつけ合う。一方は被害者感情どっぷりに「侵略を反省、謝罪しろ」と迫り、他方は「良いこともした。そもそも侵略の定義は定まっていない」と向きになって言い返す。

戦後七十年の二〇一五年は、東アジア国際社会の節目の年となる。域外から行方を注視しているホワイトハウスは年頭早々、習近平主席、安倍首相、朴槿恵大統領に米国公式訪問の招請状を送り、いち早く秋の米中首脳会談開催を公表した。米中の「新型大国関係」構築を自国に有利に運び、アジア・太平洋地域に重心を移すリバランス（再均衡）戦略を押し進めるのが狙いである。

オバマ大統領は日米首脳会談後の共同記者会見（二〇一四年四月二四日）で絶妙な距離感を垣間見せた。「尖閣の施政権は日本にある」と米大統領として初めて公言しながらも、安倍首相が再三求めた尖閣の日本領有権には「領土問題には関わらない」とそっけなく退け、耳をそばだてる中国に配慮した。日中が主張する「固有の領土」云々には鼻から冷笑的である。米日同盟、米韓同盟をリバランス（再均衡）戦略の梃子と考えるオバマ大統領は、日本の体面を最大限尊重するが、あくまでも米中の戦略的な文脈で考えている。

歴史認識問題では旧連合国の中国に近い、というより、ほとんど一致している。尖閣問題でも心情的には中国に近く、日本にはただ同盟国として配慮する。「尖閣は一八九五年に中国から奪った」（キッシンジャー元国防長官）との認識が米側では根強い。

リー・クワンユー元シンガポール首相の国葬（二〇一五年三月二三日）に米政府代表として参列したキッシンジャーは「アジア人の考え方を教えてくれた」と弔辞を述べたが、少年の頃に目撃した日本軍の蛮行に憤っていた客家《ハッカ》のリー・クワンユーと、少年期にドイツでナチスに迫害され、祖父母を殺されたキッシンジャーはファシズムへの怒りを共有していた。華僑となった客家にはタイのタクシン元首相、フィリピンのアキノ大統領らも含まれ、その広いネットワークは米国人の対アジア認識に少なからぬ影響を与えてきた。

オバマ大統領は二〇一四年一一月の北京滞在中、二五分の習・安倍会談を横目に、習主席と広大な紫禁城内を歩き回りながら通算九時間も話を交わした。「政治哲学や人生論まで交わした」と振り返ったが、張若飛は目に焼き付いたある光景を思い起こした。

二〇一三年六月、オバマ大統領は大航海時代の黒人奴隷貿易の拠点として世界遺産に登録されたセネガルのゴレ島を訪れた。元収容所施設の壁には「Door Of No Return」（引き返せないドア）と呼ばれた場所があるが、そこにしばし立ち尽くし、大西洋を眺めた。傍らで、妻のミッシェル夫人が泣き崩れていた。米国で黒人奴隷が解放された南北戦争は阿片戦争から二十余年後のことで、中国人も半奴隷のクーリー（苦力）として米国で酷使されていた。苦力に憤慨する習近平の熱い思いは、黒人の父と白人の母の血が混じった黒人初の米大統領であるオバマの心の襞に触れるものがあったにちがい

ない。同じ混血だから張若飛には痛いほど分かる

歴史認識問題は永年に日本の十字架である。米国でも「パールハーバーを忘れるな」と教科書で教える。シャーマン米国務次官が「nationalistic feelings は悪用される恐れがあり、政治指導者が過去の敵を非難することで安っぽい拍手を浴びることは難しくない」（ワシントン講演二〇一五年二月二七日）と発言し、「中国、韓国を批判した日本寄り発言」と伝えられて物議を醸したが、nationalistic feelings を民族主義と翻訳した誤解である。父親がガタルカタル島での日本軍との戦闘で負傷した思いを込めた日本軍国主義批判の意味も当然、あった。安倍首相の靖国神社参拝や旧日本軍慰安婦問題なども念頭に入れ、三国が感情的になって悪戯にこじれることを戒め、冷静に過去を直視することを訴えたのであろう。

外交も畢竟、人と人の繋がりである。信なくして立たない。米中首脳の個人的な信頼関係は日中首脳の個人的信頼関係よりも厚い。歴史認識の壁を超えない限り、日本の立つ瀬はない。

戦後七〇周年の二〇一五年は東洋ルネッサンスの分水嶺となる。良くも悪くも歴史の転換期には個性が強烈な光を放つ。習主席が「中華民族の偉大な復興の夢」を言えば、安倍首相も「世界の真ん中で輝く日本」と負けず、それぞれのプライドや思いが火花を散らす。クレオパトラの鼻がたとえもう少し低かったとしてもローマ文明は滅んだであろうが、習、安倍両氏の鼻がもう少し低くなれば日中対立は確実に好転する。

習主席は総書記就任二年に当たる共産党中央外事工作会議（二〇一四年一一月末）で、「我が国は中華

民族の偉大な復興を実現するうえで鍵となる段階に入った」との認識を示した。八年ぶりの会議は習政権の外交大方針を定める場であるが、「特色ある大国外交を持たねばならない」と中国指導者として初めて「大国」という言葉を用いて外交を語り、鄧小平が提唱した「韜光養晦、有所作為」（力を蓄え、出来る事を行う）から大きく踏み出した。中国の経済力に自信を深め、前年六月のオバマ大統領との初会談で合意していた「米中新型大国関係」構築を正式の外交路線として前面に押し出したのである。

そもそも「新型大国関係」を言い出したのは米側である。世界の警察官としての役割を持て余していたオバマ大統領が任期一期目の政権発足直後、胡錦涛主席との会談で、中国が米国とともに世界秩序維持の責任を負うG２構想を示した。胡主席は返答を濁し、結局、鄧小平路線の枠組みから出なかった。習主席が代わって受け入れた形だが、より積極的な構図を描いている。「アジアのことはアジアで解決できる」とし、アジア・太平洋での米国との役割分担をハワイの東側は中国、以西は米国とする。米軍のプレゼンスを「阿片戦争」以前に戻そうというわけである。

中国の力を利用して世界秩序維持を図ろうと考えていたオバマには誤算であった。しかも、リーマン・ショック（二〇〇八年）で深手を負った米国は、何としてもアジアの経済成長力を取り込んで経済再生を図りたい。オバマ大統領は同地域に外交的軍事的資源を再編集中し、米国の権益を極大化するリバランス戦略に舵を切る。対等か、補完的関係か、両者の戦略的な思惑が正面からぶつかり、習主席は米国の真意を疑い、オバマ大統領は中国の覇権主義を警戒する。

キャスティングボートを握るのが日本と韓国である。韓国は中国、米国との経済的つながりを重視する実益優先であるが、日本は米中双方からのラブコールにハムレットのように揺れる。鳩山由紀夫首相は「東アジア共同体構想」を提唱し、胡錦涛主席とピッタリ息が合っていた。安倍首相は習主席と全くそりが合わない。

安倍首相が政権一周年に合わせて靖国神社を参拝（二〇一三年一二月）したことに、習主席は戦争責任を蔑ろにし、中国を侮辱したと激怒した。その怒りは全中国が共有するところとなり、中国全国人民代表大会（全人大）常務委員会（二〇一四年二月）が「中国国民は三五〇〇万人を犠牲にした日本軍国主義の罪過を決して忘れない」と非難し、日本が降伏文書に署名した翌日の一九四五年九月三日を、中国人民が街中に繰り出して歓喜した記念すべき国家的な祝日であるとして、「抗日戦争勝利記念日」に定めた。また、犠牲者数が多すぎると日本が異議を唱える南京虐殺事件勃発日（一九三七年一二月一三日）を国家哀悼日に格上げした。「二人のプリンス」の思いを踏みにじった張作霖爆殺事件を記念する博物館建設もその一環である。

国民の団結を促す狙いもあるが、対外的には「特色ある大国外交」を全面的に展開し、米国との「新型大国関係」構築を軌道に乗せる戦略的思惑がある。中国が多大の犠牲を払って旧日本軍を打ち破った主要戦勝国であることを全世界に再認識させ、戦勝国中心の国際秩序で中国がしかるべき地位を占めることの正当性を訴える。

習近平個人としては、安倍晋三がA級戦犯を合祀した靖国神社に臆面もなく参拝したことは腸が煮えくり返る思いである。しかし、外交カードとしてはこれほど使い勝手のよいものはない。日本の首相が軍国主義を正当化する悪役を演じるほど、中国に世界の同情が集まる。日本軍国主義をナチスと同列に置き、南京大虐殺や華北で村落を焼き払った日本軍の無差別掃討作戦をホロコーストと同レベルの民族抹殺犯罪として浮かび上がらせ、日本軍占領下での徴用、慰安婦などの強制連行をドイツ占領下の強制労働に重ねて断罪することで、一段と日本を追い詰めるシナリオを描くことができる。

日本にはさすがにナチスと同列視されることには抵抗がある。南京大虐殺の被害者人数が誇張されていると反論し、徴用や旧日本軍慰安婦などに強制性はなかったと史料をこまめに挙げて異を唱える。しかし、首相や閣僚が悪びれることなく靖国神社を参拝し、過去の反省を自虐的と拒む言行が国際社会には軍国主義を庇っていると映り、説得力を失わせている。

習主席は戦後七〇周年の二〇一五年を決着の年とみなしている。九月三日の「抗日戦争勝利記念日」を「世界ファシズムと抗日戦争勝利七〇周年」とし、北京に第二次大戦の旧連合国である米英仏ロなど主要国首脳を招いて大々的な記念行事を執り行い、天安門広場での閲兵式ではロシア軍との共同軍事パレードを予定した。敗戦国である日本を孤立化させ、安倍政権の歴史修正主義を力づくでも押さえ込む狙いである。

「抗日戦争勝利記念日」直後、習主席は訪米し、オバマ大統領との会談で「新型大国関係」の具体化を迫る。国連総会でも「反ファッシズム戦争勝利と国連創設七〇周年」と題した記念演説を行うが、その前哨戦が二月の国連安全保障理事会で演じられた。議長国の中国が「国際平和と安全の維持」をテーマにした公開討論会を主催し、王毅外相が「いまだに過去の侵略の罪を誤魔化そうとする者がいる」と、安倍首相を稀代の悪役として炙り出した。

守勢に立たされた安倍首相は、世界最強の米軍を頼りに専ら軍事的な側面から中国への巻き返しを図る。国防費削減による米軍再編に苦慮しているオバマ大統領に貸しを作ろうと、自衛隊による米軍の補完的役割を積極的に買って出る。東シナ海から南シナ海、インド洋、中東へと日米防衛協力を広げる「日米防衛協力のための指針（ガイドライン）」改定に米側が嬉しい悲鳴を上げるほど前のめりになった。安倍首相の背を押すのが日本版ＮＳＣの国家安全保障会議を牛耳る外務省であり、宿願とする国連安全保障理事会常任理事国入りと、あわよくば〝日米Ｇ２〟もと見果てぬ夢を見る。

安倍首相は「人事のプロになった」と舌を巻かせるほど自民党各派閥を手なずけ、事実上の後見人である森喜朗元首相以外、気兼ねする者とてない。戦後日本の国是であった反戦平和を「一国平和主義」と鼻先で笑い、特定秘密保護法、集団的自衛権行使容認閣議決定など国民多数が憲法違反と反対する重要事項を、密室の与党協議や閣議で決めてしまう。沖縄の声は黙殺し、辺野古米軍基地建設を強行する。憲法九条の制約を外し、自衛隊を海外に派遣する安全保障法制の整備を強引に進める。関東軍が暴走した教訓からシビリアン・コントロールの文官優位を明記した防衛省設置法一二条をことをなげに撤廃し、自衛隊制服組の権限を強める。

歴史認識問題では中国、韓国にことさらあてつけるような発言を繰り返す。「侵略の定義は定まっていない」とあけすけに歴代総理の発言や指針を覆し、「植民地支配と侵略」を謝罪した一九九五年の村山富市首相談話に代わる戦後七〇周年記念談話を発表することを明らかにした上で、「（「植民地支配と侵略」というキーワードは）使わない」（ＮＨＫ日曜討論・一月二五日）と挑発する。靖国参拝批判についても「外国にとやかく言われる筋合いではない」と跳ね除け、「国のために戦い、尊い命を犠牲にした方々に対して尊崇の念を表することは国のリーダーとして当然だ」（参院本会議答弁二月一七日）と、いつになく挑発的だ。「七年間の（米軍による）占領時代に作られた我が国の基本的な大きな枠組みを変えられない、と諦めない」と持って回った口ぶりで、第一次安倍政権で手付かずに終わった「戦後レジームからの脱却」への執念を口にした。

安倍首相としては持論を一挙に実現するまたとない好機と考えている。それに戦前回帰の危うさを感じる国民は少なくないが、アベノミクスに景気回復への望みを託す声にかき消されている。自民党は独自の世論調査を随時実施して世論の動向を測っており、マスコミ懐柔策までいとわない。安倍内閣支持率が五〇％前後を記録するマスコミ各社の世論調査を分析すると、支持理由のトップに「他の人より良さそう」、「何となく」が並び、逆に不支持の理由トップに「政策に期待できない」がくる。安倍内閣支持が情緒的であり、ふわっとして、意外と不安定であることが分かる。

しかし、安倍色が出るほど国際社会における評価は芳しくない。歴史認識が演説の度に問題視され、安倍首相のアキレス腱となっている。決定的であったのが靖国神社参拝で、「深く考えることが出来ない」（バイデン米副大統領）とホワイトハウス内でも怒りの声が上がった。同じ旧敗戦国として何かと比較されるドイツ政府報道官も、「どの国も二〇世紀の恐ろしい戦争について正直に説明し、弁明しなければならない」と批判した。七年ぶりに来日したメルケル首相は、安倍首相との会談後の共同記者会見で「過去の総括は和解のための前提の一部分であった」（二〇一五年三月九日）とナチスへの反省に触れ、困惑顔の安倍首相にやんわりとアドバイスしている。言語明瞭、意味不明の「戦後レジームからの脱却」がＧＨＱの占領政策を否定するものと知ったら、米国世論は一挙に硬化するだろう。

安倍首相は二階に上って梯子を外されるのではないかと、張若飛は気が気でない。米国にとって日本はあくまでも補完的役割であり、中国は戦略的な協商相手なのである。あまり前のめりになると、相手の思う壺となりかねない。

2 先代、先々代の怨念を背負った習、安倍

相手の性格も趣味もろくに知らない習、安倍両氏が犬猿の仲のようにいがみ合う訳が、同世代の張若飛には見えてくる。彼らの内面で疼いているトラウマは、先代、先々代を背負った世襲政治家の宿命とも言える。怨念の連鎖であり、祖父張学良とも密接に関わっている。自分の中で二つの人格が争うのと、そこはかとなく似ているのだ。

習主席の父習仲勲元副首相（一九一三年~二〇〇二年）は三度入獄しても信念を曲げなかった硬骨の士として知られる。中国の運命を変えた西安事変では、張学良と周恩来が西安と延安を交互に極秘訪問するのを陰で助けた。建国後に国務副総理となるが、抗日時代に西北根拠地建設で手足となった高崗国家副主席が粛清された「反党連盟」事件（一九五四年）との関連を疑われ、「反党小説劉志丹事件」（一九六二年）で失脚し、習近平が九歳の時から一六年間拘束された。文革終了後、最高実力者の鄧小平の引きで復帰し、深圳開放特区設置など改革開放政策推進に辣腕を振るうが、そこでも一波乱あった。

改革開放政策の先頭に立っていた胡耀邦総書記が、学生デモを放任するなど政治改革を急ぎすぎるとして鄧小平に睨まれる。極秘の「民主生活会」（一九八七年一月）で長老たちの集中批判を浴び、総書記の座から引き摺り下ろされるが、習仲勲・政治局員が一人敢然と「原則に反する」と反対したのである。知る人ぞ知る秘話であるが、習仲勲生誕百周年の二〇一三年夏、北京の中央文献出版社から刊行された伝記に「民主生活会」に習仲勲が参加したと明記された。習主席の意向を反映しているが、あえて秘話を明らかにすることで父親の揺るがぬ改革への信念と、それを継承せんとする自己の決意を国民に伝えたとみられる。

習近平の強みは、挫折体験を養分としたことである。副首相の父が「反党分子」として連れ去られてから環境が一変し、陝西省延安市延川県の寒村に下放され、七年の苛酷な洞窟生活を送る。掌を返したような人々の冷たい仕打ちと厳しい生活に何度も心が折れそうになった。北京に逃げ帰ったが、叔父に諭されて戻り、生産大隊党支部書記となる。文化大革命が吹き荒れている最中であった。その辛い体験が父親譲りの一徹な性格に磨きをかけ、二枚舌や欺瞞、汚職・腐敗を生理的に嫌悪させる。

清華大学化学工程部卒業後、父親と懇意であった筋金入りの紅軍出身軍人の耿飈《コウヒョウ》党中央軍事委員会常務委員長・国防長官の外交軍事担当秘書となる。国際会議などに頻繁に随行しながら、国際的な見識と現実主義的な政治感覚を身に付けた。福建省長の時には母校の清華大学人文社会科学院博士課程に在籍し、「中国農村の市場化研究」との分厚い博士論文をものにして提出している。浙江省党委書記、上海党委書記などを歴任しながら独自の人脈を築き、ライバルの薄熙来重慶市党委書記を抑えて平の党中央委員から政治局常務委員に二階級特進し、「紅二代」（太子党）として初の国家主席・党総書記に就任する。

安倍首相にも世襲政治家ならではの苦しい体験がある。祖父安倍寛は一九四二年の翼賛選挙で東條英機らの好戦的な軍閥主義を鋭く批判して衆議院議員に当選した、気骨ある反戦平和主義者であった。父親の晋太郎元外相は特攻隊生き残りの人情家であった。生別した母を捜し求めて深夜の都会をさ迷った逸話は、自社二大政党による五五年体制のライバルとして渡り合った土井たか子・社会党委員長をも号泣させた。

安倍寛は終戦直後に夭折し、安倍は岸の長女である気丈な母親の意向で外祖父岸信介の傍らで育つが、少年には理解しがたい光景にしばしば遭遇している。「一九六〇年の日米安保条約改定で祖父を非難するデモ隊の声が、公邸の中まで聞こえた」と述懐しているが、学校に行けば「元A級戦犯の孫」と後ろ指を差され、何度も涙を呑んだ。屈辱的な記憶だが、封印したままである。

成蹊大学法学部卒業後、神戸製鋼社員を経て父親の秘書となり、有力総理候補と嘱望されながら急逝した父親に代わって代議士となった。岸信介恩顧の森善郎首相に内閣官房副長官に抜擢され、同派閥の小泉純一郎首相に随行して訪朝し、日本人拉致問題で〝対北朝鮮強硬派のヒーロー〟と一躍注目されるところとなった。祖父の後光でわずか四年で自民党青年局長、一〇年で幹事長、内閣官房長官、戦後最年少の首相へと駆け上がる順風満帆の滑り出しであったが、二〇〇七年九月、内外政策で行き詰まって国会開会直後に病院へと駆け込み、「潰瘍性の不治の病」で入院する前代未聞の辞任劇で世間を唖然とさせた。

「私の自信と誇りは粉々に砕け散った」と本人が回顧する、針の筵に坐らされた五年間に一皮剥け、当時の橋下徹大阪府知事らと独自の人脈を築く。解党寸前の落日の自民党内で各派閥の領袖たちと気脈を通じ、党内多数派の世襲議員たちと同類の誼を深めて党内基盤を固め、民主党政権の失政に助けられて、よもやの復活を遂げる。Ａ級戦犯から首相へと返り咲いた祖父の姿が頭を過ぎったことであろう。衆院予算委員会の質疑中にあらぬ野次を飛ばし、撤回・陳謝に追い込まれるなど、強気と弱気が常に交錯する。

憲法違反の〝戦争法案〟と批判される安保法制案成立を急いで支持率が急落する中、自民党総裁に無投票再選（二〇一五年九月）され、「安保の次はデノミ対策で支持を上げ、来年の参院選後に憲法改正を目指す」と決意を新たにした。敗戦の汚名をそそごうと自主憲法制定を悲願とした祖父の亡霊に憑かれたごとくである。

張若飛の中の西口俊夫は安倍晋三に同情的であり、祖父の名誉を晴らしたいとの執念が自分のことのように分かる。張若飛には習近平の意地が伝わってくる。父が批判の対象とされた文化大革命でも毛沢東に付き従った一徹なまでの思いがある。習、安倍の和解は水と油を混ぜる難しさがあるが、不可能ではない。張若飛と西口俊夫が和解したように……。

対極の世界で生きてきた二人だが、偉大すぎる先代、先々代に振り回され、酸いも甘いも嫌というほど舐めさせられてきた。一本気な顔の裏に隠されたシニカルな渇きなど、さながら同じ星の下に生まれきたごとくである。それ故に近親憎悪にも似た感情に駆られるが、個人的な問題で対立しているわけではない。時代を見据え冷静に正面から向き合えば、鏡と向かい合うように相互認識が深まる。相手の至らぬ点が見えてきて、自己認識も深まる。原風景が交錯し、失敗の原因も見えてこよう。行き違う人の温かい一言に感動するのが、人間なのである。ほんの一言から、同じ時代の重荷を背負わされた人間の苦悩を分かち合い、共感が芽生えるだろう。小さな共感から人間関係が築かれ、不倶戴天の仲が刎頚の友に変わる。

先代、先々代から超克することである。誰しも歴史的な制約から自由ではありえず、与えられた具体的な状況、条件の下でイエスかノーと言うしかない。自分が生きるために、他を犠牲にしてしまうこともある。孔子も釈迦もイエス・キリストも「赦しなさい」と説くのは、「赦し」が弱い人間を解放してくれるからである。見下す〝許し〟ではなく、対等な人間同士の〝赦し〟である。謝罪すべきは謝罪し、赦すべきは赦せば、絶海の無人島に血眼になって争っていることがいかにちっぽけで愚かなことか見えてこよう。

外交も畢竟、首脳同士の人間関係、人間性の触れ合いなのである。まだ西洋ナショナリズムにそれほど毒されていなかった時代の声に謙虚に耳を傾ければ、日中友好に腐心した「二人のプリンス」の悲願が聞こえてくる。アジア人同士が手を携え、素朴に共栄圏を夢見た心が伝わってくるはずである。

第5章　ユーラシア大陸の新勢力図：「ドイツ帝国」VSロシア……中国

1　EUの夢の実験、スープラ・ナショナリズムの盲点

Nationalismが近代国家誕生と密接に関わっていることは広く知られているが、系譜を辿るとかのナポレオン・ボナパルトに辿りつく。

そもそもナショナリズムは多義的で、変幻自在である。人々はしばしば同じ言葉を使いながら全く違うことを思い浮かべるが、ナポレオンが愛用したナショナリズムはその代表例と言える。イタリア領からフランス領へと変遷したマージナル空間であるコルシカ島の田舎貴族出身の小男は、やがてフランスを太陽王ルイ一四世以上に輝かせた皇帝として歴史に名を刻むことになるが、そのための強力な精神的武器として発明したのがNationalismにほかならない。

ナポレオンは「自由・平等・博愛」を人類史上初めて政治的なスローガンとして掲げたフランス革命（一七八九年）の守護者として登場した。聖職者・王侯貴族の特権を廃止し、商工業者を中心とする第三身分＝市民が原動力となった革命の守護者が皇帝となるのも矛盾した話だが、妖怪変化の鵺《ぬえ》的な状況がNationalismを産み出す。フランス革命は革命勢力内部の抗争と、革命で倒れたブルボン王

朝と縁戚の諸外国の干渉で旧身分体制（アンシャンレジーム）復活の危機に直面した。革命軍の砲兵将校であったナポレオンは優れた軍才で頭角を現し、外国軍を打ち破る戦勲でフランス国民のヒーローとなる。「馬上に時代精神を見た」（ヘーゲル）と言わしめた言行が封建体制を超えるNationalismというイデオロギーとなり、ついには稀代の野心家を帝位に押し上げる。国家をカソリック教による宗教的軛やハプスブルク家など多国籍王朝の支配から解放し、民族単位で再構築する合理的な統治モデルは全欧に波及していく。産業革命とあいまってフランス、スペイン、イギリス、ドイツなどを強力な主権国家として歴史の表舞台に押し上げるイデオロギーとなり、新大陸を席巻しながらやがて東洋にも達するのである。

東アジアの外来種であるNationalismは漢字圏では国家主義、国粋主義、国民主義、民族主義と訳され、旧体制が崩壊し、新国家が生成過程にあったそれぞれの国の政治文化的な風土に合わせて特化した。日本では国家主義となり、軍国主義となって隣国を侵略し、中国や朝鮮では日本軍国主義の侵略に抵抗する民族主義となった。形態は多様化したが、国民、主権、領土に固執する鵺的な属性は変わらない。

そのナショナリズムを超える壮大な実験が生まれ故郷の欧州で始まったのは、ある種の進化ともいえた。一国至上主義のナショナリズムに見切りをつけたsupranationalism（超国家主義）による地域統合への道へと大きく踏み出したのである。さして広くもない域内に多数の国家が乱立し、領土を巡って争い、二度にわたる世界大戦の戦場となって荒廃した苦い教訓が、ナショナリズムとの決別を促した。

文明論的には、反人道的なナチズムを産み出したことが、近代西洋文明への根本的な懐疑となった。ヒットラーも合法的な選挙で首相に選ばれたのである。全権委任法で憲法を停止し、独裁者となり、第一次世界大戦の莫大な賠償と世界恐慌で疲弊の極に達していたドイツ経済を軍需産業育成とアウトバーン建設の積極的な公共投資で建て直し、失業問題を解決した。国民の絶大な支持を得てアーリア人種優位の「第三帝国」を標榜しながら、反ユダヤ主義で周辺国の同調者を糾合し、領土拡張政策に乗り出した。フランスではヴィシー政権がユダヤ人狩やホロコーストに加担している。ヒットラーを押し戻し、止めを刺したのは、残念ながら欧州の自浄力よりも、ソ連、米国を中心とした連合国の軍事力が決定的に物を言った。

その反省から戦後、「二度と戦争はしない」を合言葉に超国家主義的な欧州連合（ＥＵ）結成へと踏み出した。新しい家は新しい土台に建つように、その原動力は経済的な利害関係の一致にあった。一九五二年にフランス、ドイツ、イタリアとベネルックス三国（オランダ、ベルギー、ルクセンブルグ）が、欧州石炭鉄鋼共同体を発足させた。さらに、欧州経済共同体、欧州原子力共同体を統合し、一九九三年に「多様性における統一」を標語に欧州連合（ＥＵ）へと進化した。ソ連・東欧社会主義圏崩壊を受けて東方へと拡大し、二八カ国が国境審査を廃止して人やモノの自由な移動を認め（シェンゲン協定）、統一通貨ユーロを用いる。各国議会と別に欧州議会が設置され、権限委譲と政治的統合へのプロセスに入っている。仇敵の独仏の和解が大きく与った。ライン川流域の領有権を巡って死闘を繰り返した独仏が反人道的なナチズムと決別する意志を共有し、積年の怨念を超えて「一つの欧州」へと歩みだしたのである。

……と東洋人の多くがドラスティックに眺め、独仏の和解に日中も見習うべきであると羨望の眼差しを向けていたが、「フランス最高の知識人」と評され、EUを内側から見つめてきたエマニュエル・トッドの覚めた目には、事情に疎い異邦人が無邪気な幻想を紡いでいると映るらしい。エマニュエル・トッドは何と「EUは諸国民を閉じ込める監獄」(『「ドイツ帝国」が世界を破滅させる』)と言い切り、ナショナリズムを超える実験的試みと注目していたEUへの我々東洋人のイメージを根底から揺さぶる。ソ連で乳幼児死亡率が再上昇していることに着目してソ連崩壊を予測した『最後の転落』でスポットライトを浴びた論客は、彼が中国を誤解していると同じくらい、我々が欧州を誤解しているかもしれないと思わせる。「隣の芝は綺麗に見える」は陳腐だが、真実であろう。

して見ると、順風満帆に見えたEUに襲い掛かった一連の衝撃的事件も、来るべきものが来ただけなのかもしれない。

その一つがイスラム過激派のテロである。二〇一五年一月七日、パリ中心部でイスラム過激派のアルジェリア系フランス人兄弟がイスラム教の預言者ムハンマドへの風刺画を掲載した週刊紙『シャルリー・エブド』社編集部を強襲し、記者ら一二人を射殺した。同じ頃、マリ系フランス人がパリ南部のユダヤ教徒向けスーパーに押し入って四人を殺害し、警官を含む総計一七人が一日で犠牲となった。

フランスからEUへと衝撃が広がり、各地のモスクに銃弾が撃ち込まれ、極右勢力がイスラム・移民・ユダヤ排斥の声を上げる。だが、同月一一日、フランス左翼政党が犠牲者追悼を呼びかけ、反テロの巨大なうねりが起きる。パリ中心部で二〇〇万人、全仏で三七〇万人が参集し、第二次世界大戦のパリ解放時を上回るフランス史上最大規模の反テロ行進が大地を揺るがし、「言論の自由！」、「テロには屈しない！」、「欧州は一つ！」のシュピレヒコールが響き渡った。

新聞記事を読みながら、張若飛は「私もシャルリー」と唱和した。人種・宗教・国家を超える「一つの欧州」への前進は止まらない……と昂ぶる自分を、「あまり感傷的になるなよ」ともう一人の自分が笑った。たった三人のテロリストに蜂の巣を突いた騒ぎは、社会に何か重大な欠陥が隠されているからと疑うべきだ。

『シャルリー・エブド』社を襲った兄弟は、移民の両親と幼い頃に死別した孤児院育ちであった。その記事を読み、張若飛の胸がチクリと疼いた。「礼儀正しく、物静か」、「普通の青年だった」との住民の証言もあるが、その青年がイスラム過激派工作員にリクルートされ、「殉教者になれば天国に行ける」と凶悪なテロに走ったというが、傷付いた狼のように日本中を放浪していた頃の自分とどこかオーバーラップする。生まれ育ったフランス社会に居場所が見つからない孤独と絶望が聞こえてくるのだ。

それでも張若飛は、「私もシャルリー」と心で唱和する。孤児だった自分を生かし育ててくれたシスターたちの声が、遠くから確かに聞こえてくる。日本社会は孤児でも頑張ればまっとうに生きていける。何よりも、関東軍過激派のテロに遭った張一族の血がテロを心から憎む。

フランスには人口の約一割、五～六〇〇万人のイスラム教徒が住むという。テロに走るのはごくごく一部である。ＥＵの発展と共に消えていくと思われていたが、そう単純な話でもない。

デンマークは世界一幸福な国、ＥＵの模範生と言われ、国連機関が発表する「世界幸福度報告書二〇一三」でもトップにランキングされたが、パリ事件から約一カ月後、首都コペンハーゲンでパレスチナ系移民二世のデンマーク人青年がユダヤ系住民二人を殺害するテロ事件が勃発した。ボロボロと箔が落ちるように、ロンドン東部の学校でも全教科Ａの優等生であるエチオピア系、バングラデッシュ系の少女三人が密かにシリアへと向かった。イスラム国発信のブログやツィッターで「理想の世界」と思い込まされたとマスコミは報じたが、ロンドンには理想がないと言っているようなものである。少女たちの寒々とした心象風景が浮かんでくる。

日本人人質二人を惨殺したイスラム国覆面戦闘員「ジハーディー・ジョン」が黒ずくめの衣装の目元から発する凄まじい憎悪はどこから湧いてくるのか。ロンドンなまりの英語の脅迫メッセージは悪魔のささやきだが、生来の悪魔ではなく、純真な青少年時代があった。クウェートから亡命した両親と共に六歳で英国に移り住んだムハンマド・エムワジはマンチェスター・ユナイテッドの熱烈なファンだったが、心の渇きを満たすことは出来なかった。ウェストミンスター大学で情報システムを学んでいた頃、ロンドン周辺のアルカイダ系グループと接触したという。一九六〇年代の日本の学生運動でごく普通に見られたオルグの光景だが、平然と人間の首を切り落とすモンスターとなってカメラの前に出現したことが、現代社会に対する黙示録ではないだろうか。

なまりのない英語、フランス語、デンマーク語、ドイツ語を話すホームグローンの青年が最大五〇〇〇人、シリア、イラクなどに渡った。一〇〇〇人が再びＥＵ域内に戻り、テロ予備軍と見なされ、治安当局の監視下に置かれているという。彼らは何に怒っているのか。超国家主義の夢の実験の盲点が透けて見える。

西欧社会の産物そのものである西欧出身のジハーディストには、挫折した理想主義者が少なくない。多くが比較的に裕福な家で育ち、高等教育を受けたが、資本主義をカネが全ての物神崇拝の堕落したシステムと失望している。イスラム国樹立とカリフ即位を宣言（二〇一四年六月）したバグダディは博士号を有する知識人であり、過激なイスラム原理主義で資本主義に幻滅した純粋な若者たちを巧みに誘導する。理想主義的な青年学生層はベトナム反戦運動が盛んだった一九七〇年代初頭まで社会主義・共産主義思想を志向したが、社会主義圏の動揺で行き場を失い、一九九一年のソ連崩壊後は思想難民と化した。

宗教的対立に目を奪われると、本筋を見逃すだろう。イスラム教は殺人を禁じている。イスラム原理主義者は異教徒のキリスト教徒との戦いを「ジハード（聖戦）」と位置付け、自爆テロを殉教と喧伝するが、自己否定に等しい。キリスト教、イスラム教、ユダヤ教を全く別の宗教と思い込んでいるのも大いなる誤解だ。三宗教は同根同種で、唯一神のヤハウェ（アラビア語でアラー）を信仰し、『旧約聖書』を共通の聖典としているのだ。

「シャルリー・エブド」襲撃を誘発した預言者ムハンマドの映像化についても、イスラム圏内で意見が割れる。事件から七ヵ月後、シーア派の雄イランで最高指導者のハメネイ師が撮影現場を訪れて激励する中で「神の使者ムハンマド」が制作され、イラン各地で封切られたが、人々が映画館に殺到と地元紙が報じた。カイロにあるスンニ派の最高権威機関「アズハル」は「シャリア（イスラム法）は預言者を具現化することを禁じている」と批判し、真っ二つに割れた。

同一の神を信じながらなぜ血の抗争を、と疑問が湧くが、答えは聖書の中にある。高い塀に囲まれたカトリック系の孤児院に居た頃、朝晩、頭の隅まで刷り込まれた聖書をペラペラめくっていた谷口俊夫は、啓示を受けたように神の深い愛を発見した。「私以外の神を信ずることに嫉妬する」とそらんじると、神が身近な存在に思え、父の愛を感じたのである。社会人となって、その意味が理解できた。ヤハウェは唯一神である自己への帰依を説くために、自身が嫉妬深いと明かし、人間に寄り添おうとしたのである。しかし、その教えをモーゼ、イエス・キリスト、ムハンマドから伝えられた信者たちは、神の愛を誤解して嫉妬深くなり、神の愛を独占しようと争う。大天使ルシファーを悪魔に堕させた嫉妬は底知れぬ魔性と破壊力を秘めており、血で血を洗う抗争が果てしなく続く。

張若飛は信仰は自分と神の問題と考え、イエスだけを心の拠り所にし、ロザリオのネックレスを肌身離さない。そして、人生の年輪を刻む中、思い至ったことがある。ヤハウェが嫉妬すると明かした意図は、神が約束した地へと脇目も振らずに歩むようにと我々弱い人間を戒めることにあったにちがいない。

2　ドイツ一人勝ちの背後に〇・〇一%の寡頭支配

イスラム過激派テロ問題の本質は、宗教の問題以上に、思想難民を拡大再生産する社会の問題である。自分は不幸だと感じている者は過激思想に感化されやすいが、原因は明らかにＥＵの中にある。

イスラム過激派はそれに付け込んでいるに過ぎない。

欧州にはイスラム圏への歴史的な引け目がある。中世まで欧州をしのぐ繁栄を誇ったイスラム圏は近代に入って西洋帝国主義に侵略され、没落した。欧州はイスラム圏からの難民や移民を受け入れることで事実上の賠償、和解と考えているが、イスラム側は納得していない。景気後退期のEUでは移民社会の職が不安定化し、いくら努力しても報われないと感じる者が増えている。青年層は未来に絶望し、貧者救済のザカート（喜捨）を最大の道徳＝五行とするムハンマドの教えに惹かれるが、現実のイスラム圏はより貧しい。行き場を失い、絶望的になり、無差別的な報復主義へと傾斜していく。

しかし、EU社会から疎外されているのは移民社会だけではない。イスラム過激派のテロ事件後、移民排斥とEU離脱を求める極右の支持率が各国で急進しているが、皮肉なことに、極右を支持する欧州人の意識の深層でもシェリフ兄弟らと同様の社会に対する絶望や怒りがドロドロと淀んでいる。

二〇一四年の欧州議会選挙で二五％の支持を得てフランス国内第一党となった極右「国民戦線」のマリーヌ・ルペン党首は、「移民のせいで（フランス人の）賃金が減った。（移民二世などへの）出生地主義を廃止し、雇用や住宅供給でフランス人が有利に扱われるべきだ。EUから得たのは借金と、失業と、アイデンティティーの崩壊だけ。私たちは主権を失い、貧困と絶望がもたらされる」（朝日新聞・二〇一五年一月二七日）と述べたが、直面している課題は移民と全く同じである。没落するフランスの中間層や低所得者層が直面している賃金低下、雇用不安、住宅難、貧困と絶望に義憤を爆発させるのは理解できるが、惜しむらくは、原因を短絡的に移民に覆い被せ、本質的矛盾をぼかしてしまっている。

フランスに限ることではなく、英国では矛盾がより先鋭化している。一九七〇年代から八〇年代の、新自由主義の先頭走者であるサッチャー改革で雇用主が出勤日や労働時間を一方的に決める「ゼロ時間契約」などの解雇規制緩和をいち早く進め、「リストラがしやすく、企業収益の回復が早い」と経済界を喜ばせたが、労働界は「賃金が低くなり、生活費を賄えない」と反発した。結果、雇用は確かに増えたが、いくら働いても食べられない「貧困の雇用」が出現した。東欧などから低廉な労働力が流入し、「貧困の雇用」すら奪いあっている。ロンドンの街角をホームレスがうろつくようになり、日本の教科書でも紹介された「揺り籠から墓場まで」は死語と化した。チャリティー団体「フードバンク」が無料で食糧を配るが、対象者は二〇一四年に前年一九％増と一〇〇万人を超えた。

ユニオン・ジャックを七つの海に翻していた大英帝国は存在意義を問われて分裂瀬戸際まで追い込まれ、労働党の地盤を奪い取ったスコットランド民族党が分離独立・EU直接加盟を争点とした住民投票勝利まであと一歩に迫った。イングランドでもEU離脱論の右翼の英国独立党が支持率を伸ばし、与党保守党はEU加盟の是非を問う国民投票を二〇一七年に実施する公約を掲げて、かろうじて総選挙（二〇一五年五月）で勝利した。党存亡の瀬戸際まで追いつめられた労働党では、同年九月の党首選挙で富裕層への課税強化、エネルギー関連会社や鉄道の国有化、核廃絶とNATOからの離脱を公約に掲げたジェレミー・コービンが約六割の得票で選出された。左翼復活の流れである。

スペインのカタルーニャ地方などでも分離独立・EU直接加盟論が力を得ており、封建体制に引導を渡したナポレオン戦争後のように、欧州全域で既成の国家やEUが改めて存在意義を問われている。

Nationalism を超えるユートピアを想像していた東洋人にはにわかには理解しがたい殺伐とした光景

であるが、エマニュエル・トッドは明快だ。曰く、「ここ五年間の間に、ドイツが経済的な、また政治的な面で、ヨーロッパ大陸のコントロール権を握った」（前掲書、以下同じ）結果である。フランスはじめＥＵ諸国は権威主義的な組織力と経済的規律で産業競争力を高めているドイツに富を吸い取られ、国家存立の経済的基盤が根底から揺らいでいるというのだ。しかし、ドイツ国民も平均賃金が低下し、十分な恩恵を受けていない。つまるところ、ドイツの銀行資本がフランクフルトのヨーロッパ中央銀行を通してＥＵを牛耳り、「〇・〇一％の富裕層」に富が限りなく集中する寡頭支配が形成されている。

「親米左派」と自嘲するトッドは、「マルキシズムの理に叶った部分に依拠しなければ、現在起こっていることは理解できない」と断じ、「寡頭支配層は一つの社会階級」であり、ＥＵは「階級国家」に変貌しつつあると喝破する。

その矛盾が弾けたことがギリシャ財政危機の根底にある。

ギリシャは二〇〇九年一〇月に全ギリシャ社会主義運動のパパンドレウ新政権が誕生し、旧政権下の財政赤字隠蔽が明らかにされた。ＧＤＰ比の財政赤字が公表の四％ではなく一三％に達し、債務残高も一一三％にのぼるという驚くべきものであった。ギリシャはデフォルト（債務不履行）の危機に直面し、欧州委員会、ＩＭＦ、欧州中央銀行は合同調査団を派遣し、金融支援の条件として厳しい緊縮財政を求めた。債務削減については「ギリシャ債務の民間投資家の損失負担を五〇％とする」との条件付であった。メルケル独首相が支援凍結とユーロ離脱をちらつかせながら圧力を強める中、マルクス主義経済学者でもあったパパンドレウ首相は辞任し、二〇一一年一一月、パパデモス前欧州中央銀行副総裁を首班とする大連立政権が急遽、出帆した。

ギリシャは超緊縮財政を条件にＥＵやＩＭＦから金融支援を受けるが、経済はマイナス成長に転落し、公務員削減、中小企業倒産で失業率が二五％と跳ね上がり、失業手当や年金がカットされた。多くの国民が爪に火を点す生活に凋落し、食糧支援に頼るものも出てきた。超緊縮財政の是非を問うギリシャ総選挙（二〇一五年一月下旬）が実施されることになったが、国家債務はＧＤＰの一七五％に膨れ上がり、ギリシャ発の金融不安がスペイン（国家債務五四％）、イタリア（同一一六・四％）に飛び火する雲行きとなった。財政規模が大きく、比較的健全とされた英国（同六一・九％）、ドイツ（同七四・六％）、フランス（同九七％）なども安閑としてはいられなかった。

内外が固唾を呑んだ総選挙では、大方の予測に反し、財政緊縮策放棄を公約にした、旧共産党系が三割を占める急進左派連合が圧勝した。ＥＵから離脱かと報じられたが、新政権は早々と残留を宣言し、交渉の余地を残した。アクレシス・チプラス新首相は就任の弁で「九九％の多数派を守り、一％に負担を払わせる」と富裕層への課税強化を明言した。いきなり貧困世帯への電気代無料化を盛り込んだ法案を可決し、年金増額案まで打ち出し、緊縮財政を求めるＥＵ側の神経を逆なでした。債務減免取り下げには、支払い期間延長、成長率に応じて利払する連動債への振り替えが必要と、強気にＥＵ側を揺さぶる。

四〇歳でギリシャ政界の主役に躍り出た型破りの新首相は突如、新自由主義と緊縮案反対を求めて国民投票（七月六日）に打って出て勝利し、三日後、一転して緊縮策受け入れと債務削減を抱き合わせた新提案を出す。メルケル首相は強硬に反対したが、オランド仏大統領がとりなしてＥＵからの緊急融資が実現し、一息つくことになる。チプラス首相はギリシャの与党・急進左派連合の中央委員会（七月三〇日）で演説し、「つらい妥協か、無秩序な破綻か、どちらかを選ばなければならなかった」とＥＵ側の緊縮策を受け入れたことに理解を求めた。緊縮反対の少数強硬派がＥＵ離脱と旧通貨ドラクマ復活を主張して反対したため、早期解散・総選挙に言及しながら九月に臨時党大会を開くことでその場を収めた。さらに急進派が集団離党するや、首相を辞任し、総選挙に打って出た。

薄氷を踏むようなチプラスの挑戦は、九月二〇日の投開票で急進左派連合が第一党の座を保持し、まんまと成功した。社会主義ユートピアの熱狂は消え、若者層も覚めていたが、「メルケル首相と戦い続ける」との訴えが有権者の心に届いた。欧州の急進左派のリーダーたちが応援に駆けつけ、スペインの左派新党・ポデモスのイグレシアス党首は「反新自由主義の先頭に立っている。メルケルが主導する緊縮策に対するもう一つの選択肢だ」と側面支援した。ＥＵを内部から改革しようとするチプラスの意志が国境を超えて共感を呼び起こした。

野党の新民主主義党は富裕層や投資家の利益の代弁者と糾され、支持を広げることが出来なかった。ギリシャの債務総額は三二〇〇億ユーロ（約四四兆円）で、内訳はＥＵ各国六〇％、ＩＭＦ一〇％、欧州中央銀行六・二％であるが、問題は、その他債務一五・一％、その他被融資二・三％である。多くがヘッジファンドなど個人投資家の債権であり、ＥＵやＩＭＦの緊縮策は信用保証の名目で彼らの利益を守る。一般ギリシャ国民が年金削減や付加価値税（消費税）引き上げで身を削らされるのに、リスク負担もせず、のうのうと利子まで懐にする。富裕層への累進課税強化や法人税の二九％引き上げを主張するチプラス首相に国民が軍配を上げたのは不平等への怒りからであった。

猫の目のようにめまぐるしい展開であるが、「現代最高の知識人」との評があるエマニュエル・トッドの視点を借りると状況が見えてくる。「ヨーロッパのリアルな問題は、ユーロ圏内部の貿易赤字（貿易不均衡）」である。すなわち、ドイツが単一通貨導入により通貨切り下げなどで貿易不均衡を是正する手段を封じられたユーロ権内部の貿易で一方的に黒字を溜め込み、赤字と債務増加に悩む他国への影響力を不断に増している。

ＥＵ統合の裏で進行するドイツ主導の新自由主義の直接の犠牲者がギリシャというわけである。欧州委員会、ＩＭＦ、欧州中央銀行が金融支援の条件として厳しい緊縮財政を求めながら、債務削減については「ギリシャ債務の民間投資家の損失負担を五〇％とする」との条件を付けた不平等な構図が鮮明に浮かび上がる。メルケル首相がその実行を求める急先鋒であることが、ドイツ銀行資本を頂点とした寡頭支配の守護者たるドイツ政府の位相を端的に物語る。

それを打ち破るためにトッドは、「銀行の国有化」、「ヨーロッパで共通の課税」、「税率七五％」を主張する。さらに、劇薬的措置として「債務のデフォルトは国家を再征服する端緒となる」とデフォルトを推奨するが、理由は明快だ。富裕層は減税で国庫に入らなくなった分の資金を国債購入の形で国家に貸与し、莫大な利子を手にしており、デフォルトは「国家を人質」にした不公正な富の偏在を断ち切る手段となるというわけである。事実、ギリシャでは金融危機下でも財閥がぬくぬくと肥え太り、富裕層一％が占める国富は〇九年の四三％から五四％と増大した。富裕層が保有するギリシャ国債などが金融支援で保全され、投機的な売買で利益を嵩上げする国際金融市場のカラクリがある。フランスでも「フランス人は付加価値税と直接税で二五〇〇億ユーロを持っていかれ、五〇〇〇億近くが利子（国債償還）として富裕層に渡る」現実が、デフォルトを禁断の果実にしている。

ＥＵが露呈した矛盾は恐らく過渡的な性格に起因する。二八カ国のうち一八カ国が依然として独自に公的債務、金利、税制を扱い、社会的な不公平が是正されにくい。トッドはドイツが欧州を支配する道具と化したと三行半を突きつけるが、ＥＵの理想主義に望みを託す意見も根強い。「資本主義の下では富も貧困も世襲されていく。富の集中が進み、（第二のフランス）革命が起きるだろう」と現代資本主義の病弊を暴き、米英などでベストセラーになった大著『21世紀の資本』の著者であるトマ・ピケティは「今日の大きな課題は、いかにして国境を超える規模の政治共同体を組織するかという点にあります。たとえばＥＵ。ユートピア的です」（朝日新聞インタビュー・二〇一五年一月一日）と経済学者の立場からＥＵの可能性にかけ、課税権の統一で共同累進課税を実施し、富の再分配にウエートを置けばＥＵは本来の機能を果たしていくと声を上げる。

興味深いのは、トッドもピケティも同じフランスの左翼知識人であることである。マルクス主義の観点から格差拡大問題に鋭く切り込んでいく基本姿勢は一致している。

チプラス首相がＥＵ離脱・デフォルトと緊縮策受け入れの間で揺れるのは、思想的にトッドとピケティの間にいるからであろう。ＥＵが一枚岩でなく、市場統合で国内産業が成長したドイツなど北欧と、衰退したフランスなど中南欧との亀裂が深まっている現実を踏まえ、ギリシャ国民が生き残る道を必死に模索している。

チプラスは元ギリシャ共産党員である。トルコ系移民三世として生まれ、ギリシャ共産党の青年組織で活動しながら大学院で土木工学を修めた。子供にはキューバ革命の伝説的英雄であるチェ・ゲバラの実名を取ってエルネストと名づけた。緊縮財政が先だと追加支援を渋るドイツに対して、先の大戦でのナチス占領による損害や戦時融資の未返済分の賠償として一六二〇億ユーロ（二二兆円）を請求したが、深い信念に基づくものであろう。首相就任後いち早く、ナチス占領軍に処刑された共産主義レジスタンスの墓碑を訪れて献花しており、政治家としての原点をうかがわせる。

ギリシャではメルケル首相を「女性ヒットラー」と非難する声が噴出し、図らずもドイツの戦後賠償の盲点が浮き彫りにされた。ドイツは日本と対照的に、ナチスを徹底批判することで戦後ドイツと差別化してきたが、実は、東西分断の後遺症から戦争賠償を定めた講和条約を未だに結んでいない。旧西ドイツは一九五六年制定の連邦保障法などでナチスによる人種や信教への迫害に対する個別保障を中心としてきた。強制労働については被害者の大半がポーランド、ソ連、チェコなど旧ソ連圏にいたこともあって手付かずのままにされたが、一九九〇年代に米国で強制労働に関わったドイツ企業への集団訴訟が相次いだことを受け、二〇〇〇年に国と企業が「強制労働補償基金」五〇億ドルを折半して「記憶・責任・未来」財団を設立し、裁判を起こさないことを条件に、生存中の被害者一六七万に二五〇〇ユーロ〜七五〇〇ユーロを二〇〇七年までに支払った。だが、強制労働被害者一千万の二割に満たず、保障から漏れた戦争被害者も多くいる。

二〇〇〇年にベルリン中心部にホロコースト警鐘モニュメントを建設するなど、ドイツなりにナチス犯罪と決別するとの証を立て続けることで歴史的な責任を果たそうとしているが、被害者感情は百年経っても疼いている。トッドが「ドイツはナチスが軍事力で手にしようとしたヨーロッパの支配権を経済力で実現しようとしている」と揶揄するのも、故なしとしない。

トッドはロシアの乳児死亡率が低下し、出生率が上昇していることに着目し、「資源大国ロシアはプーチン政権下で復活している」と評価するが、チプラス首相のロシアへの急接近は同じ認識に基づくものであろう。ＥＵがウクライナ問題でロシアに課した制裁を「無意味」と批判し、プーチン大統領と二国間貿易や投資分野での協力強化で合意（二〇一五年四月八日）し、ロシアの天然ガス独占企業ガスプレムとの間でトルコ経由でギリシャにパイプラインを引き込む「トルコ・ストリーム」のロードマップ作成に入った。ウクライナ紛争で頓挫したブルガリア経由でイタリアに達する「サウス・ストリーム」に代わるもので、実現すればギリシャが欧州へのガス供給のハブとなる道が開かれる。ロシアがバルト海底を経由してヨーロッパに天然ガスを供給するガスパイプライン「ノルド・ストリーム」はドイツを終点としているが、トッドはそれをドイツによる欧州エネルギー支配の道具と指摘する。案の定、ドイツの提議でＥＵは、中東欧へのガス供給の五〇％を握るガスプレムに対してＥＵ競争法（独占禁止法）違反の疑いがあるとする異議通知書（同月二二日）を送付し、牽制した。「トルコ・ストリーム」の戦略的な争点は事実上、ドイツとギリシャ（＝南ヨーロッパ）間の争いであり、ギリシャ経済再建の切り札になりえるが、最大の課題は二〇億ユーロと見積もられている建設資金である。

そうした中、訪欧中の李克強首相がブリュッセルで記者会見し、「ギリシャがユーロ圏に留まることができるか否かは、国際金融の安定と経済復興に関わる問題だ。中国は建設的な役割を果たす用意がある」（同年六月二九日）と述べて、がぜん注目された。欧州企業が尻込みする「トルコ・ストリーム」建設資金がＡＩＩＢから融資されるのではとの声が金融界に流れた。

習近平主席は「ギリシャは地政学的に一路一帯戦略における重要な位置にある」（二〇一三年）と述べており、ギリシャ債務危機を「一帯一路」の西端にある欧州進出へのチャンスと捉えている。中国はすでに二〇一〇年のギリシャ金融危機に際して同国最大の貿易中継港ピレウス港のリース契約を含め数十億ユーロを融資している。ピレウス港では中国遠洋控股が荷物の取扱量を増やしており、民営化に参入して一気に全面買収に乗り出すとの観測が飛び交う。

3　西に伸びる「一帯一路」とウクライナ情勢

ＥＵを根底から揺るがしているもう一つの問題が、ウクライナ情勢である。プーチン大統領は「核戦力を戦闘準備体制に移行」（二〇一五年三月一五日）とまで公言し、米国とＥＵへの対決姿勢を露わにしている。新冷戦かと世界を緊張させた異常事態であり、ほとんどの日本メディアはロシアの攻撃的な姿勢を批判したが、トッドは逆に、「ドイツの新たなパワー外交」が主因であり、「ヨーロッパはすでにロシアと潜在的戦争状態に入っている」と、警鐘を鳴らしている。

マスコミ常識に慣らされた日本人は大半が、ウクライナ問題はロシアによるクリミア半島占領が原因と考えている。だが、トッドは西側メディアの軽薄さを笑うように「クリミア半島は母国ロシアに戻ろうとして民主的な投票をした」と正反対の分析をしている。

日本では見逃されているが、ウクライナ問題には合法的な選挙で選ばれたヤヌコビッチ大統領が反政府デモで倒された当初から、不透明な部分が少なくなかった。きっかけは、ウクライナのＥＵ加盟に道を開くとされたＥＵ・ウクライナ連合協定を、ロシアとの経済的関係が傷付くのを恐れたヤヌコビッチ大統領が寸前で凍結したことにある。これにＥＵ加盟の急先鋒である極右の「右派センター」などが反発して大統領官邸を武装抗議デモで囲み、二〇一四年二月、ヤヌコビッチ大統領をロシア亡命へと追いやった。ウクライナ新政権はＥＵ加盟へ再度舵を切り始めたが、今度は親露派が反発し、クリミア半島でクリミア共和国独立を宣言する。ロシア系住民が多いウクライナ東部でも分離独立の武装闘争が始まり、ウクライナは泥沼の紛争地に転落した。

合法的な政権を武力で倒すのは革命かクーデターである。プーチン大統領が「ヤヌコビッチ政権打倒は非合法クーデター」と反論するのは一理あり、トッドも「ウクライナの極右とヨーロッパ（ドイツ）が手を結んだ」と舌鋒鋭い。日本では一般的に、旧東欧圏の集団加盟で自信を深めたＥＵがロシアまで視野に入れた東方拡大路線に拍車を掛け、旧ソ連邦の一構成国でロシアの兄弟国と言われたウクライナにまで迫ったと呑気に解釈している。しかし、真の主役はドイツであり、ＥＵは表看板にしかすぎないようだ。「紛争が起こっているのは昔からドイツとロシアが衝突してきたゾーン」であり、「ドイツはロシアに取って代わって東ヨーロッパを支配する国となった」とのトッドの指摘はうなずけるものがある。ウクライナには旧ソ連支配時代、人工的大飢饉により数百万の農民が犠牲になった暗い過去があり、右派が付け込む反ロシア感情の温床になっている。加えて、旧ソ連圏の東欧諸国には、ナチス・ドイツを壊滅して東欧を解放した旧ソ連をナチスと同義視する「二つの占領」とする反ロ的な風潮が広まった。それに乗り、二〇〇九年にウクライナ、ベラルーシ、ジョージア、アルメニア、アゼルバイジャン、モルドバの旧ソ連六ヶ国がEUとの東方パートナーシップ首脳会議の定例化に同意し、EU加盟へと急傾斜していった。

トッドの指摘が事実とすれば、プーチン大統領が怒るのは当然となる。それはEU側の想定を超えていた。プーチンはクリミアのロシアへの編入を宣言し、「ロシア黒海艦隊の母港であり、地中海への出口であるセバストポリの軍港をNATOに渡すわけにはいかない」とEUに警告を発した。〝新冷戦〟も辞さない「重大な覚悟」を秘めていたことを、一年後の国営テレビ番組（二〇一五年三月一五日）で明かす。「あらゆる事態に備えるように軍に指示した」と明らかにし、「核戦力を戦闘準備体制に移行する用意があったということか」との質問に、「そうする用意があった」と断言した。EUの出方次第では、核戦争も覚悟していたという。

日本人の感覚では「まさかドイツはそこまで野心的ではありえない」となりがちだが、米国が北大西洋条約機構（NATO）を通してコントロールしているとの根拠無き親米感情が認識眼を曇らせているかもしれない。冷戦時代、NATOは敵対していた社会主義陣営のワルシャワ条約機構と対峙していたが、ソ連崩壊（一九九一年）と共にワルシャワ条約機構が消滅した後もNATOは存続した。EU加盟各国は自国の兵力や防衛予算の大幅削減に忙しく、米国が財政の七割を負担し米欧州軍司令官が戦時作戦統制権を握るNATOに頼った。そのためEUの拡大はNATOの拡大と一体化し、ロシアに軍事的なプレッシャーを与えていると見られている。だが、トッドはメルケル独首相がイラク戦争で米国に異を唱えて以来、距離を置くようになり、「経済運営に関するアメリカの諫言を意に介さぬ態度をとっている」という。

確かに、ウクライナ情勢に対するオバマ大統領の姿勢は一貫していない。「（クリミア編入は）国際法違反行為」としてロシアをＧ８から排除し、経済制裁を強化したが、共和党が多数派の米議会が積極的関与を求めているにもかかわらず、ウクライナへの軍事介入には慎重である。プラハ核廃棄演説でノーベル平和賞を受賞したオバマには、任期二年を切って「限定核戦争」まで覚悟してロシアと対決する冒険はありえない。旧東独出身で旧社会主義陣営の弱点を知り尽くしている老練なメルケルが、オバマを巧みに操っていると考えてみる余地が大いにありそうである。

現代の鉄の女・メルケルの中では自由が抑圧された旧東独時代のトラウマが疼き、旧ソ連・東欧解放への使命感を突き動かしている。八〇万もの中東難民が欧州に殺到している未曾有の新事態に、メルケルはＥＵ地域の自由移動という「開かれた欧州」の価値維持を訴え、ＥＵ各国が応分に難民を受け入れる仕組みづくりに主導権を発揮したが、ドイツ統一で西独に救われたとの思いが難民への同情の根底にある。反面で、そのトラウマが過度の西側体制礼賛となり、格差拡大を放任する新自由主義の急先鋒とトッドやチプラスらから指弾されるのは歴史のアイロニーと言うしかない。

一つのＥＵの矛盾は拡大するばかりで、東方外交に急ブレーキが掛かる。ウクライナ問題への新たな対応が注目されたＥＵ・東方パートナーシップ首脳会議（二〇一五年五月）で、メルケル首相は東方外交の軌道修正を示唆した。ロシアの圧力に屈したわけではない。総選挙で勝利したばかりのキャメロン英首相が、移民流入や社会保障給付を制限する権限が認められなければEU離脱の是非を問う国民投票で賛成に回ると声を荒げ、東欧諸国を失望させたのである。玉虫色の共同宣言にはウクライナやジョージアが強く求めたEUのビザ免除の時期が明記されず、ベラルーシやアルメニアはロシア主導のユーラシア経済連合加盟へと回帰し始めた。

現代フランスを代表する知識人と自他ともに認め、「親米左翼」を枕詞にするトッドだが、プーチン大統領と重なる部分がある。プーチンは小さい頃から秘密警察のソ連国家保安委員会（KGB）に憧れていた。念願かなって東ドイツで任務についていたが、ソ連・東欧社会主義諸国が民主化の波に洗われて崩壊していくのを歯軋りして見ていた。「ソ連が恋しくない者には心がない。ソ連に戻りたい者には脳がない」が持論だが、欧州の旧共産党員、左翼はそれに拒絶反応と共感の複雑な反応を示す。「自己破壊に向かう資本主義」と資本主義に見切りをつけているトッドは後者と見られる。

ウクライナでドイツとロシアがのっぴきならない覇権争いをしているとしたら、双方の仲を取り持つ調停者が求められるが、それに見合った実力と能力を有する適任者が国際社会にいるであろうか。オバマ大統領はアフガン、中東問題で手一杯である。

習近平以外に見当たらない。トッドが「おそらく経済成長の瓦解と大きな危機の寸前」と中国を過小評価するのは、東洋人の我々がドイツに対するような認識上の誤解である。習主席は社会主義陣営の盟主として君臨した旧ソ連へのプーチンの郷愁と屈折した思いは我が事のように理解できる。有力な貿易相手国であるドイツのメルケルとは何度も会談し、友好関係を確認している。オバマともノーネクタイで長時間会談している気のおけないライバルである。

世界がウクライナ情勢に一喜一憂する中、新華社（二〇一五年四月七日）が「リプトンIMF筆頭副専務理事は七日、ワシントンで講演し、中国とウクライナが自国通貨を融通しあう通貨スワップ協定が発動したと明らかにした」とさりげなく伝えた。協定自体は三年前に締結されていたが、ここに来て発動したのは戦略的な判断があってのことである。ウクライナに貸しを作ればギリシャと並んで欧州進出の拠点となりうる。

ポロシェンコ新政権は当面六月まで輸入代金支払いに充てる外貨準備の確保にめどが付き、危急を救ってくれた中国に借りができた。ウクライナ国軍統一の名分で、プーチン大統領が警戒していた「右派センター」の義勇部隊や、石油成金のドニエプロペトロフスク州知事が抱える数万の傭兵の整理に着手したのは、高まる中国の存在感と無関係ではなかろう。

習主席の新イニシアチブはまたもやAIIBが追い風になっている。ラクダを連ねた隊商が行き交ったシルクロードが大陸横断鉄道に代わり、「一帯一路」構想でユーラシア大陸の東西の距離は急速に縮まっていくだろう。

トッド、ピケティ、チプラスが現状分析で剃刀のような鋭さを閃かせながら、将来の展望となるとどこか歯切れが悪いのは、ソ連崩壊のトラウマであろう。

ピケティの大著『21世紀の資本』は「第二の『資本論』」とも評される。カール・マルクスが『資本論』で明かした窮乏化論を格差拡大論を通して統計的に立証したからであるが、惜しむべきことに最終章が尻切れトンボになっている。『資本論』は、資本主義社会は高度な生産力を生かしきれない私的所有制の矛盾が激化し、全ての生産手段が公有化される社会主義社会へと必然的に移行する。いずれは国家も役割を終えて消滅し、「人間が全面的に発達し、解放される（共産主義社会が誕生する）」と予言するが、ピケティはその結論には及び腰だ。

その訳を推し量るのはそう難しくない。『21世紀の資本』は「一九五〇、六〇年代にかけて先進諸国で不平等の度合いが一九世紀と比べてかなり低下した」と指摘し、二度の世界大戦や大恐慌を理由に挙げるが、重要な点を見逃している。同時期はソ連の影響で東欧、アジアで社会主義諸国が次々に誕生し、資本主義諸国との体制競争が熾烈化した。資本主義国でも労働組合や共産党の政治的影響力が強まり、ロシア社会主義革命（一九一七年）二年後にドイツのワイマール憲法が国民の生存権や社会権を定め、他国に波及していく。課税による所得再分配と社会福祉制度はその産物である。フランクリン・ルーズベルト米大統領が恐慌対策に採用したニュー・ディール政策も当初は、社会主義計画経済と批判されたほどである。

今日に尾を引く思想的後遺症はその後である。ソ連・東欧社会主義圏が一九九〇年代初めに崩壊し、目標を失ったフランス共産党、イタリア共産党、ギリシャ共産党なども連鎖的解党へと追いやられた。ピケティ教授やツィプラス首相が多感な学生時代の頃であり、社会主義への懐疑や不信感が芽生えたとしても何ら不思議ではない。彼らは思想難民の魁なのである。

福祉国家のモデルとされた英国のロンドンにホームレスが出現したのは、社会主義の退潮と軌を一にしている。その闇から新自由主義という鬼子が生まれた。社会主義対策の政治的コストの意味があった福祉予算が用済みとみなされ、財政緊縮のターゲットとされたのである。生存権は権利の座から慈善へと滑り落ち、貧者は弱肉強食の競争を勝ち抜いて富んだ者が儲けの一部を落とすトリクルダウンのお恵みで生きるしかなくなった。

その欺瞞性を暴くピケティは理想を失ってはいない。『21世紀の資本』がフランス人権宣言第一条「人は平等に生まれ、生存する」から切り出すのは、革命の理想を形骸化させた資本主義への義憤があるからであろう。マルクスの「共産党宣言」はそこから始まったが、新たな最終章を紡いでいくのはこれからである。

格差拡大は新自由主義を養分に自己増殖する癌であり、放置すれば人類社会を死に至らしめる。EUで多国間累進課税を導入しても、転移するようにEU域外への資本逃避が引き起こされるだろう。トッドが指摘したように、金融支援も国家を担保にした投資家たちの相互扶助、自己救済にほかならない。ウォール・ストリートの国際金融ネットワークに一網打尽の縛りを掛けるか、全く別のシステムを作らない限り、投資家の跋扈と格差拡大に歯止めをかけることは難しい。それを実践するドン・キホーテの一人がチプラスである。

第6章　中国が米国を追い抜くワケ

1　グローバリゼーションの落とし穴

成功と失敗を織り交ぜながら歴史を創造するEUの実験は、東アジアが他山の石とすべきものである。

グローバリゼーションそのものは必然的であり、歴史の摂理である。ミトコンドリア・イブに始まる人類史二〇万年のスパンで括れば、アフリカに発した人類が地球上に広まって様々な国を作り、産業化と交通、通信の発達によってまた一つになるということである。その流れの中でさしずめナショナリズムは他者を隔てる堤防、スープラナショナリズム（超国家主義）は複合堤防となろうか。

一昔前まで日本、中国、韓国の間を往来するのは一部エリート層の特権であった。現在では毎年三千余万ものビジネスマンや観光客が旧態依然とした出入国管理にもどかしさを覚えながら国境線を出入りし、域内隅々まで足を運んで見聞や交流を深め、モノが大量に行き交っている。意識的、無意識的に人々の国家観念がアップデートされ、国境線が低くなり、人権、民主主義、法治主義が地域共通の社会通念となりつつある。東アジア諸国の経済的な相互依存性は年毎に強まり、一つの経済圏統合への歩みが始まる。日中関係も良好で、総選挙で自民党に地滑り的な大勝をした民主党の鳩山由紀夫首相（二〇〇九年～一〇年）は「東アジア共同体の創造」を国家目標に掲げ、胡錦涛主席との呼吸もピッタリと合っていた。

張若飛も少なくとも民主党政権前期頃まで、グローバリゼーションにバラ色の未来を見ていた。父の国が大股で近付いてくる実感にワクワク心躍った。青年の頃、日本は本当に豊かで、希望にあふれていた。路地裏にちょっと足を入れると小さな幸せや笑顔に会え、羨ましい家庭の団欒を覗けた。真面目に働きさえすれば、誰でも小さな家の一軒くらい持つことができたし、家族をつつましく養い、子供たちの笑い声に囲まれた。大陸に残った父、兄、姉、多くの張一族の悲惨な境遇を小耳に挟む度に、母の国・日本は平和で豊かな国だと心から思ったものである。

それが消えようとしている。道行く人々はうつむき、追い立てられているような険しい表情を浮かべながら足早に通り過ぎるようになった。けばけばしく飾った街には、欲望がプンプンし、人を出し抜く背徳の腐臭が鼻を突く。未来を担う青年たちは檻の中の優等生のようだ。〝勝ち組〟に入り、〝負け組〟に落されまいとあくせく競い、自己責任だからと過剰に背負い込んで声無き悲鳴を上げている。家庭を持つことも子供を養うことにも無気力、無関心になり、少子化で社会は縮小している。正義感と情熱に燃え、友人たちと屈託のない笑い声を上げていた青年たちはどこに行ってしまったのだろうか。

ある日、公園で若いホームレスを目撃し、目を疑った。そのうち、それにも慣れ、慣れてしまった自分に気付いて、愕然とした。なし崩し的に堕ちていく恐怖感が脳天を突き上げた。戦後の高度成長で消えたはずの貧困問題が、国際競争力強化の掛け声の下で急速に復活していたのだ。

中国に進出した日本企業は新規雇用を生み出し、一時は喜ばれたが、安価な労働力を用いて収益を上げることにしか関心がない。それと連動して日本国内でもリストラ、非正規雇用への切り替え、賃金カットが容赦なく行われ、日本の労働条件や賃金レベルを限りなく中国レベルに低下させている。苛酷な深夜労働を強いる居酒屋チェーンのブラック企業が新経営スタイルともてはやされ、経営者は請われて国会議員となった。『フォーブス』の二〇一五年度世界長者番付で四一位、保有資産二一一億ドルとされた柳井正ファーストリテイリング会長が立ち上げたユニクロは、広東省の二つの下請け工場が危険な労働環境で長時間労働を強いていると香港のＮＧＯにより告発されたが、日本国内でも長時間のサービス残業を強いて従業員を過労死に追いやり、裁判に訴えられた。

自分は不幸だと感じている者はたやすく感化されてしまうというのは、日本においても真実である。グローバリゼーションを青い鳥と信じた人々は「こんなはずではなかった」と失望し、苛立った。尖閣諸島問題、歴史認識問題が噴出すると「反日」の大合唱に声を合わせ、ナショナリズムの堤防に身を寄せる。不幸の原因を外部に求める倒錯したルサンチマンが、反中、反韓感情を拡散させ、在日韓国・朝鮮人・中国人を口汚く罵倒するヘイトスピーチが都心の大通りの空気を切り裂く。

グローバリゼーションで一体、誰が得をしているのだろうか？

グローバリゼーションは米国を中心とする多国籍企業が主導している。必然的に多国籍企業の利益が優先され、規制緩和や自由化による国内産業、特に中小企業衰退、雇用の不安定化による大量のプレカリアート（非正規雇用者、半失業者）発生といった悲惨な現象を引き起こす。

多国籍企業が国境を股にかけて吸い上げた巨万の利益は投資家から出資者に還元され、一握りの富裕層が肥え太っていく。世界中で同じことが繰り返され、ブラックホールのように一点に富が吸い込まれていく。米誌『フォーブス』恒例の二〇一五年度世界長者番付によると、資産一〇億ドル以上の富豪が前年比一八一人増の一八二六人と過去最多となり、資産総額は一〇％増の七兆ドル超となったと伝えた。前年に続き一位にランクされたマイクロソフト創業者のビル・ゲイツの保有資産は七九二億ドルとなる。

彼らをどう評価するか。グローバル化時代の英雄と見るか、シャイロックの生まれ変わりの強欲者と見るか。多くの人は多少の疑問を感じながらも嫉妬と羨望の目を向け、苦い敗北感を噛みしめるか、いずれは自分もと淡い夢を見る。そうして飼い慣らされ、中間層は没落し、社会は富裕層と非富裕層に二極分解していく。「一％の富裕層に富が集中し、九九％が疎外される」ピケティ学説が実証されていくのである。

その陰で全人類の九人に一人、八億人以上が飢えている。食糧自体は毎年二〇億トン以上も地球上で生産され、量的には十分であるが、購買力のない非富裕層には行き渡らない。運が良ければ、富裕層のお情けにすがるトリクルダウンで生き長らえる。

弱肉強食の格差拡大こそ正真正銘、富める社会での貧困化の元凶であり、グローバル化時代の巨大な落とし穴なのである。聖書は金持ちが天国に行くのはラクダが針の穴を通るよりも難しいと戒めている。東洋では古から、強欲は天誅に値する悪行と糾した。日本の平和憲法は生存権を認め、富の不平等を人権侵害とする。その全てが金銭万能主義に喰われているのである。

国境を行き交う莫大な利益を一手に握る投資家は、グローバル化時代のモンスターである。利潤追求のマネーゲームにあらゆるものを従わせ、株式・債権市場を巧妙に操り、国家も格付けして弄ぶ。日中対立すら儲け時とほくそ笑み、日中政府がより多くの投資を呼び込もうと競って好条件を提示するのを待っている。非正規雇用を常態化する労働者派遣法改正がアベノミクスの成長戦略の目玉と喧伝されるのも、体のよい賃金カットや首切りで中国よりも労働者の使い勝手を良くし、投資家を呼び戻すおぞましい狙いがある。

2 格差拡大にすくむ「先進国の罠」

格差拡大の深淵を覗き、そこに映る怪物に愕然と立ちすくんでいるのが、今日のいわゆる先進国の自画像である。先進国がみんなを幸せにする約束の地でないことは、誰よりも先進国の住民が肌で感じている。

格差拡大は等質的で和やかと言われてきた日本社会を内側から蝕んでいるが、欧米に比べ危機意識が希薄なのは言葉の問題もある。日本、中国、韓国などの漢字圏では「格差」と茫漠に表現するが、フランス語や英語など欧米語圏では Inequality とシリアスに表現し、近代西欧の基本理念である equality ＝平等に反する重大な社会問題と認識する。貴い血の代償であるフランス革命の果実が聖職者、王侯貴族に取って代わった富裕層、資本家に独り占めされる由々しき事態というわけである。しかし、事は近代市民社会の土台に関わるので、有効な手を打てないでいる。その間にも政治不信が高まって既成政党が信任を失い、議会制民主主義の手本とされた英国の二大政党制が危機に瀕している。

日本もその後を追っている。安倍政権が大勝した二〇一四年の総選挙投票率は小選挙区、比例ともに戦後最低といわれた二〇一二年をさらに下回り、約五三％であった。二〇代は四割を切っている。右翼か左翼か、既成の政治の枠外で政治不信を吸い上げる過激な救世主が急台頭するリスクが高まっている。あるいは安倍首相はその真似をしているのかもしれない。

『21世紀の資本』が脚光を浴びるのも資本主義への不信の裏返しであり、著者であるパリ経済大学のトマ・ピケティ教授は一九世紀からの資本主義諸国の膨大な統計データーを収集、分析して、「資本主義は格差を拡大する」と結論を導き出し、さらに、格差拡大が景気後退の原因でもあるとの衝撃的な事実を暴き出した。「格差拡大は景気後退の結果であり、景気が良くなれば所得格差は自然に縮小する」と経済学者が大学で講義していた通説が、実は神話でしかないことが論証されてしまったのである。

ピケティ理論の核心は、「資本の収益率（r）＞総所得の成長率（g）」の式にある。資本は土地、株式、債権、現金の総和、総所得は資本の収益と労働所得の和であり、収益率は経済成長率と同義である。資本主義制度下では投資などによる収益の総所得に占める割合が不断に高まり、反比例して労働所得の割合が低下し、労働者が窮乏化していく。既成の経済理論のr＝gは根拠薄弱であり、民主主義の力により格差を容認できる範囲内に収めるしか革命を防ぐ手立てはない、と冷徹な処方箋を書く。

「ほとんどの先進国で所得格差が拡大し、経済成長を弱めている」（OECD報告書二〇一四年一二月）のが偽らざる現実である。二〇〇八年のウォール街発の世界金融危機（リーマン・ショック）後、格差拡大と景気後退が同時進行の先進国病であることが白日の下に露になった。

資本主義を最も合理的な経済システムとする常識は、そろそろ疑ってみる必要がある。日欧米など先進資本主義諸国が成長力を失い、経済成長率が良くとも一％～三％前後と低迷しているのは根本的な欠陥があるからである。

資本主義は出口が見えない袋小路に迷い込んでしまった。資本主義経済学の教祖であるアダム・スミスは〝神の手〟に委ねる自由放任が資本主義の本質と教えたが、自由放任資本主義は過剰生産から大規模企業倒産・失業が吹き荒れる恐慌を免れない。一九二九年の世界大恐慌がそれであったが、国家が公共事業で有効需要を喚起するケインズ政策で需供ギャップを埋めることに成功し、恐慌再発を防ぎ、持続的な成長を達成してきた。しかし、税収を上回る予算を組み、国債発行（公的借金）で赤字分を補填しながら大規模公共投資を繰り返す積極財政ならぬ放漫財政はついに、国債発行残高＝借金が雪だるま式に膨れ上がり、首が回らなくなった。財政政策は機能不全となり、過剰生産を抱えた経済は長期停滞（静かな恐慌）に陥るしかなかった。企業は賃金カットやリストラで生き残りを図り、中間層没落による格差拡大↓消費不振↓デフレ不況↓消費不振の悪循環が止まらず、癌が進行するように状況は重篤化していく。

格差拡大が景気対策で解決できない以上、焦点は富の再分配に移らざるを得ない。ピケティ教授はランティエ（不労所得層）による富の独占是正には富裕税や累進課税が有効と説き、タックスヘイブンに隠し金庫を持つ反社会的な富裕層への国際的累進課税を提言している。

資本主義の総本山である米国が、富裕税導入問題で対立している。

米国は大規模公共投資のニュー・ディール政策で大恐慌を乗り越えた成功体験をバネに世界第一位の経済大国へと伸し上がり、ＩＭＦや国際復興開発銀行を設立したブレトン・ウッズ協定（一九四四年）でドルを世界の基軸通貨として認めさせた。その体制下で西側諸国は高度成長期に入り、東側陣営を圧倒していく。しかし、財政政策が行き詰まって失業とインフレに悩まされ、対外的には米国の金保有量がドルの金交換に応じられなくなり、ニクソン大統領は一九七一年、ドルと金の兌換を一方的に停止する新経済政策を発表した。

突然のニクソン・ショックで世界は変動相場制に移行し、金融自由化が進む。金融市場が世界的に拡大し、経済は成長路線に復帰したかに見えたが、所詮は実体経済とかけ離れたマネー・ゲームでしかなかった。中央銀行が国債を引き受けて市場にドルを溢れさせる量的金融緩和で世界中からドルが還流してきたが、不動産・株価の暴騰、暴落→銀行・証券会社・企業倒産を繰り返し、リーマン・ショックで止めを刺された。公債と借入を含めた米国の累積国家債務はＧＤＰの一〇五・六二％（二〇一四年末）に達し、予算不足と政争から行政機関の一部閉鎖の事態まで起こした。

株・不動産運用で濡れ手に粟の暴利を貪る不労所得が横行する分、額に汗する健全な労働所得は減少し、「米国では金融規制緩和で過去三〇年間、一〇％の金持ちが全所得の五〇％を独占」（『21世紀の資本』）と格差が拡大した。特にリーマン・ショック後、国民の〇・一％でしかない二千万ドル以上の資産階級が国富（固定資産＋純対外資産）の二〇％以上を独占するにいたった。サブプライムローンなる大量の不良債権を発行した震源の大手投資銀行グループのリーマン・ブラザーズは倒産したが、メリル・リンチ、ゴールドマン・サックス、モルガン・スタンレー、GMなどは日本円にして七〇兆円もの公的資金が投入されて救済され、投資家が保護されたからである。

不況の中で富が一極集中すれば、その結果は子供でも容易に想像できる。全人口の六分の一もの五千万人が無保険で満足な医療も受けられず、衣食住に困窮し、ニューヨークだけで二万五千の子供を含む六万余のホームレス（全米ホームレス連合統計。二〇一四年一一月）が厳冬に路上で凍えている。米住宅都市開発者は米国のホームレスの総数を「六一万」（二〇一三年一月）と発表したが、非営利機関は「モーテルなどでの共同生活者が数百万人規模」と実態を告発している。裸一貫の移民でも努力すれば億万長者になれるアメリカン・ドリームとハリウッド映画で世界中の憧れの国となった米国は、もはや幻想の中でしか存在しない。

米国でも強欲資本主義への批判が高まり、オバマ大統領は二〇一六年度予算教書で「トップ一％が税金を払わないことが格差を拡大している」と、富裕層や大企業への増税を訴えた。一九八〇年代の減税を元に戻すだけのことなのだが、上下院多数派の共和党は弱者切捨ての「小さな政府」論で反対に回り、増税論はストップしてしまった。

3 米国の衰退とアジアインフラ投資銀行（AIIB）ショック

歴史の必然と言うべきであろう。後世の歴史に転換点と記されるであろう二〇〇五年三月一二日、英国政府がアジアインフラ投資銀行（AIIB）への参加を表明した。口唇の同盟国である米国の反対を押し切っての、極めて異例の事態であった。G7としても、EUとしても初めてのことである。ウォール・ストリートに次ぐ国際金融シティーをロンドンに有する金融大国の寝返りは、超弩級の激震となってワシントンを襲った。

同日、北京とワシントンから全く別の声明が出された。諸手で歓迎する北京と正反対に、ワシントンは「いかなる国際金融機関も世界銀行の高い融資基準を備えるべきで、AIIBがそれに合致するか懸念している」と、英国に釘を刺した。一方は他のG7やEU諸国、韓国、オーストラリアが続くことを期待し、他方は恐れた。北京とワシントンとの、静かでタフな戦争である国際金融秩序再編の幕が切って落とされたのである。

AIIBは習近平主席が二〇一三年一〇月にインドネシア大統領との会談で提唱したもので、米国主導の世界銀行やアジア開発銀行（ADB）、IMFとは別に、新興国に道路、鉄道、空港、港湾などのインフラ整備資金融資を目的とする。翌年一〇月、北京で開催された調印式にはASEAN全一〇カ国、中央アジア三カ国、中東五カ国、インド、ニュージーランドなど二一カ国が参加した。資本金は当面、アジア開発銀行の約六割の一千億ドルとされ、中国が半額近く出資し、本部も北京に置かれる予定とされた。二〇一五年三月までの参加表明と了解覚書（ＭＯＵ）が運営に発言権を有する創設メンバー（理事国）になる条件とされ、英国が参加を表明した時点で二八カ国に達した。

中国の思惑通りに発足すれば、国際金融秩序での発言力が格段に強まり、米国の一極支配に風穴が開く。米国としてはＡＩＩＢ阻止が至上命題であり、参加に前向きな姿勢を見せた韓国、オーストラリアに不参加を働きかけていた。その矢先の、伝統的な同盟国である英国によるまさかの参加表明は、背後を突かれたも同然であった。

大英帝国が中国の風下に進んで立つことになったが、もはや体面などに構っていられない。製造業から金融・サービス業中心に産業構造を転換した英国は、人民元との取引権限を拡充して中国マネーを取り込み、ロンドンの国際金融センターとしての地位を維持することが死活的な問題となっている。

英国の加入声明五日後、ドイツ、フランス、イタリアが「創設メンバーとして、最高の基準と実務を伴う機関を設立する」と、共同で実利優先の参加声明を発表した。スペイン、スイス、オーストリア、ルクセンブルクが雪崩を打った。イスラム過激派テロ、ウクライナ紛争、ギリシャ金融危機と打ち続く内憂外患に顔色を失っていたＥＵにＡＩＩＢは久々の朗報であった。

米国は融資案件や政策運営をチェックする制度保証がないと、日本とともに食い下がったが、主要二〇カ国の財務相・中央銀行総裁会議（Ｇ２０。同年四月一七日）でＡＩＩＢ設立を歓迎する声が相次ぎ、大勢が決まった。米国はなおも「ＩＭＦが世界経済の安定を推進する第一の国際金融機関である」（ルー財務長官）と対抗意識を剥き出しにしたが、「新興国への配慮が乏しい」と逆に批判を浴び、共同声明に「引き続き深い失望」と明記された。ＩＭＦに対する新興国の出資比率を上げる改革案が五年前に採択されたにもかかわらず、米議会の反対で棚上げになっていることを指摘されたのであり、駄目を押されたも同然であった。

ホワイトハウスがＡＩＩＢに反対した本音は、出資比率一五％超の米国が拒否権を握る世銀やＡＤＢ、ＩＭＦの比重が低下し、人民元がドルに対抗する基軸通貨として浮上することを阻止することにあった。その思惑が狂った米国の威信低下は避けられない。ＩＭＦ発足とともにドルを基軸通貨とした「ブレトンウッズ体制」の終わりの始まりである。

米国の執拗な反対の中、北京でＡＩＩＢ設立協定署名式（二〇一五年六月）が開かれ、五七国の創設メンバーのうちフィリピンなどを除く五〇ヶ国が署名した。資本金は当初予定の二倍の一〇〇〇億ドルとなり、出資比率は中国二五％台、インド七％台、ロシア六％台、域外の欧州は二五％台と定められた。増資や総裁人事など重要議案可決には七五％が必要とされ、中国が事実上拒否権を掌中にし、初代総裁に金立群元財務次官が内定した。運営効率化を理由に一二人の理事は北京の本部に常駐せず、総裁に一定の権限を委譲するとされ、中国の影響力が否応にも高まるが、金立群は初代総裁就任後真っ先に訪れた韓国で「加盟国は七〇を超える」と自信をのぞかせた。米中の勢いの差がもろに表れたと言うしかない。

米国中心の国際金融秩序に対抗する新たな国際軸が誕生したことになる。ラガルドＩＭＦ専務理事は二〇一五年度内に人民元にＳＤＲ（特別引き出し権）を与えると公言し、人民元がドル、ユーロ、円、英ポンドに次ぐ国際通貨となることは時間の問題となった。ＡＩＩＢに対しては融資の不透明性や中国の権限乱用への警戒、世銀やＡＤＢより低い格付けとなって市場からの資金調達コストがかさむとの批判が付きまとうが、韓国系米国人のジム・ヨン・キム世銀総裁は全面協力を表明し、ＡＩＩＢ準備事務局に世銀法務部分ＯＢが多数加わり、国際標準の協定作りに携わっている。

二〇一六年以降、人民元の勢力圏が拡大し、基軸通貨としてのドルの地位を脅かしていくことは必至の情勢である。ＩＭＦは金融危機に陥った国が外貨調達の際に使うＩＭＦの「特別引き出し権（ＳＤＲ）」の構成通貨に人民元を採用する。米ドル、ユーロ、英ポンド、日本円がＳＤＲの構成通貨だが、人民元は二〇一五年八月の時点で貿易高において円を抜き、ドルとユーロに迫る。金融市場で自由に交換できなければならないが、中国当局が毎朝発表する人民元相場の指標が海外市場での実勢にすでに影響を与えている。

一三億の人口が擁する低廉な労働力を武器に世界の工場の地位を築いた中国は、大幅な貿易黒字を積み重ね、外貨を蓄えてきた。外貨準備高（二〇一四年四月末）は中国が三兆九四八一億ドルと突出し、日本一兆二八二八億ドル、スイス五四八九億ドル、ロシア四七二三億ドル、台湾四二一五億ドル、ブラジル三六六七億ドル、韓国三五五八億ドルと東アジア諸国が健闘している。欧米諸国は二〇一三年末で米国四四八五億ドル、ドイツ一九八五億ドル、フランス一四五一億ドル、イギリス一〇四四億ドルと、東アジア諸国に比べかなり見劣りがする。ＥＵ諸国と欧州中央銀行併せて五八五九（二〇一四年一〇月）億ドルでしかなく、ＥＵ諸国がＡＩＩＢ参加へと足並みを揃えた理由が透けて見える。

米国は米国債の最大の保有者、つまり、債権者である中国に頭が上がらない。米国債の保有残高

（二〇一四年一〇月）は中国一兆二五〇〇億ドル、日本一兆二二〇〇億ドルと中日が突出し、三位にタックスヘブンのカリブ諸島が三〇〇億ドル台で続く。米国債売買は連邦銀行による自由入札が原則で、正確な数字を掴むことは難しいが、中国の実保有高は公表数字の倍近いとみられている。バーナンキ連銀議長が下院予算委員会（二〇一一年二月九日）で「二兆ドル」と証言したが、当時の中国人民銀行の外貨保有高は三兆ドル前後と見積まれており、最大七割まで米国債購入に当てていた計算になる。

さらに悪いことに、米国の借金依存体質は酷くなる一方である。オバマ大統領は二〇〇八年の大統領選で「ブッシュ大統領は我々の子孫の名義で中国の銀行のクレジット・カードを入手し、五兆ドルの国債を一挙に九兆ドルに増やした」と痛烈に批判して喝采を浴びたが、オバマ政権になってからも借金は増え続け、米国債発行残高は二〇一二年九月に一六兆ドルを超えた。その三分の二は全国社会保障信託基金、連邦年金制度、連邦準備委員会、保険会社、州政府、内外個人投資家などが保有する。流動性の高い個人投資家の保有高は一兆ドルに達し、対外債務と共に米国債の不安定要因となっている。

しかし、ドルあっての投資家、富裕層である。巨万のドル建て資産を貯め込み、我が世の春を謳歌している富裕層も、中国の動向に無関心ではいられない。ＡＩＩＢ構想は失敗すると鼻先で笑っていた投資家たちの目の色が変わり始めた。世界的な資金不足を良いことに、禿げ鷹ファンドが舌なめずりしながら融資先を物色し、暴利を思うままにして甘い汁を吸ってきたが、ＡＩＩＢ設立後は国際金融システムのもう一人の保証人となる北京の顔色をうかがわなければならない。人民元から締め出されると、ドル暴落→破産のリスクをもろに負わねばならなくなるからである。

中国は米政府の予算編成や国債利回り低下に貢献しているが、理屈の上では米国債を売り浴びせて米国をデフォルトに陥らせることも可能である。しかし、ドル発行権を有し、外貨準備も七割以上が金である米国がデフォルトに陥り、ドルが暴落すれば大量の米国債やドル建外貨を保有する中国も深手を負う。中米は持ちつ持たれつの関係というわけであるが、天秤は潜在成長力二％台の米国から六％台の中国へと傾いている。

しかし、米国民はいつまでも飼い慣らされた従順な羊ではない。白熱する次期米大統領候補予備選では、サンダース・バーモント州選出上院議員が「私は民主社会主義者だ。〇・一％の富裕層がこの国の富の九〇％を占めるのは不道徳だ」と訴え、支持率トップのクリントン元国務長官を追い上げている。

第7章 「米中新型大国関係」は歴史の一プロセス

1 安倍政権の誤算

習近平政権はアジアインフラ投資銀行（AIIB）を追い風に、ドルと協調しながら時間をかけて人民元の役割を高めていく。経済をベースに政治的・軍事的に存在感を高め、「米中新型大国関係」を構築する戦略である。

アジア開発銀行（ADB）の試算では二〇二〇年までの一〇年間でアジア地域の投資需要は八兆ドルに達するが、ADBの融資額は三%程度と絶対的に足りない。AIIB設立は時代の要請であるが、その成否は足元の日韓の協力にかかっている。韓国は既に参加を決めているが、経済が減速傾向の中国は潜在能力が高い日本の参加が不可欠とし、交渉の窓を開けている。二〇一四年の実質GDP成長率がマイナス〇・〇六%に落ち込み、財政・貿易の双子の巨大赤字に苦しむ日本経済にとっても、AIIB特需は強力なカンフル剤になりうる。

仮に日本が参加すれば出資比率は一〇%台となり、中国が二〇%台に低下する。米国が参加すればさらに低下する。理事会もバランスが良くなり、多国間枠組みの透明性ある国際銀行としての体裁が整う。アジア開発銀行（ＡＤＢ）の最大出資国として歴代総裁を出してきた日本のノウハウを活かす道も開かれる。反対に、参加を見送れば日本はアジアから一人取り残される。ビジネスチャンスをみすみす失い、アジアの東端の島国として忘れ去られかねない。

安倍首相は創設国メンバーとなる二〇一五年三月の申請を見送った。米国に一人付き従う結果となったが、財務省が上げた「先進国は一様に無視する」との報告に翻弄されたのである。外務省はＡＩＩＢ反対派の急先鋒となり、オーストラリアやインドネシアなどに不参加を働きかけ、恥の上塗りをした。英国の電撃的な加盟声明と米側陣営総崩れという想定外の事態に国会でも政府の姿勢が質されたが、安倍首相は「日本にとっても大きなチャンスだが、慎重な検討が必要」（参院予算委員会三月二〇日）と交わした。冷静を装ったが、官邸では財務省、外務省に怒りをぶつけ、孤立感にひしげていたという。

安倍政権のもう一つの誤算は、米国の慰留に態度を保留していた韓国がギリギリの三月二六日、参加を表明したことである。韓国企画財政部スポークスマンは「中国側と設立案改善を協議し、相当の前進があった。経済的地位に見合う積極的な役割を果たす」と、水面下のやり取りに自信をにじませた。副総裁職とソウルへの事務局誘致を求めているとの情報が流れた。

日韓企業は世界市場で電機、通信、自動車、造船、鉄鋼、化学、土木などで競合しているが、日中関係悪化は韓国に漁夫の利を与え、世界最大の中国市場で日本企業のシェアーが奪われている。貿易赤字に転落した日本と対照的に、韓国は史上最高の貿易黒字を四年も更新している。そこへ持ってきてＡＩＩＢでも先を越され、日本各企業は戦々恐々している。

安倍首相の対応が後手後手に回ったのは、中国の影響力拡大を脅威と本能的に身構えてしまうからである。一九六六年に米国と共に設立したADBへの執着もあった。ADBや政府開発援助（ODA）を通して中国などアジア諸国の発展に寄与してきた自負がある。

中国は表向き、「AIIBは（IMFなどの）補完的な役割を果たす」（朱光耀財務次官）とし、世界銀行やADBなどに挑戦する意図はないと否定するが、第一線の経済官僚たちは「ADBは日本がアジアの中心だった二〇世紀の産物だ。AIIBは中国がアジアの中心となる二一世紀の産物である」と鼻息が荒い。情報戦に敏い安倍首相の耳にも入ってくる。ムラムラと対抗意識がとぐろを巻く。日本経済にとって「大きなチャンス」と頭では理解できるが、中国の風下に立たされることに我慢ならない。祖父直伝のアジアへの優越主義が頭をもたげる。首相官邸には「習近平に一本取られた」と臍を噛む声と、「一矢報いてやる」と逆襲を誓う声が交錯した。

九年ぶりの訪米が迫ってきた安倍首相は、中国に水面下で首脳会談を呼びかける。インドネシアのジャカルタにおけるアジア・アフリカ会議（バンドン会議）六〇周年首脳会合（四月二二日）に合わせた。AIIBショックの収まらぬ官邸には「中国を牽制する時だ」と日中首脳会談に反対する意見もあったが、日中の軍事的衝突を憂慮するオバマ大統領に対中関係改善に努力している姿勢をアピールしておく必要があった。

中国は日本側が思っていた以上に柔軟であった。「日本側が会いたいと提案してきたので、会っていいと判断した。重要なのは日本側が積極的な政策をとり、言行が一致することだ」（王毅外相）と北京以来の五カ月ぶりの会談に応じる姿勢を見せる。やはり米国を意識し、日本を包容する度量を示すことが得策と判断していた。

習近平主席は前年の北京での首脳会談後、「日本軍国主義と日本人は区別しなければならない」とことさら強調した。日本の保守系メディアが中国の対日批判を一律に「反日」と表現している誤解を解くために、「反日本軍国主義」であり、「反日」ではないと明確に一線を画したのである。毛沢東時代から言われていたことであるが、日本国内の反軍国主義勢力との連携強化を意識し、多面的な交流に力を入れ始めた。

ＡＩＩＢが予想以上の成果を収めていることに習主席は自信を深めていた。バンドン会議に向かう途上、パキスタンを訪問し、「中国パキスタン経済回廊」建設で合意した。総事業費四六〇億ドルを投じてインド洋に面するグワダル港から新疆ウイグル自治区カシュガルを結ぶ鉄道、道路、パイプラインを建設するもので、「一帯一路」構想の基幹プロジェクトと位置付けた。完成すれば、中国原油の八割を輸送するマラッカ海峡―南シナ海航路の必要性は激減する。前年末に設立した四〇〇億ドル規模の「シルクロード基金」と新たに発足するＡＩＩＢで資金を手当てする。シンガポール、タイ、インドネシアなど六カ国が関税撤廃している六億人の巨大市場であるＡＳＡＮが、中国時間に標準時を合わせようとしている。日本が受注は確実と見込んでいたインドネシア高速鉄道建設計画にも、中国は食い込んでいた。この半年後、日本は「想定外の大逆転」に臍をかむことになる。

ジャカルタに入った時には、すっかり余裕の表情であった。前回と打って変わって軽い笑みを浮かべながら安倍首相と握手を交わし、三〇分ほどの会談では「最近、(政府)双方と両国民の共同努力のもとで中日関係はある程度、改善できた」と切り出した。「歴史問題は中日関係の政治的な基礎に関わる重大な原則問題だ。日本側がアジアの隣国の懸念に真剣に対応し、歴史を直視した積極的なシグナルを発信するように希望する」と釘を刺すことも忘れず、安倍首相の戦後七〇年談話の内容を注視していると伝えた。翌日の人民日報は一面トップにインドネシア、ミャンマー首脳との会談を掲載したが、安倍首相との会談は二面にそっけなく回し、「先の大戦の『深い反省』」について「植民地支配と侵略」への謝罪がなく、何を反省しているのか分からないと、辛口の論評で注文を付けた。「先の大戦の『深い反省』」は、安倍首相が習主席との会談前に行ったバンドン会議の演説で述べた言葉である。祖父の岸信介元首相が半世紀前の首相就任直後に語ったことであり、草稿を何度も練りながら格別のこだわりを示した。安倍首相は習主席との会談で「戦略的互恵関係推進」を強調したが、中国側は祖父の歴史認識から一歩も出られない限界を見抜いていた。

日中の認識ギャップは埋まるようで埋まらない。安倍首相ら戦争を知らない戦後世代の保守系政治家が頭に描く「先の大戦」とは、英米相手の太平洋戦争で負けた戦争である。岸信介元首相らが主導した日米安保条約の下で戦後の復興・繁栄が実現したとの思いと重なって、米国に対して屈折した恩義と運命共同体的な感情を抱いている。習主席ら中国側が満州事変から始まる日中戦争を主として考えるのとは、出発点からすれ違っている。そのため、中国側が「日本軍国主義」の戦争責任を批判するほど、政治的利用と鼻から反発し、米国へと傾斜することが半ば条件反射化している。

2　日米同盟の黄昏

安倍首相はバンドン会議の四日後、首相専用機でボストンのローガン国際空港に飛び、高揚した面持ちでタラップを降りた。九年前の苦い訪米は直前に従軍慰安婦問題で米下院から公式謝罪要求決議を突きつけられ、ブッシュ大統領との会談もそこそこに帰国せざるをえなかったが、今回は事実上の国賓待遇である。日本の首相として初めて上下両院合同会議で演説する栄誉まで用意されている。

オバマ大統領の心中は文字通り痛し痒しであった。首脳会談（四月二八日）前日、ワシントンに到着した安倍首相を突然訪れて大統領車に同乗し、リンカーン記念堂に案内した。ワシントン市街を見下ろすリンカーン像の前で、通訳をつけずに約二〇分ほど話し込んだ。歴史修正主義と米国内でも批判される日本の首相が、自由民主主義の価値観を共有していることを米国民にアピールした。

翌日、ホワイトハウスでの歓迎式典では、一九六〇年に日本国内の轟々たる反対世論を巻き起こした新安保条約調印のために訪米し、アイゼンハワー大統領と会談した岸首相の名を挙げ、「今回の訪問は歴史的な意味がある。日米安保条約は今日まで続いている」と一転、持ち上げた。安倍首相が嬉々として「今回の公式訪問は私にとって特別」と謝意を口にすると、白い歯を見せた。

相思相愛を演出した二時間の首脳会談後、日米関係を「グローバルな課題に対処するパートナーシップ」と定義する「共同ビジョン声明」を発表した。前日の日米外務・防衛閣僚の安全保障協議委員会（2プラス2）で一八年ぶりに改定された新ガイドラインで米軍と自衛隊のグローバルな役割分担が規定されたことを、「同盟を変革し、抑止力を強化した」と高く評価した。リバランス戦略と安倍首相の持論の「積極的平和主義」との「緊密な連携」を謳い、中国への名指しは避けながら「力による一方的な現状変更は国際秩序に対する挑戦」と明記した。

オバマ大統領としては、安倍首相を最大限の厚遇で迎え最大限の成果を挙げねばならなかった。ＡＩＩＢで味わされた屈辱的な孤立を払拭し、巻き返さなければならない。今の米国が中国に対して優位を誇示できるのは軍事力しかない。その切り札もアフガン・イラク戦争失敗でけちが付いたが、自衛隊が「切れ目のないグローバルな防衛協力」を申し出たことで補強される。米軍に代わって第一線に立つ実動部隊を模索しているオバマ大統領にとって、新ガイドラインは渡りに船である。「歴史的転換」と絶賛し、小躍りしたのは本音であろう。

安倍首相は祖父を褒めちぎる米側の手にすっかり気をよくしていた。上下両院合同会議演説の冒頭は岸が同じ場で行った演説の一部、「民主主義の原則と理想……」を引用して切り出し、集団的自衛権容認の安保法制関連法案成立を「夏までに必ず実現する」と、高揚した口調で述べた。日本の国会でまだ審議もされていない安保法制を米議会に約束したことに議場はどよめき、スタンディングオーベーションが起きた。

従米的なパフォーマンスは、黒船以来の宿命である。井伊大老の日米修好通商条約批准書を携えた新見正興・外国奉行はホワイトハウス東の間でブキャナン大統領に接見し、ブロンズ製のメダルを与えられた。その一〇〇年後、同じ場所で同じ物を岸信介首相がアイゼンハワー大統領から与えられている。さらにその五五年後、岸の孫の安倍首相が全面的な対米協力を誓ったのは、宿命としか形容しがたい。

「オバマ大統領とは夢を確認しあった。胸襟を開き、あらゆる課題についてじっくり話し合えた」と安倍首相は振り返るが、呉越同舟である。オバマ・習以上の個人的な信頼関係を築くことは出来なかった。ワシントン到着早々の日程表になかったサプライズ行事で、リンカーン像までエスコートされ二人だけで歩いた二〇分を「あの素晴らしい時間を忘れない」と自画自賛するが、黒人奴隷解放の父への尊敬の思いを伝え、「性奴隷」への謝罪を暗に促したオバマ大統領の気遣いに全く気がついていなかった。安倍首相が議会演説で植民地支配や侵略への謝罪を避け、従軍慰安婦問題に一言も触れなかったことに「失望」(ロイス下院外交委員長)の声が上がったが、全く同じ思いであったろう。

米国人一流のプラグマチズムとリアルポリティックスから岸元首相を引き合いに出し、予期した以上の言質を取ったが、反理知主義的なレトリックに酔う心性に辟易していた。一週間の滞在中、オバマ大統領は首脳会談、共同記者会見、公式晩餐会、サプライズなど一緒にいたのはトータルで数時間、直接話を交わした時間はいくらもない。オバマ大統領は前年秋の北京OPECで習主席と二日間、中南海での晩餐や散歩、花火鑑賞を挟みながら、延べ九時間もノーネクタイで政治哲学から歴史観まで意見交換したのと比べるべくもない。不都合なもの、認めたくないものを平然と無視する安倍首相の度し難い歴史修正主義に強い違和感を感じている。元A級戦犯の祖父へのこだわりがあることは容易に想像できるが、リベラルな個人主義者には理解しがたい。

北京の習主席は、秋に相まみえる米国大統領の心中を推し量っていた。旧連合国同士、日本軍国主義批判では一致していると確信している。一人娘の明沢はハーバード大学で心理学を専攻し、前年五月に卒業して戻ってきた。米国人の行動心理を理解するには格好の話し相手である。

新ガイドラインに対して中国は、想定内と冷静に反応した。中国外務省の洪磊副報道局長は「米政府から事前に通知があり、釣魚島問題での中国の厳正な立場を伝えた」とトップシークレットをあっさりと明かした。尖閣の領有権に米国は言及しておらず、従前と原則的に変わりはないとの認識である。実際、オバマ大統領は安倍首相の求めにも「安全保障条約第五条は尖閣諸島も含め、全ての日本の統治する地域に適用される」と繰り返すに止まり、「領有権問題には関わらない」とした前年四月の東京での日米首脳会談での発言の域を一歩も出なかった。

新ガイドラインは、米国としては中東を含む地球規模で自衛隊を活用することに最大の狙いがある。フィリピンと領有権を争う南シナ海の岩礁埋め立てと軍事基地建設にプレッシャーをかけることも目的に含まれる。日本は尖閣防衛やシーラインの安全確保に米国の確たる保証を得たい。二つの思惑が交錯して新ガイドラインとなったが、米国には別の狙いがある。米軍と自衛隊の関係が緊密化し、情報や作戦概念を共有するほど、事実上、自衛隊は米軍の作戦指揮下に入ることになる。NATOや米韓同盟における米軍の戦時作戦統制権に限りなく近付いているのである。米政府内には尖閣問題で日本が暴走し、米国が紛争に巻き込まれることを懸念する声があるが、そのリスクも大幅に低下する。日本側はほとんど忘れているが、米軍には旧敵国の日本の自衛隊に対して監視の目を光らせる「瓶の蓋」論が根強く残っている。

中国にもグローバルな問題意識があり、抑制的な対応に繋がっている。事態は重層的であり、中国は日本の頭越しに米国との戦略的な軍事協力を強化する方向に動き出した。対日強硬派の中国国防省が五月一日、「呉勝利海軍司令官とグリナート米海軍作戦部長が四月二九日に両国海軍トップとして初のテレビ協議を行い、南シナ海の南沙諸島での岩礁埋め立てと施設建設で意見を交換した」と発表した。呉司令官が「航行や飛行の自由を脅かすものではなく、気象予報や海難救助などの能力向上につながる。国際海域の安全を守る義務を履行すると述べた」と付け加えた。施設共同利用を示唆し、米軍に対する「接近阻止・領域拒否戦略」修正を匂わせ、「砂の万里の長城を作っている」（ハリス米太平洋艦隊司令官）との軍事拠点化への警戒心をほぐす狙いである。ＡＳＥＡＮでも批判の声が高まっており、習政権としては外交戦略上も現実的な修正をせざるをえない。

人民日報（同年四月二八日電子版）が「中米日の三角関係は重要かつ複雑で、三カ国とも極めて慎重に対応する必要がある」と日米首脳会談を論評した。習主席の「中米新型大国関係」構想とオバマ大統領のリバランス戦略に安倍首相の積極的平和主義が複雑に絡んでいるとの認識であるが、解法に自信をにじます。中国の目には、日米同盟は同床異夢の黄昏れた互助組合に映る。

中国はどこへ向かおうとしているのか？　米国の最大の関心事は急増する軍事費であり、「何のための軍備拡張か？」と警戒心を掻き立てる。

事実、中国の国防予算は過去一〇年間で四倍増である。ストックホルム国際平和研究所が発表した二〇一四年世界軍事費統計によると、米国が六一〇〇億ドル（世界全体の三四％）と中国二一六〇億ドル（同一二％）の三倍となるが、二〇〇五年比では米国がマイナス〇・四％、中国が一六七％増である。日本は四五八億ドル、マイナス三・七％となる。中国の公表額には兵器調達費が含まれず、実際は一・三～二倍との推計もある。米国の軍事的優位は絶対ではなくなりつつあり、オバマ政権が米日同盟、米韓同盟の強化を図ろうとするのも無理からぬ面がある。

中国の軍事力は米国の反共保守勢力を見据えている。軍事に外交、政治、経済を加えた総合力で圧倒する戦略である。オバマ政権にはＴＰＰが巻き返しの最後のカードであるが、手詰まり感は拭えない。米議会が通商交渉権限を大統領に一任する大統領貿易促進権限法（ＴＰＡ）で賛否両論に割れている。二〇〇五年に始まったが、妥結目標年度の二〇一二年は三年も過ぎ、新鮮味が失われようとしている。

オバマ大統領は身内の民主党からの造反を共和党の支持で何とか抑えてＴＰＡ法を成立させ、ＴＰＰ閣僚会合（二〇一五年七月二八日～三一日）を強引に開催したが、またもや知的財産権や乳製品問題で合意に至らず閉幕した（その後、九月三〇日から一〇月五日までアトランタで開催されたＴＰＰ閣僚会議で各国不満を残しながらも大筋合意に達した）。

同じ頃、習近平主席は長年険悪な関係にあったエルドアン・トルコ大統領と会談（七月二九日）し、新疆の分離独立を目指す「東トルキスタン・イスラム運動」について「中国を標的にしたテロに反対」（新華社）との確約を得た。一〇〇人以上のトルコ財界人を引き連れて訪中したエルドアン大統領は翌日、経済貿易フォーラムに参加し、「一帯一路構想に積極的に参加したい」と述べ、習主席が提案した高速鉄道や新エネルギー分野での協力に応じるとして投資保護協定に調印した。エルドアン大統領は中国が二〇〇九年七月に新疆ウイグル自治区ウルムチで発生したウイグル族の抗議活動を鎮圧したことに「虐殺だ」と抗議し、国内でも反中デモが起きたが、経済協力を優先した。自身もクルド労働者党の分離独立運動を抱え、背に腹は変えられぬ事情がある。

トルコの目と鼻の先にギリシャがあり、「一帯一路」は西方へと速度が付いてきた。

3 岐路の日本経済

日本が戦争と平和の岐路に立っていることは間違いないが、どちらに舵を取るにしても日本の国力のベースである経済の状況をありのままに認識することが大前提となる。経済の劣勢を軍事で補強する発想は、〝二人のプリンス〟を苦しめた旧関東軍のそれであった。

安倍首相は「『戦争に巻き込まれる』『子供が戦場に』『戦争法案』など、六〇年安保改定でも同じような批判があった。そうした批判が間違っていたことは歴史が証明している」(「安倍首相独占インタビュー」夕刊フジ二〇一五年五月六日)と、より右寄りの安保路線に舵を切っている。六歳の時の記憶を引き出し、祖父をあわよくば超えてみせようとの気持ちには一途なものがあるが、日本経済が右方上がりであった旭日の時代と落日の現在を同一視する時代認識に既に無理がある。

「アベノミクスによる景気浮揚は失敗」と来日したピケティ教授は断じたが、その二カ月後、「安倍政権下で格差拡大」(毎日新聞二〇一五年四月一七日)と一面トップで大きく報じられた。それが日本の偽らざる現実である。

日本が「ジャパン　アズ　ナンバー１」と世界中から称えられた旭日昇天の時代があった。積極的な財政政策で経済を浮揚させるモデルケースとも注目された。公共事業費のＧＤＰに占める比率が米英独仏平均の約四倍、実額でＧ７の残り六カ国の合算よりも多い大規模財政出動を繰り返し、列島改造の掛け声の下で新幹線や高速道などを日本全国に張り巡らせ、高度成長路線をひた走った。現在の中国のようにＧＤＰトップの米国も視野に入ってきた。

しかし、昇った日が落ちるように、一九八五年にピークを迎えてから成長曲線は緩やかな下降線を描くようになる。よくあることだが、成功が失敗の原因であった。財政赤字の肥大化という重篤の先進国病に罹り、過剰生産を吸収する財政余力を失い、デフレの長期化（静かな恐慌）に陥った。国家債務残高（二〇一三年度末）は九八〇兆円、ＧＤＰの二〇二％と先進国最悪レベルであり、資産を差し引いてもギリシャに次いで高い比率となる。

忍び寄る債務破綻の影に日本中が立ちすくんだが、安倍首相はそれを逆手に取った。「強い日本復活」のキャッチフレーズで国民に希望をふりまき、米国を真似た秘策に打って出る。量的な金融緩和によるデフレ脱却と景気浮揚である。財政政策が機能不全になれば残るは金融政策しかなく、米国でも行われシェール革命と相まって一定の成果を挙げたが、安倍首相のそれは日銀頼みの乾坤一擲の奇策、銀行券ルールを一時停止する禁じ手破りの大規模なものであった。前任者を任期途中で交代させて送り込まれた前ＡＤＢ総裁の黒田東彦・日本銀行総裁は、「二年間で二％の物価上昇」を目標に掲げ、異次元の量的緩和（二〇一三年四月）、国債などの年間買い入れ額を六〇～七〇兆円から八〇兆円に増やす追加緩和（二〇一四年一〇月）を断行した。「貨幣供給量を増やせば物価は上昇する」との単純すぎるリフレーション論に望みを託し、二％の物価上昇に見合う円を市場に供給したのである。

しかし、物価上昇率は三年後の二〇一五年度予算が成立した時点で〇％と、目標を全く達成できなかった。円安誘導で輸出企業に為替利益をもたらし、株価上昇が投資家を狂喜させ、巷間アベノミクスともてはやされたが、実体経済にほとんど波及していない。デフレ脱却は遅々として進まず、景気回復は掛け声に終わった。実質経済成長率は二〇一二年一・七五％、二〇一三年一・六一％と低迷した。二〇一四年は第二四半期マイナス六・六％、第三四半期マイナス二・六％と大きく下ブレし、通年でマイナス〇・〇六％と落ち込んだ。二〇一五年もよくて一％前後と予測され、長期停滞、財政・貿易の双子の赤字に苦しむ構造は負のスパイラルに嵌ったように深刻度を増している。

二〇一五年度予算の一般会計総額は過去最大の九六兆円余で、歳入の四割を国債に頼る。国家債務は一〇三八兆円（二〇一四年九月末）と一段と膨れ上がった。公的債務残高は二〇一五年末にＧＤＰ比で二三三・八％に達すると見られ、ギリシャの債務残高比率一七九・九％より高い。エコノミストからは「日本政府は事実上破産している」（浜より子同志社大教授）との指摘も出ている。

貿易立国の基本である貿易収支が二〇一四年も一二兆八千億円の赤字と四年連続赤字を記録し、経済のファンタリズムがいつになく悪化している。日銀が保有する長期国債総額は従前の一・八倍の一五四兆円にも跳ね上がり、円の流通残高以下とする銀行券ルールは有って無きがごとくで、円に対する信用の基礎が揺らぎつつある。日銀総裁は夜も眠れないであろうが、日銀の体力からして量的緩和は息切れ状態であるにもかかわらず、大量に買い支えしている国債金利の暴落が怖くて止められない。さながらブレーキの壊れた車である。

日本経済の潜在的供給力と現実の需要のギャップは一三兆円程度と言われているが、この需給ギャップは価値交換媒体でしかない円を市場にいくら溢れさせても埋まるものではない。紙片に金額を刷り込んだだけの銀行券で経済が発展すれば、誰も苦労しない。バタバタと補正予算を組んでもさらなる金融バブルを生じさせ、一歩間違えば円は信用力を失って暴落しかねない。次に待っているのは、資本主義が最も恐れる恐慌である。

安倍首相は「株高は家計の金融資産を五〇兆円増やし、公的年金の累積運用益を三五兆円にした」と自画自賛するが、実態を理解していないのではないか。日銀が市場に流した八〇余兆円の勘定元帳が移っただけのことでしかない。株式市場の投資家の六割は外国人投資家であるから、むざむざ日本の富を海外に売り渡している。

円安は福の神ではなく、溺れる者が藁をも掴むように手を出してしまった疫病神なのである。部分的に輸出を伸ばす効果が出るが、全体としては輸入価格を押し上げて国民生活を直撃し、貿易赤字を膨らませる。円安は、日本経済の縮小と信用度低下を意味する。日本が上昇期にあった一九七〇年代、円の対ドルレートが三六〇円から一〇〇円台と三倍飛躍し、ジャパンマネーがニューヨークの一等地を買い漁った。今、真逆の事態が進行している。アベノミクスによる円安で日本の国富は三割失われ、ＧＤＰは中国の三分の一へと縮小している。日本国民の一人当名目ＧＤＰは二〇一四年に三万六三三二ドル、世界二七位まで下がり、三万ドルを超えた韓国に数年内に抜かされるのは必至である。円安が一ドル一五〇円まで進めば二万ドル台に落ち、中進国レベルとなる。

日本国債保有者の約九割は日本国内なので、ギリシャのような債務破綻は免れているが、日本国債が市場の信認を失った時がXデイである。欧州系の格付け会社フィッチが二〇一五年四月、日本国債の格付けを一段階下の「シングルA」に落とし、財政健全化措置がないのに法人税率を一六年度以降も引き下げようとしていることを理由に挙げた。米格付け会社S＆Pも同年九月、日本の政府債務の長期格付けを中国、韓国以下の「シングルAプラス」に引き下げた。アベノミクスに対して国際金融界が警鐘を鳴らし始めたのである。

安倍・黒田コンビの失敗は、格差拡大が購買力低下をもたらしていることを見誤ったことに尽きる。量的緩和は「物価が上がる」との期待感を持たせて消費や設備投資を誘う心理戦であったが、市場に流した円は一部企業や投資家の懐に入ってしまった。一般庶民は輸入食糧品高騰で財布の紐を締めているのに、消費税を実施して景気浮揚の芽まで摘んでしまった。「いずれ好循環が……」とトリクルダウン効果を強調する安倍首相の声が、初秋の蝉の声よりか細く響く。

日本経済の成長力を奪っている最大の要因は、格差の急速な拡大である。「安倍政権下で格差拡大」と報じた前掲の毎日新聞によると、格差の度合いを示す日本全国のジニ係数が二〇一三年に七年ぶりに大きく上昇し、個人間格差、地域間格差が猛烈な勢いで拡大している。終身雇用の日本型経営では個人の福利や年金は国よりも企業、組合が責任を負っていたが、長期不況で企業の体力が落ちたところに投資家が付け込んでリストラや非正規雇用へと切り替えているため、中間層の没落と生活破壊が急速に進んでいるのである。

相対的貧困といった悠長な段階を超えつつある。衣食住に事欠く絶対的な貧困まで現れ、子供たちが満足に食べられず、教育も受けられずに苦しんでいる。二〇一四年「国民生活基礎調査」によると、子供の貧困率が過去最悪となり、月収一〇万未満の貧困層に一七歳以下の子供の六人に一人が含まれ、貧困が世襲化されている。安倍首相が成長戦略の何本目かの矢と力を入れる労働者派遣法改正案はサッチャー首相のゼロ時間契約と同じ新自由主義的発想であり、一段と格差を拡大させるであろう。

ピケティ教授は日本では格差拡大が急速に進行し、成長力を奪っていると診断した。「一％の富裕層が富を占める割合は一九一〇年に一八・九％であったが、一九七六年には六・八％に減少し、二〇一〇年には九・五％に再度上昇した」、「上位一〇％の富裕層の所得の全体に占める割合が六〇年代には三〇％程度であったが、二〇一〇年には四〇％に上昇した」と指摘した上で、「民間資産は七〇年代はＧＤＰの二～三倍だったが、二〇一〇年には六～七倍に増えている」と、日本が超格差社会の米国に急速に近付いている実態を赤裸々に指摘している。

安倍首相が「世界一」と胸を張る対外純資産残高は、約三六七兆円（二〇一四年末）と三年連続過去最高を更新し、二四年連続世界一であるが、コツコツと貿易黒字を積み重ねてきた結果であり、貿易が赤字に転落した今、それすら危うい。

アベノミクスが幻想と知れ渡った時、政治も経済もガラガラポンとゼロから仕切り直しとなろうが、それでは知恵がなさすぎる。低成長社会を維持するには、累進課税など富の公平な再分配が不可欠である。教育の機会均等が格差拡大により奪われれば、日本最大の人的資源が枯渇してしまう。企業も利潤追求だけでなく、社会が長年蓄積してきた人材育成、社会インフラを用いて活動している公共への自覚と責任が求められる。

日本が新たな成長軌道を望むとするなら、格差拡大と少子化で内需が縮小している以上、中国との関係改善でアジアの成長力を取り込むしか道はない。それが日本経済の需給ギャップを埋める新規需要をもたらすだろう。

真面目に働きさえすれば、誰でも小さな幸せを手にすることができた社会はどこに行ってしまったのだろうと、張若飛は寂寥たる思いに包まれる。カネ、カネ、カネのぎらついた風潮に文化も地域も色褪せ、刹那的で享楽的な殺伐としたモノトーンの光景が広がる。中国でも格差が広がっている。同じ問題を抱える日中は今こそ力を合わるべきなのだ。ＧＤＰの総量では中国が上だが、一人当ＧＤＰは日本の六分の一でしかない。日本には中国にない繊細な質がある。大都市に清気と清流を蘇らせた環境技術、一〇〇余年にわたる科学技術の蓄積などまだまだ中国が習うことは多い。揺らいでいるとはいえ、社会福祉制度や教育制度もはるかに充実している。中国の量と日本の質がかみ合った時、ウィンウィンのシナジー効果が発揮されるはずなのだ。

第8章　習近平主席と平成天皇の静謐な対話——刻まれた戦争体験

天皇家は東アジア友好の希望、と張若飛は心から思う。天皇家そのものが古からの日中韓文化交流の世界文化遺産なのだ。それを壊した悲惨な戦争への真摯な反省が、昭和天皇自ら平和憲法に盛り込んだ「象徴」を意味深いものにしている。それがある限り、〝二人のプリンス〟の物語は受け継がれていくにちがいない。

天皇明仁は即位の談話で、「私にとって憲法とは、日本国憲法です」と胸の内を語っている。日本国憲法には、父の人生と涙と魂が籠もっているとの思いがあるのであろう。

昭和天皇は素晴らしい贈り物を我が子に残した。家族が仲睦まじく過ごせる温かい家庭である。「人間宣言」を発した年の春、来日した米国教育使節団長に「皇太子の家庭教師に教養あるクリスチャンの夫人を見つけてほしい」と頼み、クエーカー教徒のヴァイニング夫人がやってくる。ヴァイニング夫人は一二歳の皇太子明仁に英語を教え、欧米風の家庭観を植えつけた。家族が一緒に食事を取りながら和やかに話し合える平和な家庭であるが、かつて皇太子時代の裕仁が望んでやまなかった密かな夢であった。

皇太子明仁はイエズス会系の女子修道会の流れを受け継いだ聖心女子大学を卒業した一民間女性・美智子と結婚し、仲睦まじい家庭を築き、国民の範となった。八〇歳の誕生日に「天皇という立場にあることは孤独とも思えるが、結婚により安らぎを覚えた」と率直に述べている。「人間宣言」は皇室と国民との関係を、神話と伝説から、「信頼と敬愛」によって結ばれる新しい関係に変えると約束したが、一歩一歩実現している。

天皇明仁自身にも衝撃的な原体験がある。空襲を避けて静岡県沼津から栃木県奥日光まで疎開先を転々とし、終戦後に戻った東京で一面焼け野原の光景を目の当たりにした。「私にとり戦争の記憶は真向かわぬまでも消し去ることのできないもの」と述べ、広島と長崎への原爆投下の日、終戦記念日、沖縄戦終結の日を「どうしても記憶しておかなければならない四つの事」と挙げ、国内外の激戦地を訪問する「慰霊の旅」を続けている。父親が訪れることが叶わなかった沖縄には、一〇回も足を運んでいる。心痛む経験もあった。皇太子時代の一九五三年にエリザベス女王の戴冠式出席のために訪英したが、旧敵国と参列を拒む陰口が耳に入ってきた。爾来、外国訪問する度に無名戦士や戦没者慰霊塔に立ち寄り、戦争の傷跡を癒そうと努めている。

ようやく待望の日が来た。日中国交回復二〇周年となる一九九二年一〇月二三日から二九日まで、天皇明仁は中国の招請に応じて訪中した。父子二代の念願ではあったが、機中、胸中を不安が去来した。しかし、タラップを降りると温かい歓迎が待っていた。当日夕方、楊尚昆国家主席主宰の晩餐会で天皇明仁は挨拶に立ち、率直に自分の言葉で語った。

「両国の歴史の永きにわたる歴史において、我が国が中国国民に対し多大な苦痛を与えた不幸な一時期がありました。これは私の深く悲しみとするところであります」

挨拶は遣隋使、遣唐使の時代から語り出し、中国から多くの文化的な恩恵を受け、多数の文化的遺物を正倉院などで「保存してきた」と紹介した。さらに、近代に日中が手を取り合った時期があり、多くの中国人留学生が訪日したことにも触れた。その上で、全中国が聞き耳を立てていた謝罪の言葉を述べたのである。「天皇の言葉は大多数の日本国民の気持ちを表現した」（読売新聞社説）と日本国内でも報じられ、日中の距離が一挙に縮まった。

続いてスピーチに立った皇后美智子は文化移入の折に取捨選択した「日本文化の特質」に言及した。天皇家の存在そのものが日中文化交流の生き証人と言える。

ところが、一九九八年に江沢民主席が訪日し、宮中晩餐会や小泉純一郎首相との会談で歴史認識問題を議題に取り上げ、日本の一部で反発が生じた。それが中国に伝わって反日感情が高まった。

それを癒したのも天皇明仁であった。二〇〇八年の四川大地震を聞いて、丁重な慰問電を送ったのである。中国側の琴線に触れるものがあった。天皇裕仁と心の交流があった張学良が関東大震災で日本に義援金を送った事実が思い起こされるなど、日本でも友好ムードが高まる。

その流れの中、「二人のプリンス」が聞いたら喜ぶであろう記念すべき日中対話（二〇〇九年一二月一五日）が皇居で交わされる。

「陛下は一貫して中日関係を気遣ってきました。一九九二年に初めて訪中され、中国人民に素晴らしい印象を残し、中日友好往来史に重要な一ページを刻みました。昨年の四川大地震後の陛下からの慰問電、日本政府・各界からの貴重な支援は、中国人民に対する陛下と日本人民の友好を形にするものでありました」

「習副主席の訪日によって日中友好関係は一層強化されるでしょう。中国の人々から熱烈な歓迎を受けたことが、深く印象に残っています」

習近平副主席が訪日（二〇〇九年一二月一四日〜一六日）し、天皇明仁と和やかな雰囲気で対話を交わした。互いを思いやる温かい空気が流れ、日中の和解に希望を感じさせた。天皇明仁には悲惨な戦争体験が、習近平には父親から繰り返し聞かされた辛い戦争の記憶があり、糊代がとても広い。

だが、場外では一悶着あった。羽毛田宮内庁長官が天皇と習副主席の会見に強く反対し、会見四日前に緊急記者会見を開く。「一五日に特例会見」と渋々同意しながらも、「政治的利用じゃないかと言われれば、そうかなという気もする。国の間に懸念があったら陛下を打開役にということになったら、憲法上の陛下のありようから大きく狂ってしまう」と不満を吐露した。一カ月前に文書で要請する「一カ月ルール」に反するというのが理由であったが、この期に及んで一九九五年に宮内庁が定めた一介の内規を盾に不満を公然と表したことに、脱官僚を掲げていた鳩山由紀夫首相、小沢一郎民主党幹事長は激怒した。これに対して安倍晋三元首相は「天皇陛下の政治利用だ。中国側に取り下げるように要請すべきだ」と宮内庁の肩を持った。

天皇の行為については、憲法に定める国事行為とそれに準じる公的行為がある。今回はいずれの行為に属するのかと国論二分の論争が巻き起こったが、鳩山首相が押し切る。

安倍元首相は「小沢氏が訪中で受けた礼遇のお返し」と批判したが、その前日の一〇日に一四三人の民主党国会議員を引き連れた小沢訪中団が胡錦涛主席と会見していたから全くの的外れではないが、もう少し天皇の思いを忖度すべきであろう。その後、首相に復帰した安倍は二〇一五年一月、イスラエル訪問中にホロコースト記念館に立ち寄り、「特定の民族を差別し、憎悪の対象とすることが人間をどれほど残酷にするかを学ぶことができた。このような悲劇を二度と繰り返させない」と記者たちに神妙に誓った。その教訓を自己の問題とし、張作霖爆殺事件や満州事変後の過去と謙虚に向き合うまでもう一歩である。満州国の首都であった新京（長春）の旧関東軍憲兵隊司令部地下から旧日本軍の機密文書一〇万余点が発見され、吉林省記録保管所が韓国の東北アジア歴史財団などと協力しながら全面的な解読を進めている。遠からず満州の真実が史料的にも明らかになろうが、それを待つことなく進んで過去と真摯に向き合うことが、日中和解を確かなものにする。

憲法改正論が俎上に載り始める中、天皇の言動が一段と重みを増している。平成天皇は八〇歳誕生日の記者会見では「最も印象に残っているのは先の戦争です。本当に痛ましい限りです。戦後、日本国憲法を作り、今日の日本を築き上げました。深い感謝の気持ちを抱いています」と呼びかけた。昭和天皇の思いを受け継ぎ、靖国神社には一度も参拝していない。反戦平和への思いは強く、終戦七〇年の二〇一五年四月、日米軍の激戦地であった念願のパラオを訪れ、内外戦没者を弔う慰霊祭に参加した。

天皇の元首化まで企む自民党の憲法改正案が国会の議題に上がり、天皇の位置が微妙になっているが、皇太子徳仁が五十五歳の誕生日談話で、「戦争の記憶が薄れようとしている今日、謙虚に過去を振り返るとともに、戦争を体験した世代から戦争を知らない世代に、悲惨な体験や日本がたどった歴史が正しく伝えられていくことが大切であると考えています」と述べ、平和憲法の順守を訴えた。ロイターは「安倍首相の七〇年談話に釘を刺した」といかにも外信らしく直裁に報じたが、祖父・父から戦争の悲惨さを聞かされて育った皇太子は、平和への思いを率直に語ったのであろう。平和憲法への天皇家三代のひたむきな思いが伝わってくる。

天皇家の朝鮮半島や大陸への思いは日本人一般が感じている以上に強いものがある。昭和天皇は天皇家の祖先が朝鮮半島から鉄器を持って海を渡ってきたとの騎馬民族制服説提唱者の江上波夫東大教授を進講に招いて熱心に耳を傾けたが、平成天皇も在日韓国人である早大教授の進講を受けている。「稲の伝播」が主題であったが、質問時間は専ら百済の歴史や大和との関わりに集中し、時間をオーバーした。郷愁のようなものを感じていたらしい。隣で皇后がじっと耳を傾けていたという。

張学良は「日本人には忠があるが、最も欠いているのは恕だ」とNHKとのインタビューで述べたが、中国には「換位思考」という言葉がある。他者感覚をわきまえ、相手の身になって考えるという意味である。張若飛は日中大団円のロマンを夢見る。今上天皇に「二人のプリンセス」の友誼を引き裂いた張作霖爆殺事件の現場の博物館を訪れてもらうことである。天皇明仁は二〇〇〇年のオランダ訪問に際して特に希望し、アムステルダムの戦没者記念慰霊塔を訪れた。献花式で随従役を務めたハウザー元将軍は、少年時代、日本軍が占領したインドネシアで強制収容所に入れられて虐待され、母親を亡くしているが、「天皇が私の横で真摯に黙祷を捧げているのを見た時、わだかまりが氷解した」と日本人記者に語っている。瀋陽でも同じことが起きるにちがいない。

第9章 「習近平暗殺計画」説の深層

1 転換期の中国経済と「一路一帯」

中国政府は人民元の国際化を進めているが、その矢先、上海証券市場が「官製相場ではないか」と海外の信用を損なう非常事態に陥った。二〇一五年六月一二日、上海市場の上場総合指数は七年五カ月ぶりの高値となる五一六六・三五ポイントをつけたが、一カ月後の七月八日には三五〇七・一九ポイントと三〇%以上暴落した。中国政府はあからさまの「下支え策」に動き、中国人民銀行は追加利下げをし、証券監督当局が大手証券会社二一社に一二〇〇億元（二兆四〇〇〇億円）以上を上場投資信託に投入する命令を出した。さらに、半数近い上場企業が株式売買停止を申し出るなど、先進国ではありえない事態となった。

あろうことか、上海市場の株暴落のあおりで東京証券取引所も株が下落した。日本経済が中国依存度を強めていることが図らずも浮き彫りになり、中国経済がバブル崩壊したら日経平均も一万円割り込むとの予測が市場を飛び交った。安倍政権下で日銀が上場投資信託購入を従来の三倍、年三兆円規模に拡大し、年金積立金管理運用独立行政法人が株式への投資割合を倍増するなど中国政府と全く同じ「下支え策」を行っており、底割れのリスクが高まっている。中国がアベノミクスを真似たとの指摘もあり、ある意味で運命共同体なのである。

もっとも、習近平政権にとって株価暴落はある程度織り込み済みであった。中国経済は高度成長から安定成長への転換点にある。習政権は「坂を上がり、峠を越える重要な段階」（第一二期全人代政府活動報告二〇一五年三月一五日）と認識し、多少成長を犠牲にしても過剰な建設投資など無駄な投資を抑制し、個人消費拡大へと転換させる構造改革を「新常態」としている。その上で「体制上の弊害と構造的な矛盾」を正し、「経済の質や効率重視、新産業育成、技術革新で比較的長期にわたる中高速の成長を維持」と戦略的な課題を定め、二〇一五年の経済成長率目標を前年より〇・五％少ない「七％」と定めた。鄧小平の改革開放政策の発展至上主義からの転換であり、多少の反動は覚悟の上なのである。上海市場の一時的な混乱は、まだ株式市場に慣れない政府と中国人投資家の高い勉強代、くらいに腹を括っている。

問題は、七％の成長目標が妥当かという点にある。海外の少なからぬエコノミストが、七％でも中国の実体経済の能力を超えており、中国政府がその公約実現のために無理な財政投資を続けると国家債務ばかり膨らみ、日米欧と同様の先進国病に罹ると警告している。

「七％」が中国経済を占うバロメーターとなろう。ＩＭＦの二〇一五年世界経済見通しは中国の二〇一五年、一六年のＧＤＰ予測成長率を六・八％、六・三％とし、「七％」以下の成長減速を予測する。それでも日本（一％、一・二％）、米国（三・一％、三・一％）、ユーロ圏（一・五％、一・六％）、ロシア（マイナス三・八％、マイナス一・一％）、ブラジル（マイナス一・〇％、一・〇％）よりかなり高い。主要国ではインド（七・五％、七・五％）が上回る。

中国経済にリーマン・ショックまで年率一〇％台の伸びを維持してきた高度成長の反動が起きているのは否定できない。日本、韓国をモデルにGDPの半分近い積極的な財政投融資で産業基盤を整え、新規産業を興してきた。その副産物と言うべきであろうが、効率が悪く、投資資金を回収できない不動産に偏ったため債務の増大テンポが異常に速く、無人の豪華マンションが林立するゴーストタウンが各地に出現するなど不動産バブルが弾け、デフレを伴う成長減速傾向が顕著となっている。闇金融のシャドーバンキング（影の銀行）に頼る過剰投資など金融規律の乱れ、海外資金への過度の依存、雇用の冷え込みによる社会不安など、積年の弊害が一挙に噴出している。

米マッキンゼー国際研究所の報告書（二〇一五年二月）は「中国経済は管理可能だが、リスクは高まっている」と指摘した。政府、銀行、企業、家計を合わせた中国の債務残高が「GDP比で二〇〇七年（一五八％）から二〇一四年（四～六月期。二八二％）に二〇・八兆ドルも増え、同時期の世界の債務増加幅の三分の一を超えた。主因は不動産開発企業などの債務急拡大で、不動産関連の焦げ付き債務、地方政府の不動産融資急増、シャドーバンキングが三大リスク」とした。その上で「中国政府は金融機関救済を優先し、財政資金を回すしかない」と警鐘を鳴らしたが、日本経済を一九九〇年初めに襲ったバブル崩壊と不良債権問題を彷彿させる。

マッキンゼー報告書によると同期の世界債務残高は四七兆ドルから二〇〇兆ドルに拡大した。増加ペースは世界経済成長の増長よりも早く、発展途上国の新規債務増加分は世界全体の半分である。急増する債務問題は世界共通の課題であり、中国経済のアキレス腱となりかねない。

民間を合わせた中国の債務残高総額は約二六兆ドルで、二〇〇七年からの新規債務総額は同期のGDP増加分七兆ドルの三倍にも達する。共産党官僚の不正腐敗と絡んだ無間借金地獄を想起させるが、マッキンゼー報告書が「管理可能」とするのは債務の主たるものが企業債務（GDP比一二五％）だからだ。中央と地方を合わせた政府の債務そのものはGDP比五五％と、日米よりもはるかに低い。その分、政策の選択肢が広いが、重大なリスクを伴う。仮に二〇％の公共投資分を金融機関救済に回したとしたら、経済は失速し、悪夢の「三％台成長率」に落ち込む危険性がある。

中国の金融関係者の中では「ほとんどが国内負債だ。対外債務は九千億ドルで、外貨準備高三・八兆ドルの二〇％程度でしかない」との楽観論が支配的である。世界最大の債務を抱える日本の金融関係者と似た強気の口ぶりだが、「ドルキャリー」という落とし穴がある。中国の輸出企業では、香港の金融市場で輸出信用状を割引してドル資金を借り、人民元に替えて上海のシャドーバンキング市場に投機する「ドルキャリー」が横行している。隠れた対外債務だが、「一・一兆億ドルに達し、中国政府の統制外」（ブルームバーグ）という。米国の金利が上がればドルが米国に還流し、人民元の価値は落ちる。もっとも、円安ドル高のように輸出品の価格競争力が高まるから、対中貿易の大幅入超を是正したい米国としては、安易に金利を上げることはできない。

それぞれ弱点を抱えているが、中国の最大の強みはやはり潜在的成長力、それと世界最大の外貨準備高である。運用先を米国債以外に広げ、国際金融秩序の再編を虎視眈々と睨んでいる。

中国経済がデフレを伴う成長減速リスクから脱するには、内需拡大と共に対外市場拡大が不可欠であるが、アジアインフラ投資銀行（ＡＩＩＢ）が追い風となっている。第一二期全人代政治報告では「中日韓自由貿易交渉」、「米欧との投資協定交渉」、「協力とウインウインの新型国際関係形成」、「周辺諸国との運命共同体構築」とまだ総花的で、願望の域を出なかったが、米国の反対で前途が危ぶまれたＡＩＩＢが英国の電撃的な加盟申請で一挙に現実化し、習近平政権には慈雨となった。人民日報が「『一帯一路』構想は共同で美しい未来を創る」（四月一三日）と一面に掲げたことが全てを物語る。

ＡＩＩＢには世界最高峰のエベレストをも超える時代の追い風が吹いている。二〇一五年五月初め、甚大な大地震災害に遭ったネパール外相は二〇億ドルの復興資金について「ＡＩＩＢに金融支援を求めたい」（五月四日）と表明したが、ＡＩＩＢの最初の事業になると見られている。その直後、インドのモディ首相が訪中して習主席、李克強首相と会談、ＡＩＩＢの設立準備の加速化で一致し、貿易・鉄道・宇宙など総額一〇〇億ドルの事業協力で合意した。両国はカシミール地域の国境問題で対立するが、「大局に影響を与えてはいけない」（李・モディ共同声明同月一五日）と領土問題を棚上げし、経済を優先させる姿勢を確認した。

ＡＩＩＢ効果は止まることを知らない。中国財務省は李・モディ共同声明の同日、新興五カ国（ＢＲＩＣＳ＝ブラジル、ロシア、インド、中国、南アフリカ）が三年前に設立合意した「新開発銀行」が翌年初めまでには業務を開始すると発表した。初代総裁にインドの大手銀行会長が内定している。同時に、同年のＢＲＩＣＳ議長国のロシアが、ＥＵとの債務交渉で苦戦するギリシャに「新開発銀行」参加を打診し、チプラス首相が「予想外のうれしい提案」と応じる考えを示した。

ＡＩＩＢ設立に習政権が快哉を叫んだのは、「一帯一路」構想へのカンフル剤効果を期待したからであるが、期待以上の効果を現しつつある。

「一帯」はシルクロード経済ベルトであり、秦の始皇帝が秦東門を置いた山東半島根元の連雲港の巨大なコンテナターミナルから西安を経て中央アジアを横切り、オランダのロッテルダムまで一万キロ余の鉄道網が伸びる。「一路」は「海上シルクロード」を指し、連雲港から東シナ海→南シナ海→東南アジア→インド洋→スエズ運河→地中海へと抜ける。連雲港を起点にユーラシア大陸を陸路と海路でぐるりと連結する人類史上未曾有の大動脈建設構想であり、「五通（全ての道は北京に通ず）」の現代版シルクロード構想と習は自負する。

「一帯一路」構想は張高麗筆頭副首相が主宰する「一帯一路建設工作指導小組」が直轄し、高度成長から安定成長へと移行する新経済戦略の柱と見込まれている。AIIBと二〇一四年末設立の「シルクロード基金」が資金面でタイアップするが、中国メディアは両方をあわせて「中国版マーシャルプラン」と喧伝する。

鄧小平が提唱した改革開放路線を踏襲している習近平政権は、「一帯一路」構想を「特色ある中国の社会主義」を一段階押し上げる経済戦略と位置付ける。中国のGDPが世界二位になったといっても、一人当GDPは七五八九ドル（二〇一四年）で世界八〇位、日本の三万六三三二ドルの五分の一程度でしかない。名実ともに先進国の仲間入りする目処となる三万ドル台へのステップが、「一帯一路」構想である。

本質的な問題は、中国の一人当たり国民所得が三万ドルの大台に乗る時に表面化する。それが視野に入りつつあるだけに、習近平政権には応分の覚悟が求められる。

中国を高度成長路線に乗せた改革開放政策は、鄧小平が第一一期中央委第三回全体会議（三中全会、一九七八年一二月一八日〜二二日）で提示したが、資本主義を大胆に導入する「四つの現代化」と社会主義を守る「四つの原則」が奇妙に並存する矛盾を孕んでいる。毛沢東の階級闘争路線に代わって「発展こそ絶対的真理」と檄を飛ばした新型のマルクス主義者・鄧小平の究極の狙いは、市場経済の力を借りて疲弊した経済を再建し、上部構造に相応しい段階まで土台の生産力を上げた後、共産党が綱領に掲げる社会主義・共産主義に戻すというものである。

習主席は次期五年を含めた一〇年の任期中、その〝生産力理論〟に一定の目処を立てなければならない。

2「経済はすべてを圧倒する」

鄧小平の改革開放路線は過去との断絶ではない。長征中の「書記処決定（一九三五年八月一九日）で共産党の指導権を確立した毛沢東・中央革命軍事委員会主席、周恩来副主席、鄧小平・書記処長体制の延長線上の産物であり、毛沢東の理想主義と周恩来、鄧小平の現実主義が編み出した新たな革命戦略と言える。

鄧小平は毛沢東の階級闘争至上主義を放棄し、発展至上主義に置き換えたが、彼の意識の中では新たな現実の冷徹な反映なのである。毛沢東の大躍進政策や文化大革命が経済を破綻させ、政治を混乱させた反省から教訓を得て、「経済がすべてを圧倒する」と史的唯物論の単純明快な原則に帰ったとも言える。

毛沢東は「抗日」闘争の精神主義的な人民戦争方式を経済政策に持ち込み、大躍進政策（一九五八年～一九六〇年）を打ち出す。「一五年で米英を追い越す」と大号令をかけ、全党全国民に農工業大増産運動を呼びかける。農民たちが自ら計画を立て、集団的計画的に生産すれば、巨大な増産効果が期待できると考えたのである。ソ連の集団農場に自治的な行政権を付与した生産単位として人民公社を創設し、自発的、献身的な増産運動を全国的に展開した。「奇跡的な成果」が次々と報告され、一五年が三年に変更された。

しかし、生産の質と経済合理性を無視した方式はほどなくして破綻する。鉄鋼生産量が一千万トンを超えたが、大半が農村の原始的な土法炉を用いた銑鉄で、炭層含有度が高く、使い物にならない粗悪品であった。農村は惨状をきわめた。人民公社の共産党委員会が無茶な計画を立て、田植えや草取りに猫の手も借りたい農繁期に農民を動員し、鍋釜や農具まで供出させて銑鉄を作り、山林をやたら伐採して土法炉の燃料としたため、田畑は荒れ、収穫量が激減し、三千万人とも言われる大量の餓死者を出した。

毛沢東は共産党第八期六中全会（一九五八年一一月）で失敗を認め、国家主席の地位を劉少奇・全国人民代表大会常務委員長に譲る。しかし、共産党中央委員会主席、軍事委員会主席の地位に留まった毛沢東の責任を問う声は収まらず、翌年夏の共産党中央政治局拡大会議と第八期八中全会で、十大元帥の一人である彭徳懐・国防部長兼軍事委副委員長が「(大躍進政策は)性急に過ぎた」と毛沢東を名指しで批判した。形勢不利となった毛沢東は「失敗の原因は天災にある。彭徳懐はブルジョワ的動揺性がある右傾機会主義である」と猛然と反撃し、党内基盤の弱い彭徳懐は失脚する。鄧小平・中央書記処総書記・政治局常務委員が党の団結を優先し、毛沢東の側に立ったことが大きかった。

劉少奇は毛沢東の事前了承を得て党中央拡大工作会議(一九六二年)を開催し、「今回の大災害は、天災三分、人災七分である」と大躍進政策の失敗と党中央の責任を認めた。それを受けて毛沢東が自己批判に立ち、「社会主義の経験が不足していた。責任を取って、政務の一線から退く」と言明した。

毛沢東から国家運営の全権を取り付けた劉少奇・国家主席は、市場主義を取り入れた経済調整政策を実施し、疲弊した経済の回復に努めた。鄧小平総書記も積極的に応じ、「白猫でも黒猫でも、鼠を取る猫は良い猫だ」と、農民に集団農場以外での個人的な小規模農業を認める。

独特の存在感を放ったのが、知日派の周恩来首相である。一九五四年に発表した農業、工業、国防、交通運輸の近代化構想を日本の資金協力で実現しようと腐心する。一九六二年に元満州重工業開発総裁の高崎達之助・通産大臣を招き、「日中長期総合貿易に関する覚書」(一九六二年)を交わし、大豆、石炭、鉄鉱石と肥料、農薬、農業機械、衣類などとのバーター貿易を開始する。中国の輸出主要品目は張作霖・張学良二代が保護育成した東北の大豆であり、石炭、鉄鉱石も多くが東北から産していた。周恩来は全人大政務報告(一九六四年)で、二〇世紀末までに工業・農業・国防・科学技術を近代化させる「四つの近代化」を正式に提唱する。

しかし、毛沢東が不信の目を向けていた。劉少奇の経済調整政策が徐々に成果を現し、個人的な営利活動が活発化していることに、農業集団化、企業国営化に逆行する「資本主義復活の動き」と考えたのである。劉少奇排除を決意するが、その時期について「一九六五年一二月頃」と、懇意にしていた米人ジャーナリストのエドガー・スノーに明かしている。米国が北ベトナム爆撃（北爆）を開始し、日韓条約が結ばれ、中国周辺の国際緊張が高まっていた。

天才的な政治力、組織力を有した毛沢東は、「封建的、資本主義的文化を批判し、社会主義文化を創生する」として、文化大革命を発令（一九六六年）する。当初はソ連修正主義を批判する文化活動の形を装い、エリート意識の強い革命家の子女を中心とした紅衛兵を全国の学校に組織し、農村が都市を包囲して「抗日」社会主義革命を成功させたように党を包囲せよと秘密指令を発する。北京大学構内で哲学科総支部書記らが北京大学党委員会を批判する壁新聞を貼り出したのを合図に北京、南京、天津、瀋陽など主要都市の大学、中学（高校）に壁新聞が広がり、腕に赤い腕章をはめ、赤い毛沢東語録を振りかざす学生のデモ隊＝紅衛兵が忽然と姿を現した。毛沢東は「個人崇拝は政治的に必要であり、中国には皇帝崇拝の伝統がある」とスノーに語ったが、自己への個人崇拝を巧みに権力闘争に利用したのである。

紅衛兵は「造反有利」と修正主義批判を声高に叫びながら街中に繰り出し、民族資本家、旧地主、学者、医師、弁護士らを呼び出して自己批判を迫る批闘大会を互いに競うように開いた。紅衛兵の隊列は一般の青年学生を巻き込んで数万、数十万、数百万に膨れ上がり、赤い竜巻のように街、村を覆い、批闘大会の対象は末端の党・行政機関幹部から次第に党中央の幹部へと拡大した。
文化運動とあなどった劉少奇、鄧小平らが事態に気付いたときにはすでに時遅しで、毛沢東の権威を盾にした紅衛兵に逆らえなくなっていた。批闘大会に容赦なく引きずり出され、赤い帽子をかぶされ、罪状を書いたゼッケンをつけて自己批判し、あらぬ罪状で地位を追われた。高潔な人柄で知られ、抗日戦中に執筆した『共産党員の修養を論ず』が多くの党員に愛読された劉少奇主席は「裏切り者」「労働貴族」の烙印を押されて党を除名され、地方の倉庫部屋に監禁され、廃人同様になって死亡した。

毛沢東は核・ロケット関連研究者とともに、二心のない〝ナンバー２〟に徹してきた周恩来にだけは手を付けさせなかった。鄧小平は資本主義復活を企む「走資派」と批判され、南昌で強制労働を科せられ、一時は死を覚悟したが、周恩来が無政府状態を収拾するには鄧小平の力が必要だと毛沢東に訴え、国務院副総理に復帰する。ついで党中央委副主席、中央軍事委副主席、人民解放軍総参謀長となる。

八〇歳近い毛沢東は体が不自由になり、趣味の散歩にも出られなくなっていた。それを操ったのが「紅色女皇」と陰口を叩かれていた妻の江青・党政治局委員、張春橋・国務院第二副総理・政治局常務委員ら「四人組」であったが、国民には不評であった。一九七六年一月に周恩来が病死すると、周恩来追悼デモが自然発生的に各地で起きる。周総理批判をしていた「四人組」に怒りの矛先が向けられ、デモ隊が北京の天安門へと集まってきた。

驚愕した江青は、全く表に姿を見せなくなった毛沢東の「指示」を発する。天安門広場のデモ隊を

「反革命動乱」と断定し、武装警察と民兵を動員して弾圧する（第一次天安門事件。同年四月四日～五日）。さらに、許世友・広東軍区司令のもとに潜んでいた鄧小平を一方的にデモ首謀者と決め付け、全ての職務を剥奪する。病床の毛沢東は何が起きているのか妻を通して知るしかなかったが、鄧小平の党籍剥奪は認めなかった。周恩来が国務院副総理・公安部長に任命していた五〇代若手の華国鋒・総理代行を周恩来の後任に任命し、事実上、自分の後継者とした。

周恩来死去から八カ月後に毛沢東が死去すると、権力闘争に決着がつく。華国鋒総理は「四人組」を逮捕し、党籍を剥奪する。同年暮の第一一回党大会で党主席・中央軍事委員会主席に就任し、文革を終結させた。鄧小平は三度目の復活を果たす。側近の胡耀邦を党組織部長にするなど文革で失脚した多くの幹部を名誉回復して現職に復帰させ、「全面整頓路線」で文革派を一掃する。

華国鋒主席を補佐していた鄧小平は、周恩来の遺訓でもある「四つの近代化」を具体化する構想を練っていたが、教条的な毛沢東信奉者である華国鋒が障害となっていた。華国鋒が毛沢東の言ったこと、行ったことはすべて正しいとする無謬論「二つのすべて」を提唱すると、「マルクス＝レーニン主義において真理を検証する唯一の規準は実践である」として、「二つのすべて」との理論闘争を全党に呼びかける。党内基盤が固まっていない華国鋒はたちまち孤立し、党中央理論工作会議（一九七八年一一月一〇日～一二月一三日）で「『二つのすべて』は毛主席を絶対化し、妥当性を欠いた」と自己批判し、職務停止となる。

最高実力者となった鄧小平は講話「思想を解放し、実事求是し、一致団結して前を向いて進もう」

を発表、「『四つの近代化』は一つの偉大な革命である」と定義し、正式に党と国家の闘争目標として位置付ける。さらに、中央工作会議から約一カ月後の第一一期中央委第三回全体会議（三中全会、同年一二月一八日〜二二日）で基調報告を行い、改革開放路線を提示する。報告草稿には鉛筆で「官僚主義を克服」「国内市場を発展」「余剰人員の適切な配置（新事業開拓）」「一部の人々が先に豊かになることを許す」「民主の発揚」「思想の解放」と要点がメモされていた。

鄧小平は毛沢東が「不変の原則」とした階級闘争路線を廃棄し、代わって、「発展こそ絶対的道理」と強調し、「発展」を大原則とした。大躍進政策、文革の混乱を通して、中国の生産力が低すぎて社会主義を維持できるレベルになく、政治的な混乱を引き起こしてきたとの現状認識から、「経済がすべてを圧倒する」との教訓を汲んでいた。

「四つの現代化」という国家的な戦略目標を具体化する対策として、①企業に経営自主権を与え、市場売買を奨励し、一部の地区、企業、労働者・農民が自らの努力で収入を増やして生活を向上させ、その成功例を普及させて全国が「共同富裕」へと向かう。②階級闘争至上主義を克服し、民主の制度化、法律化を進める、③労働の量と質に応じて報酬を与え、平均主義を克服などが決められた。

改革開放政策には本質的な疑問が党内から突きつけられた。私的な利潤を追求する資本主義を利用して生産力を発展させるというが、社会主義、共産主義社会建設の目標を放棄することにならないか？

鄧小平は三中全会から三カ月後、胡耀邦・党秘書長兼宣伝部長が主宰する党中央理論工作会議（一九七九年三月三〇日）で演説し、「毛主席の偉大な旗を擁護し、社会主義の『四つの原則』を堅持せよ」と述べた。「四つの原則」とは、「社会主義の道」「プロレタリア独裁」「共産党による指導」「マルクス・レーニン主義と毛沢東思想」である。資本主義を大胆に導入する「四つの現代化」で社会経済を「発展」させながら、「四つの原則」で社会主義・共産主義を堅持せよと訴えたのである。「四つの現代化」とは、一言で言えば先富論、一部の人々が先に豊かになることを奨励するということである。働くものも働かないものも平等に扱われる毛沢東時代の悪しき平等主義へのアンチテーゼであり、空の米櫃を奪い合うのではなく、米櫃を一杯にしようという経験主義的な合理主義である。知恵を使い、額に汗して働いたものが先に富み、貧しいものを底上げする。格差を〝必要悪〟として認めたが、「発展」が格差を拡大し、いずれかの時点で「富の分配」が政治的な大問題となり、共産党の存在意義が問われることを想定していた。

鄧小平は党総書記・国家主席とならず、中央軍事委員会主席として背後に一歩退く。側近中の側近の胡耀邦を総書記とし、事実上の院政を敷いたのは、改革開放路線を進める過程で一定の混乱や揺り戻しがあることを想定したものであった。

はたして、「発展」とともに不平等が拡大し、学生たちが政治改革を求めると胡耀邦は応じようとした。時期早尚と判断した鄧小平は胡耀邦を更迭し、趙紫陽を総書記とするが、学生たちが反発して天安門で気勢を上げると趙紫陽も動揺する。鄧小平は陣頭に立って武力で学生デモ隊を鎮圧した。第二次天安門事件（一九八九年）である。

不倒翁の鄧小平にはそうした事態は織り込み済みであった。弟の鄧墾に「富の分配に関する問題の解決は、発展を図るよりも困難だ」（一九九三年九月）と、本音を打ち明けている。

鄧小平は上海地域の発展で実績を挙げていたエンジニア出身の江沢民・上海市党委員会書記を総書記に大抜擢し、改革開放政策を託す。国務総理に周恩来首相の養子であった李鵬を配して補佐させた。党総書記に初めて任期制を導入して二期一〇年とし、江沢民の後任に胡耀邦直系の共産主義青年団（共青団）出身の胡錦涛を内定した。「発展」を江沢民に託し、その後の修正は胡錦涛に委ねる布石であった。

3　江沢民の偏向、「三個代表」

江沢民総書記は天安門事件をきっかけに改革開放政策への批判が党内で高まるのを見て軌道修正を図るが、鄧小平は上海など南部地域を列車で巡りながら講話（南巡講話一九九二年一月〜二月）を順次発表し、「社会主義の本質は生産力の自由、発展にあり、最終的にはともに裕福になることである」と改革開放政策の意義を説き、「それに反するものは誰であろうとその地位に止まれない」と恫喝した。自分への警告と震え上がった江沢民総書記は一転、「発展」の道をまっしぐらに突き進む。

鄧小平は一九九七年、「マルクスに会いに行く」と言い残してあの世に旅立った。翌年、李鵬国務総理が全人代常務委員長に移り、朱鎔基副総理が昇格する。精華大学経営工学部長であった朱鎔基は江沢民の後任として上海市長に就任し、地域の経済発展で顕著な実績を挙げていた。筆頭副総理には胡耀邦、趙紫陽、江沢民の三代の党中央弁公庁主任（秘書室長）を努めた温家宝が任命されたが、次期総理との鄧小平の遺志に沿ったものであった。

大躍進政策を批判して国家計画委員会から追われた過去を背負った朱鎔基首相の改革政策は、大胆で容赦がなかった。外国借款など政府予算を新規産業育成やインフラ整備に選択・集中し、公共投資額はGDPの四割強に達した。日本の高度成長期の三割強を上回る。「赤字国有企業問題を三年以内に解決する」と総理就任に当たって公約し、〝悪しき平等〟、非効率の代名詞とされた国有企業の改革に大鉈をふるう。有限公司（株式会社）制度を導入し、才に長けた共産党幹部を送り込み、中高年労働者など過剰人員整理と採算性向上の厳しいノルマを課す。二〇一〇年の中国統計年鑑における国有企業の鉱工業総生産額は八％に過ぎないが、有限公司となっている準国有企業を含めると六〇％を超える。市場経済化の実態は、国家資本主義に近い。

今日的な〝上からの改革〟により、税制優遇措置で外資を集め、低賃金労働者を提供して「世界の工場」となる。二〇一〇年に外資優遇の税制措置が全廃された時、外資系企業が中国の貿易の半分以上を占めていたが、相当数の中国企業が外資に劣らぬ力を付け、一部は米日欧などに進出して企業買収を手掛けるまでになった。

経済成長率は日本の戦後復興や韓国の「漢江の奇跡」に並ぶ一〇パーセント台に乗り、二〇〇〇年にGNP一兆ドルを突破した。

その裏で、腐敗や格差拡大が深刻化していた。

国営、準国営企業では各省幹部が要職を兼務する「政企不分（行政と企業の不分離）」が慣行化し、外部のチェックが及ばず、腐敗の温床となった。一部国営企業は父親が革命闘争で功績を挙げた紅二代（太子党）や党幹部の家族などに格安で払い下げられ、転売益や経営再建で巨万の財を生んでいる。特権富裕層の誕生である。

毛沢東時代の私有財産制廃止下で物欲を禁じられ免疫力がない体が、いきなり金銭欲のウイルスに侵されたようなものである。公私の区別がなく、特権意識とあいまって罪の意識がない。公金流用や横領、親族による利権漁り、規制緩和や土地の強制収用に関るリベートなどで蓄財し、その一部は「地下金融」に流れ込み、中国企業の六割を占める中小企業への高利融資や株・不動産投資で暴利を得ている。スイスなど海外口座に預金し、妻子・親族を海外に移住させてセレブな生活に耽る。二〇〇九年の米国への移民は六万五千人に上る。

すべてが不正蓄財というわけではない。改革開放政策が手探りで開始された当初、企業活動は先富論を実践する先駆的な国策行為として奨励された。「絶対的な道理」とされた「発展」の名の下にすべてが正当化され、法的な規制や税制が追いつかないことが事態を悪化させている。私有財産を建前として認めない共産党の規則には党幹部一族の資産公開を義務付ける条項すらない。

鄧小平という重石が外れた江沢民は次第に独自色を打ち出し、一線を越える。任期満了を控えた二〇〇二年二月、私営企業家＝資本家に共産党員の資格を与える「三個代表」なる新理念を打ち出したのである。労働者階級の前衛とされた共産党を変質させるものであった。

鄧小平が定めた定年制適用第一号として胡錦涛に総書記の座を譲るが、最後の第一六期党中央委員会第一回全体会議（二〇〇二年一一月）で、党綱領を改正し、党の指導思想・理論として、マルクス

＝レーニン主義、毛沢東思想、鄧小平理論に「三個代表」を付け加えた。国家主席を退く翌年三月の第一〇期全人代では憲法前文を同様に書き改めた。

党内左派は建党精神からの逸脱であり、共産党を階級政党から国民政党に変質させると批判の声を上げたが、「発展」で顕著な実績を挙げた江沢民を抑える力はない。逆に極左と批判され、孤立してしまう。

「三個代表」で共産党のアイデンティティが曖昧になり、党内には金儲け主義がはびこっていく。利権を握った共産党幹部は〝同志〟の赤い資本家と癒着し、収賄が常態化していくのである。

特権確保のために私的経営者が続々と共産党に入党し、その比率は二〇一二年に八三〇〇万共産党員の二三・二三％に達した。農民、学生・退職者に次ぎ、労働者よりも多く、構成比率上は労働者階級の党ではなくなっている。

共産党は思想・イデオロギー的な混乱をきたし、それを補強するために江沢民は自国の利益を第一とするナショナリズム的な愛国主義教育を強化する。民族主義を偏狭な封建主義の遺物と排し、万国労働者の階級的連帯を重視したコミンテルン以来のインターナショナリズムは窒息していく。

胡錦涛・温家宝体制が発足し、「発展」を維持しつつ、江沢民の偏向を是正する動きがじわっと始まる。胡錦涛総書記は国家主席就任直後（二〇〇三年七月）、経済成長のみでなく、格差解消や環境保護とのバランスに配慮した「以人為本（人間本位）」の「科学的発展観」を提唱した。同時に、不正腐敗一掃を呼びかけた。

しかし、鄧小平なき後の新実力者となった江沢民が背後で睨みを利かしていた。総書記・国家主席退任後も党中央軍事委員会主席、国家軍事委員会主席に二年間留まる。二重権力構造の狭間で、共産党内には胡錦涛総書記を筆頭とする共産主義青年団派、江沢民を中心に固まる上海幇（閥）、革命第一世代の血脈である紅二代（太子党）の三大勢力が形成され、理念や人事、利権を巡る水面下の熾烈な綱引きが繰り広げられていく。

胡錦涛主席は北京の人民大会堂で鄧小平生誕一〇〇周年中央記念大会（二〇〇四年八月）を催した。六千人を前に、鄧小平を「偉大なマルクス主義者」と称え、「一九八〇年代末から九〇年代初め、鄧小平同志は他の老同志とともに『四つの基本原則』の旗幟を鮮明にしながら改革開放政策を堅持し、中国の特色ある社会主義の正しい方向を定めた」と演説した。マルクス主義を堅持する「四つの基本原則」を想起させ、持論の「科学的発展観」を強調したのは、江沢民が定めた「三個代表」を暗に批判するものであった。

暗闘を孕みながら中国経済は成長し、二〇一〇年の上海万国博覧会の中国館パネルには、「中国現代史は一九七九年の改革・開放から始まった」と大きく映し出され、一九八〇年が「現代中国史元年」と位置付けられた。中国国家統計局の統計によると二〇一〇年の中国のGDPは三九兆七九八三億元（五兆八八一二億ドル）で、改革開放の三二年間で経済規模が一〇〇倍となった。

その翌年九月、温家宝首相は天津での夏季ダボスフォーラムで演説し、「二〇〇二年から二〇一一年にGDPは年平均一〇・七％成長し、世界六位から二位になった」と胸を張った。日本が背後に退き、米国が目標となる。

その一方で、発展至上主義からの脱却が始まった。第一二次五カ年計画（二〇一一年〜二〇一五年）は「発展方式の迅速な転換」を最重要課題とし、経済成長率目標を年平均七％と定めた。外資優遇の成長至上主義から脱却し、輸出主導から内需主導への安定成長へと転換させる。消費の拡大に力を入れ、所得引き上げや社会保障充実などの民生向上に重点が移される。

温家宝演説の二カ月前、共産党創立九〇周年大会（二〇一一年七月一日）が人民大会堂で盛大に開催された。辛亥革命直後の第一回党大会は、上海のフランス租界の民家の一室に陳独秀、李大釗、毛沢東ら一三人が密かに集まった。党員は五七人でしかなかったが、いまや中国国民の六％強の八千万人超に膨れ上がった。しかし、祝賀一色ではなかった。

任期終了が迫っていた胡錦涛総書記・国家主席は、建党の原点に立ち戻る悲壮な決意を込めた講話を発表した。「発展は硬い道理であり、安定は硬い任務」とした上で、「和諧（調和のとれた社会）」を強調し、「党幹部の腐敗を一掃する闘争が党の生死を左右する。政治体制改革を推進し、人民の政治参加拡大と民主選挙の実施を保障しなければならない」と一段と声を強め、胡耀邦直系の共青団系の意地を示した。果たせなかった宿願の習近平次期政権に託したメッセージであった。腐敗の元凶を断たねばならないと言外に込めた。

生産力の向上で、鄧小平が予言した富の再分配問題が正面から取り上げられ、「共同富裕」の内実が問われる段階に入っていた。

鄧小平は大平正芳首相に「一人当たりGNPを二五〇ドルから一〇〇〇ドルまで引き上げること

ができれば、多少生活に余裕が生まれる『小康生活水準』になる」（一九七九年一二月）と語ったが、「小康生活水準」は大幅にクリアした。一三億人が食糧不足で餓死に苦しむことはなくなった。

胡錦涛・温家宝体制は個人所得税率アップなど所得の不公平是正や相対的な貧困対策に力を入れた。年収一人当たり一一九六元（約一万五五〇〇）以下と政府が認定した貧困層は、一九七八年の二億五千万人から二〇一一年に三千万人に激減した。

鄧小平の改革開放路線以降、中国の自己認識となった「中国の特色を持つ社会主義」については「生産力が弱く、商品経済が発展していない条件下で社会主義が経なければならない特定段階」と党規約に明確である。過渡期の位置付けであるが、そろそろ時限を定めねばならない。

毛沢東か鄧小平かと対立させる見方があるが、習近平は「改革開放三〇年来の建設は、毛沢東を中核とする党の第一中央集団指導世代が偉大な党建設の事業を成功させ、その基礎の上に展開された」（中央党学校開学式二〇〇八年九月一日）と連続性に力点を置く。さらに、「大きな違いがあるのは確かだが、両者は分断されたものではなく、根本的に対立しているわけでもない。中国の特色を持つ社会主義の絶えざる発展に伴い、制度は成熟し、優位性がはっきりし、道は広がる。道の自信、理論の自信、制度の自信を持つべきだ」（中央委員会合二〇一三年一月五日）と述べている。前任の江、胡と異なり改革開放を世界史的に位置付け、「国際社会は運命共同体になっている」（外国人専門家との会議二〇一二年一二月五日）と国際社会との連携で改革開放を継続することを力説した。世界を見据えた「一帯一路」構想の基本理念がうかがえる。

4 腐敗撲滅運動の狙いと薄熙来事件

両刃の剣であるが、発展につれ格差拡大が加速度的に進む。米フォーブス誌の「中国富豪ランキング四〇〇」（二〇一〇年版）は、一位に飲料最大手の杭州娃哈哈集団の宗慶後会長・資産総額八〇億ドル、二位にインターネット検索大手の百度の李彦宏CEO・七二億ドル、三位に建設機械メーカーの三一重工の梁穏根会長・五九億ドルと発表した。一〇億ドル以上の資産を持つ富豪は前年の七九人から一二八人と過去最高となった。ランキングされた四〇〇人の資産総額は前年の三一四〇億ドルから四二三〇億ドルへと急増している。二〇一五年三月の時点では太陽光パネル製造大手の「漢能集団」が時価総額四五〇億ドルでトップに躍り出て、李河君会長の資産は二千億元（四兆円）と言われる。李河君は全国政治協商会議委員を兼ね、許認可権を握る当局との近さで急浮上した。

これら私的経営者の蓄財は合法的な企業活動の結果とされ、それなりに中国の「発展」に寄与している。中国経済はまだ発展途上であり、その役割は終えていないというのが習近平を含む共産党幹部の大方の見解である。

だが、共産党幹部の不正蓄財は「発展」を阻害する要因であり、共産党の根幹を腐食させる重大な政治問題である。志ある共産党幹部たちですら「腐敗は減少してもなくすことはできない」と匙を投げているが、はたしてどうか。

総書記・主席就任早々、習近平は「腐敗を撲滅しないと党は滅びる」と「腐敗撲滅」を公約に打ち出した。「トラもハエも同時にたたく。聖域はない」と声を張り上げたが、掛け声倒れに終わるとみられていた。「大トラ」の江沢民のバックアップで胡錦涛の後任に収まったと見られていたため、ハエ叩きでお茶を濁すのがせいぜいと受け流されたのである。

党内外に習近平の覚悟と実力のほどをハッキリと見せ付けたのが、第一二期全国人民代表大会第三回会議（二〇一五年三月五日〜）であった。同会議で曹建明・中国最高人民検察院検察長が活動報告を行い、前年に収賄などの汚職で五万五千余人を立件したと明らかにし、周永康前政治局常務委員、徐才厚前中央軍事委員会副主席・政治局委員ら二八人の省長、閣僚級以上の幹部の名を公表した。「東北の虎」と畏怖されていた軍最大の実力者の一人であった徐才厚は前年三月に調査対象となり、全人代最中の三月一五日に膀胱癌で死去した。

同じ頃、共産党中央規律検査委員会は三大国有自動車メーカーの中国第一汽車集団社長、東風汽車幹部、国内最大の石油企業・中国石油化工集団社長らを重大な規律違反と違法行為で調査していると発表した。全党的闘争課題とされる腐敗撲滅運動において、いかに巨大な国営、準国営企業であろうと、目を付けられたら一巻の終わりである。中国屈指の民間企業トップや大富豪といえども、許認可権絡みの弱みがあり、党中央規律検査委の匙加減で運命が決まる。その点が、ロスチャイルド、ロックフェラーなど巨大財閥一族が政界に隠然たる影響力を保持する米国と根本的に異なる。

全人代の一カ月後、事態は決定的な局面に入る。中央軍事委員会が郭伯雄前中央軍事委員会副主席・政治局委員を汚職容疑で調査すると決定し、本人、息子、秘書らに事情説明を要求していることを明らかにしたのである。胡錦涛前政権時代、郭伯雄は「西北の狼」と称され、徐才厚と並び立つもう一人の軍の実力者であった。軍を二分し、軍の人事もカネ次第の風潮をはびこらせ、巨額の賄賂を吸い上げていたが、胡錦涛総書記は見て見ぬふりをするしかなかった。「東北の虎」、「西北の狼」共に江沢民前総書記を後ろ盾にしていたからである。軍を掌握し切れなかったことで胡錦涛総書記は常に江沢民前総書記の影を気にし、政治力を制約された。それが腐敗官僚をつけ上がらせる二重権力構造の歪みをもたらした。

習近平はそれをつぶさに見ていた。「政権は銃口から生まれる」（毛沢東）ように、権力基盤確立には軍の掌握が絶対不可欠である。江沢民派の反撃を予想する声もあったが、習主席は周到果敢に、引退後も軍に根強い利権と影響力を保持していた「東北の虎」と「西北の狼」の息の根を止め、権力の要諦を押さえた。鄧小平は天安門事件で軍を結束させ、事態収拾に功のあった楊尚昆中央軍事委員会副主席、楊白冰同委秘書長兄弟を軍内で影響力を持ちすぎたとして同委から追放し、軍務経験のない江沢民を同委主席に据えて後顧の憂いを断ったが、習近平はそれに匹敵することを自ら成し遂げたと言えよう。

ある程度の抵抗は織り込み済みであった。全人代を控え、習主席ら幹部の住居や執務室がある中南海の警備を担当する中央警衛局の曹清局長が突然、北京軍区副指令員に移動し、王少軍副局長と交代した。突然の警備責任者更迭に日本では一部週刊誌が、「首相官邸に習近平暗殺未遂事件が報告された。中央警衛局の一部が同月三日に政権転覆のクーデターを計画し、それを知った習主席が曹局長を解任し、三〇〇人以上の警衛局員を取り調べた」（『週刊現代』）と伝えた。真偽は中南海の深い闇の中であるが、習主席の身辺警護が一段と強化されるなど、ピリピリと張り詰めた動きがあったことは多数が目撃している。

しかし、大勢は既に決していた。その前年七月二九日、共産党中央は、胡錦涛政権時代の党中央序列七番目で江沢民最側近の一人であった周永康前政治局常務委員・中央政法委員会書記を「重大な規律違反容疑」で立件、審査すると発表した。公安相などを歴任し、警察、検察、裁判所に絶大な権力を行使していた元トップ九が党中央規律検査委の取調べ対象となったこと自体に、多くの中国国民が一つの時代が終りつつあることを感じ取っていた。

軍を掌握し、自信を深めた習近平は総仕上げに入る。三月一八日、最高人民法院が全人代で前年度の司法活動報告を発表し、「周永康や薄熙来らが法治を踏みにじり、党の団結を破壊し、非組織政治活動を行った」と一連の反党事件の全貌を総括した。聞きなれない「非組織政治活動」の中身は伏せられたが、習近平政権に反抗してきた共産党内の主要勢力はが芋づる式に摘発されたことを意味する。周は全人代終了直後の四月三日、最高人民検察院によって天津市第一中級法院に起訴され、六月一一日、収賄、職権乱用、国家機密漏洩罪で無期懲役が言い渡された。非公開審理が一回行われただけであったが、頭髪が真っ白に変わった周はカメラに向かって弱々しい声で、「自分が犯した罪が党に損害を与えた。後悔している」と罪を全面的に認め、上訴断念を表明した。石油閥利権の総帥として君臨し、一族の不正蓄財総額は一〇〇〇億元（約二兆円）に上ると悪評紛々であったが、息子や妻と共に一億三千元（約二六億円）の賄賂を受け取り、国家に一四億八六〇〇万元の損失を与えたと判定された。不正蓄財額が極刑相当額ギリギリに抑えられたのは、司法取引に応じて情状が酌量されたからであろう。

口さがないネット上の政界雀は、江沢民元主席に限りなく近いトラが摘発されたのは、「将を射んと欲すれば先ず馬を射よ」（杜甫）、つまり、〝大トラ〟が視野に入っているからとかまびすしかった。だが、事はそう単純ではない。

周裁判があっけなく結審した一カ月後、胡錦涛前総書記の最側近であった令計劃・前党統一戦線部長に対する「党籍剥奪」が発表された。復権の道を断つ、政治的死刑宣告と言うべき処分である。胡錦涛総書記を補佐する共産党中央弁公庁主任を務め、一時は共青団系のホープと目されていたが、前年末から「重大な規律違反」や女性問題で党中央規律検査委の調査を受けていた。その二ヶ月後、新華社通信は、習主席が主宰した党政治局会議（七月二〇日）で党籍剥奪が決められたと報じた。同時に、最高人民検察院が職権乱用による収賄容疑で立件捜査し、逮捕すると決定した。党中央規律検査委は「党の政治の規律、ルール、組織の規律、秘密保持の規律に著しく違反し、党・国家の大量の核心的機密を違法に入手」と罪状認定し、周永康や薄熙来との関連を示唆した。令は地元山西省の石炭利権を握り、業者と癒着して私財を蓄え、山西省出身者の親睦会「山西会」を基盤に党内での影響力拡大を図っていた。

江沢民元主席と張り合っていた胡錦涛前総書記の最側近を摘発したことに、習近平ならではの絶妙なバランス感覚が働いている。江沢民系列だけではなく胡錦涛系列の大物にもメスを入れることで、特定の勢力を狙い撃ちする権力闘争ではなく、あくまでも不正腐敗撲滅と党の浄化という大義に沿ったものであるとのメッセージを込めたのである。相手を必要以上に追い詰めず、譲歩を誘う習一流の政治スタイルと言えよう。

軍制服組の最高位にあった郭伯雄前中央軍事委員会副主席・政治局委員の処分が残されていたが、新華社は同年七月三〇日、共産党政治局が党籍を剥奪し、「重大な収賄犯罪の疑いがある」として軍事裁判で刑事責任を追及することを決定、と報じた。「職務権限を利用して他人の昇進に便宜を図ったり、自らあるいは家族を通して賄賂を受け取った」と手厳しい。党の大方針を話し合う北戴河会議が翌月に迫る微妙なタイミングである。

郭は政治軍人の徐と異なり、部隊を指揮する生粋の制服系である。人事に大きな影響力を及ぼし、軍幹部の大半にその息がかかっているとの見方もある。そうしたことから日本の中国ウオッチャーには「軍内の強い反発」、「上海閥の反撃」、「軍事クーデター」などと予測する向きもあるが、抗日戦争勝利七〇周年とあいまって革命伝統意識が高まり、本来の任務と役割を果たすために浄化が必要との声が軍内の主流となっており、習主席が軍掌握に成功したことはもはや否定できない。

とは言え、一連の経過を注意深く追ってきた張若飛には不透明感がぬぐえなかった。木だけ見せられ、森が見えない。最高人民法院の司法活動報告にある「周永康や薄熙来らが法治を踏みにじり、党の団結を破壊し、非組織政治活動を行った」との記述が具体的に何を意味するのか、水と油の間である上海閥の周永康と共青団系の令計劃がどこでどう繋がるのか……と、疑問符が次々に浮かんでくる。

薄熙来に不思議な縁を感じていたこともあって、彼の唐突な失脚の理由がどこか取って付けたように不自然で、額面どおりには信じられない。父親の薄一波は西安の司令部で決起の時期をうかがっていた張学良に勇気を与えた一二・九運動（一九三五年）の活動家であった。妻の谷開来の父親の谷景生中将は、同運動を組織した地下党責任者であった。親近感を覚えない方が不思議であるが、薄熙来が張一族の故地である大連や東北振興に寄与したことでその思いは一段と強まった。それがこともあろうに張若飛の生まれ故郷である成都での駆け込み事件で躓き、あれよあれよという間に転落していく……。舞台裏で何があったのか、真相を是非とも知りたいと思った。

隠語のような「非組織政治活動」の全容を明かすヒントとなるのが、加藤隆則・元読売新聞中国駐在編集委員が「記者生命をかけた歴史的レポート」と銘打って寄稿した『習近平暗殺計画』(文藝春秋二〇一五年八月号)である。中国共産党の最高機密文書である「内部報告」をスクープしたという。「内部報告は、二〇一五年三月一八日、党中央弁公庁が、習氏らトップ二五人で構成する党中央政治局の決定事項を伝達するために行った」とし、「周永康と薄熙来、令計劃の三人が二〇〇九年に政治連盟を結び、すでに第一七回党大会で内定していた習近平同志の政権継承を阻止して、第一八回党大会後に薄熙来政権を誕生させ、令計劃を党中央政治局常務委員入りさせるクーデターを企画した」と驚くべきことが記されているという。

俄かには信じがたいが、同日に発表された最高人民法院の司法活動報告にある「非組織政治活動」を具体的に説明したとも解釈できる。スクープ記事は「幹部のランクごとに伝達の方法は異なった。中央政府の大臣・次官クラスや地方政府の指導部らいわゆる部長級には、北京での会議で文書を配布し、局長級にはテレビ会議の画面で文書内容を表示しながら伝えられた」と、地位に応じて情報を小出しにする共産党特有の伝達方式を的確に言い当てている。「連日のように開かれる政治学習会に辟易としていた党幹部たちも、次の報告には寝ぼけ眼をカッと見開かざるを得なかった。『周永康は自分への捜査を妨害するため、習近平同志に対する暗殺を計画した』」との書き出しには、その場に居合わせた臨場感がにじみ出て、リアルで説得力がある。

信憑性は低くはないが、この種の政治文書特有の思わせぶりなレトリックにも留意する必要がある。習近平指導部が意図的にリークした可能性も否定できない。

「習近平暗殺計画」と聞くと一瞬、耳を疑うが、実は、要人暗殺事件は文化大革命まで中国社会では決して珍しいことではなかった。「四人組」事件で文革派は党中枢から排除され、中国社会は新しい改革開放の時代に入った。「四人組」事件に匹敵する「非組織政治活動」事件は、次なる時代への陣痛であったのかもしれない。太子党の薄熙来、上海閥の周永康、共青団ホープであった令計劃が共に粛正されたことは偶然ではない。「非組織政治活動」もしくは「内部報告」にある「政治連盟」がキーワードになろうが、それを解くには習近平総書記誕生までの波乱の軌跡を振り返る必要がある。

習近平は二〇一二年一一月の第一八回党大会で総書記に選出されたが、薄氷を踏む思いであったろう。その九カ月前、毛沢東時代を彷彿させる派手なパフォーマンスで大衆的な人気をはくし、政治局常務委員の有力候補であった薄熙来・重慶市党委書記兼党中央政治局員の、文字どおり降って湧いたようなスキャンダルが全党を揺るがせたのである。

同年二月六日、薄熙来の側近の王立軍前重慶市公安局長が成都の米総領事館に駆け込み、「亡命か」と外信が一斉に報じた。その四日前に王立軍が公安局長から電撃解任されていたことから、驚愕のスキャンダルが発覚する。薄ファミリーの海外資産運用に関わっていた英国人実業家ヘイウッドが前年一一月に重慶市内のホテルで急死し、「急性アルコール中毒死」と片付けられていた。だが、薄煕来の妻で弁護士の谷開来による犯行であったことが明るみに出た。王立軍はもみ消し工作の不手際を薄煕来に叱責されて公安局長を解任され、身の危険を感じて米総領事館に逃げ込んだのであった。

中国のソーシャルメディアである微博には、中国有数の女流弁護士と評判の谷開来が数十億ドルの個人資産を蓄え、海外に送金しようとしてヘイウッドとの間でトラブルが生じ、ハーバード大に留学している息子の命を脅かされ、毒殺した……等々と書き込まれたが、新華社（同年四月一〇日）が「急性アルコール中毒によって死亡したとされた英国人ビジネスマンは、投資話のもつれから毒殺されたことが明らかになり、谷開来が取調べを受けている。夫の薄煕来重慶市党書記・政治局員も職務停止となり、『重大な規律違反』で中央規律検査委員会の審査を受けている」と報じた。同年八月二〇日、安徽省合肥市中級人民法院で谷開来に対し執行猶予二年の死刑判決、王立軍には一カ月後、懲役一五年の判決がそれぞれ言い渡された。

だが、薄煕来の処分は一筋縄にはいかなかった。父親が鄧小平の側近である「八大元老」の一人であった薄一波元副総理の長男であるため、そうそうたる党の長老たちが寛大な処分を求めて露骨な圧力行使に出て、党大会直前まで紛糾した。

「太子党」とは、功績を残した革命第一世代の子弟たちの集団「紅二代」を、中国歴代王朝の皇太子周辺に形成された派閥を指した「太子党」になぞらえた言葉であるが、その数は数百人規模と推算される。ほとんどが地方官僚であり、文化大革命で迫害されたトラウマを抱え、世襲批判を気にした隠れた存在であった。党中央で隠然たる勢力を誇示する江沢民の上海閥や、共産党員への登竜門と位置付けられ、全国の学校、政府・軍機関、職場すべてに組織されている共青団派とは比べようもなかった。だが、上海閥と共青団閥が綱引きを演じる中、次第に中間派として存在感を高めていく。その筆頭格が薄熙来であった。地味な四歳下の習近平と対照的に直情径行の行動派であり、数々の業績を挙げて中央からも注目され、ある時期まで太子党の最有望株と嘱望されていた。

建国の年である一九四九年生まれの薄熙来は、中学卒業後に紅衛兵として文革に参加したが、父親の失脚に連座して学習班に送られ、自己批判と労働改造に明け暮れる。深い挫折感をバネに上昇志向を強め、二七歳で北京大学歴史系世界史専攻に入学し、社会科学院、温家宝が主任を務める党中央弁公庁勤務を経て遼寧省金県党委副書記となる。大連市長、党委書記、遼寧省長と出世街道を歩くが、その都度、大胆な外資導入で地域振興を図った実力派である。ヘイウッドとのつながりはこの時期から始まった。ひとたび敵性と判断すると容赦せず、暴力団と結託して暴利を貪った東北屈指の大企業家を逮捕・処刑し、反社会的勢力を震え上がらせた。

その功績が評価されて第一六回党大会（二〇〇二年）で中央委員となり、温家宝首相の下の政務院で貿易担当の商務部長として対外貿易摩擦問題を手がける。二〇〇七年の第一七回党大会で政治局員に昇格し、「西部開発の拠点」として四番目の直轄市に格上げされた重慶市党委書記に転出する。出世階段をまた一歩上ったが、想定外だったのは後輩の習近平が二階級特進の国家副主席・政治局常務委員に抜擢され、ポスト胡錦涛の一番手の位置を奪われたことである。

負けん気の強い薄熙来は、新任地での巻き返しを誓う。東北振興で辣腕ぶりは証明済みである。外資導入額を倍々増させ、年率一六％という全国トップクラスの高成長を達成し、「共同富裕」を前面に掲げて低所得層の住宅建設や農村の環境整備に力を入れた。二〇〇九年六月からは汚職・犯罪組織摘発の一大キャンペーン「打黒」を展開し、黒社会と癒着した市公安局の汚職事件摘発も同時に進めた。文革さながらに「毛沢東回帰」を旗印に掲げ、文革時代に流行った革命歌謡の紅歌で気勢を上げる大衆的な唱紅運動で疑わしきものをあぶり出し、一五〇〇人余を処分した。強引きわまる手法であったが、全国に熱狂的な共感を呼び起こし、「烏有之郷（ユートピア）」や「毛沢東旗幟網」などの左派サイトが積極的な支持を寄せ、全国の不正腐敗反対デモには薄熙来の名がプラカードに登場するようになった。

党中央でも江沢民派の呉邦国全人代委員長・政治局常務委員、李長春、賀国強、周永康政治局常務委員らが「重慶モデル」と絶賛した。同じ太子党として心情的にシンクロするものがあったのであろう、習近平国家副主席・政治局常務委員も「重慶モデル」を高く評価した。

上昇気流に乗ったかに見えたが、傲岸不遜が招いた子飼いの王立軍の亡命未遂事件であっけなく破綻する。しかし、自信家の薄自身はまだ逃げ切れると考えていた。党機関紙の人民日報が「改革しないことによる危機」（二月二三日付論評）を訴えるなど薄の責任を追及する声が高まりつつあったが、亡命未遂事件一カ月後の三月に開催された第一一期全人代第五回会議場に平然と現れ、記者会見を開いて「自分は調査対象ではない」と胸を張って見せた。

それに対して温家宝総理が決然と異を唱え、薄熙来追及の急先鋒となる。全人大での政務報告で「改革」という言葉を七〇回も繰り返して文革を称揚する風潮に警告を発し、薄熙来を暗に批判した。

さらに全人代閉会日の同月一四日の記者会見で、ロイター記者の質問に答える形で「厳しく法に従って処理する。現在の重慶市党委は王立軍事件から真剣に教訓を学び取るべきである」と述べ、「打黒・唱紅」を挙げながら「文化大革命再来の恐れがある」と声を荒げた。温厚な温家宝がメディアの前で感情を露わにし、特定の個人を辛辣に批判するのは初めてであった。

「改革は党と政府のあり方にメスを入れることから始まる」（三月七日）と、薄熙来追求に声をからしたのがもう一人いた。胡錦涛総書記の懐刀と目されていた汪洋・広東省党委書記である。薄熙来の前任の重慶市党委書記であった汪洋は、「打黒・唱紅」でかつての部下たちが文革時代のように吊し上げられたことを腹に据えかねていた。九から七に減らされる予定の次期政治局常務委員の椅子を争うライバルでもあった。食品工場の労働者から第六世代共青団のホープと言われるまで頭角を現した汪洋は、構造改革やモデルチェンジを持論とする産業淘汰策を押し進め、中国最大の経済圏である広東省経済底上げに奮闘していた。

温家宝の異例の記者会見の翌日、共青団系の李源潮政治局員・書記が部長の党中央組織部は薄熙来を重慶市党委書記から解任すると発表した。さらに四月一〇日に新華社が「党中央は薄熙来を『重大な規律違反』で党中央委員・政治局員の職務を停止し、中央規律検査委の調査を受けると決定した」と伝え、万事決したかと思われた。

追い詰められた薄熙来は最後の手に打って出る。六月中旬、亡父が抗日時代に創設した山西犠牲救国同盟会の流れを受け継ぐ雲南省駐屯第一四集団軍を極秘訪問した。クーデターを画策したとの尾ひれまで付いてネット上を駆け巡った。未確認情報であるが、火のないところに煙は立たない。

党中央では胡錦涛総書記が薄熙来追求の勢いを駆って、次期政治局常務委員人事を有利に進めた。八月に河北省北戴河で九人の政治局常務委員に長老たちを交えた非公開会議が持たれるが、次期総書記に内定している習近平以外の六人の次期政治局常務委員の人事案が提示され、李克強筆頭副首相、李源潮組織部長、汪洋広東省委書記、劉延東統一戦線部長ら共青団派四人の昇格がほぼ固まった。

新華社は九月二八日、「党規律の深刻な違反を犯し、国内外で党及び国家の評価に多大な打撃をもたらした。党中央政治局員、中央委員を解任され、党籍は剥奪された」と、政治局による薄熙来の〝最終処分〟を公表した。刑事裁判に付されるとされ、複数の女性との不適切な関係や二千万元(二億四千万円)の収賄容疑が付け加えられた。

だが、長老たちが猛烈な巻き返しに転じる。鄧小平の長男の鄧樸方に近い「太子党」の兪正声・上海市党委書記から、次女の鄧楠・党中央委員が鄧小平の遺族の意向として薄熙来への寛大な処分を求めていると伝えられる。鄧小平の権威は健在であった。動静が途絶え、産経新聞に一面トップで死亡記事を報じられた江沢民前総書記が突如、公式行事の場に姿を現し始めた。静かに余生を送っていた李鵬元総理、朱鎔基前総理、李瑞環前人民政治協商会議主席らも母校やテニス大会など公開の場にしゃなりと顔を出し、人民日報紙上をにぎわせた。同じ頃、第二次天安門事件の武力弾圧を後悔するかのような李鵬回顧録の出版が中止になったと香港紙が報じた。左派系知識人が公正な処分を求める公開書簡をネット上で発表するなど、第一八回党大会が近付くとともに北京は百鬼夜行の異様な緊張に包まれた。

あらぬことか、薄熙来追求の手綱を緩めない温家宝総理に不正蓄財疑惑が降りかかる。ニューヨーク・タイムズ電子版（一〇月二五日）が、「母親、妻、息子、弟、義弟など温家宝一族の資産は二七億ドルに上る」とすっぱ抜いたのである。中国外務省報道官が翌日、「中国の顔に泥を塗った下心ある報道」と非難し、中国国内でのニューヨーク・タイムズ電子版の閲覧が遮断された。温家宝の家族から委任された弁護士が「隠された資産は存在しない」（サウスチャイナ・モーニング・ポスト同月二八日）と否定し、温家宝自身も党規律検査委に一族の資産調査を要請したと香港紙が報じた。温家宝は一年前から香港の知人に釈明の文書を手渡していたという。

だが、ニューヨーク・タイムズは怯まない。暴露記事を書いたデービッド・バーボザ記者がツイッターで即座に反論し、温一族の蓄財は政府当局や関連企業の公開報告書に全て出ていると明かしたのだ。温家宝首相の母親が郷里の企業名義で保険・金融大手の平安保険の株式を所有していること、温首相が新型肝炎の流行を抑えるために医療廃棄物処理の規制を強化した際に弟の企業が関連事業を政府から受注したこと、宝石品質管理担当の政府職員であった妻が中国宝石市場の「女王」として君臨していること、一人息子が中国有数の投資ファンドを運営している……等々と事細かい事例を挙げ、いずれも公開されている資料に記載されており、その気になれば誰でも調べられると一歩も引かない。

外信による暴露は以前からあった。習近平・国家副主席の親族についても姉夫婦とその娘に関して「習近平一族が三億七六〇〇万ドルの海外資産と、香港に七軒の豪邸所有」（ブルームバーグ二〇一二年六月二九日）と報じた。また、胡錦涛総書記の息子が空港のエックス線検査機、江沢民前総書記の息子が通信・パソコン機器についてそれぞれ利権を握っていると伝えられた。党大会が近付くにつれて暴露記事は辛辣を極め、次期首相候補の李克強筆頭副首相について実弟が六千億元（七兆二千億円）もの巨利を挙げる国家煙草専売局副局長であり、「首相就任前に交代させる必要がある」とのコメント付きでブルームバーグ通信（一〇月二六日付）が報じた。その五日後、李克強の出身母体の共青団機関紙の中国青年報が一面ぶち抜きで、李克強が遼寧省書記時代に二〇〇万人の低所得者向け住宅を建設したと報じ、庶民の味方であることをアピールして防戦に努めるなど、場外乱闘の様相を帯びる。

法が未整備の中国の不正蓄財問題の病根は、深く、広い。党幹部のファミリービジネスは違法とされておらず、不正蓄財問題が政争に利用されやすい。日米でもごく普通に政治家のファミリー企業があるが、中国では法的な規制や監視が整っておらず、権限濫用や汚職との境界が曖昧になっている。共産党の規則にも一族の資産公開を義務付ける条項がないため、口利きや利益誘導が慣行化している。

共産党幹部一族は例外なく蓄財に励んでいることになるが、当事者たちに罪の意識は希薄で、まさに改革開放政策の巨大な陥穽である。「発展」至上主義が「発展」に寄与さえすれば何をしても許される、多少のおこぼれをもらって何が悪いといった悪しき風潮を助長し、金銭崇拝や私物化への罪悪感を麻痺させている。鄧小平が改革開放政策を手探りで開始した当時、幹部子弟の商行為はむしろ先富論を実践する先駆的な国策行為として奨励された。未知の領域であったため巨額の利益をもたらすなどとは誰も思わず、「資本主義の手先」と後ろ指を指される汚名覚悟の冒険であった。鄧小平自身が、中国初の経済特区に指定された深圳を軌道に乗せるために、誰も手を出そうとしない事業を息子の鄧樸方に勧めた。結果的に深圳モデルは成功して鄧樸方の事業は順調に伸び、香港などで手広く展開するにいたった。

改革開放政策のスピードに共産党幹部の意識が付いていけず、法のグレーゾーンが生まれている。私有財産制廃止の社会主義の建前と私有制の市場経済のギャップが公私の区別を曖昧にさせ、歪んだ特権意識が利権・腐敗の温床となっている。不安定な国家や社会に頼らず、一族が結束して財を成す中国伝来の客家的な文化も無視できない。鄧小平も客家であった。日米欧でも官僚や政治家による利権漁りと汚職が新聞紙面をにぎわすことがあるが、法治主義と言論・報道の自由が自浄作用を促す。中国では権力闘争に変質して政治的経済的利権の再編で一件落着となり、根っ子が温存されてきた。

世界有数の大国として国際社会に責任を負うようになった中国は、その問題にケジメをつける時期に来ている。寡黙で質素な生活を好む習近平が国家のトップになったのは、巡り合わせであろう。福建省長時代、韓国で元大統領二人が汚職で逮捕されたとのニュースに驚く周囲に、「中国も習うべきだ」と述べ、さらに驚かせたとの逸話がある。法治主義を中国に根付かせようと、「聖域はない」と大鉈をふるい、中国国民から拍手喝采を浴びるが、潔癖症の自身も古い贈答文化から完全に自由ではありえない。姉夫婦以外にも、習の弟の遠平・省エネ環境保護協会会長が李河君「漢能集団」会長との親密な関係がうたがわれ、疑惑を晴らすには身辺整理が不可欠である。「習近平の親思いはつとに知られている。高齢の母親の目が黒いうちは手をつけられないが、……」と消息筋は明かす。

胡錦涛総書記、温家宝首相に逆風が強まる。第一八回党大会の日程発表が通常よりも一カ月遅れ、「胡耀邦総書記の党内ガバナンスは機能停止状態」と海外メディアの目は厳しくなる一方であったが、ようやく九月二八日、一一月八日開幕と発表された。

薄熙来問題に決着が付くのは党大会四日前、ギリギリのタイミングで開催された第七回中央委員会全体会議（一一月四日）においてであった。九月の中央政治局会議で党籍剥奪、司法機関送致とされた処分が最終的に承認された。だが、王立軍が逃げ込んだ重慶の米領事館を薄熙来の命を受けて警察車両で包囲した黄奇帆・重慶市長が新中央委員に選出される見通しとなり、政治的な決着が図られる。団結を優先し、事件を必要以上に拡大させない方針が党中央の意志として政治学習会などを通して各機関に周知された。

しかし、本番の力比べはこれからである。次期新政権の中枢となる党政治局常務委員選出を巡る水面下の綱引きは一段と激しさを増していた。

党大会を一週間後に控えた一一月一日、北京市内にプレスセンターが設置され、正面にまだ名誉回復されていない趙紫陽元総書記が胡耀邦元総書記と並んで映る大きな写真が掲げられた。悲劇の総書記が二十余年の歳月を経て、やっと名誉回復されたと思われたが、二日後に撤去され、胡耀邦一人の写真に差し替えられる。温家宝の悲願は果たせなかった。胡耀邦は二〇〇五年の生誕九〇年記念式典が盛大に開催されたが、趙紫陽は死んでも軟禁処分を解かれなかった。「共産党一党独裁反対」のスローガンを掲げた学生デモ隊を愛国と容認して鄧小平の怒りを買って党職停止となったが、最後まで自己批判を拒んだのである。

温家宝総理はその後、任期満了を控えてタイを訪問した折、地元華人の集まりに顔を見せ、心境を一遍の詩に託す。春秋戦国時代の屈原の詩「楚辞・離騒」を借り、「林泉に帰隠する」と政界引退を表明したのである。屈原は清廉潔白で知られ、憂国の情から王を諫めたが入れられず、汨羅江に身を投げた。温家宝には党弁公庁主任として付き従った趙紫陽元総書記の名誉回復を果たせなかったことに慚愧の念に堪えない思いが残ったことであろう。

全世界が固唾を呑んで見守った共産党大会が北京の人民大会堂において開幕するが、主席団の光景に内外記者団は目を見張った。中央の胡錦涛総書記と温家宝総理の間に江沢民前総書記が割って立ち、九人の常務委員に混じって李鵬元首相、朱鎔基前総理、李瑞環前人民政治協商会議主席ら引退したはずの長老たちがずらりと顔をそろえたのである。東京、ソウル、ワシントン、ロンドン、パリでは口さがない記事が飛び交い、顧問委員会の長老たちになじられ、号泣して総書記の座を追われた胡耀邦、趙紫陽元総書記の悲劇の再来かと穿つものもあった。

憮然とした面持ちの胡錦涛(六九歳)がぎこちない笑みをつくり、高齢の江沢民(八六歳)をいたわるように着座を勧めた。瞬間、正面をきっと見据えていた江沢民前総書記が不快な表情を浮かべ、片手で振り払う仕草がテレビ画面に大きく映し出された。胡総書記が最後の中央委員会政治報告に立つが、冒頭で「政治報告全文は配布されており、要点だけを話す」と、招からざる長老たちを気遣った。二期十年を振り返りながら、「科学的発展観はマルクス゠レーニン主義、毛沢東思想、鄧小平理論、『三個代表』とともに指導思想である。それを堅持し、二〇二〇年までにGDPと都市・農村の一人当り所得を二〇一〇年比で倍増させ、全面的に小康社会を実現する」と述べ、「政治改革を積極かつ穏当に押し進め、健全な人民民主を発展させる。腐敗問題がうまく解決できなければ、党も国家も滅んでしまう。地位のいかんを問わず、党規、法律に違反すれば容赦なく厳罰に処する」と結んだ。

胡総書記の演説は一時間半に及んだが、江沢民前総書記は報告文にちらりと目を落とすだけで、しきりに時計を気にし、腕組みをしながら人民大会堂を埋め尽くした代表たちを睥睨した。二二七〇人の代表たちは壇上の前、現総書記の一挙手一投足の意味を推し量りながら、閉会翌日の第一期中央委員会総会で選出される予定の七人の常務委員の顔ぶれがどうなるかをてんでに想像していた。現総書記が押し切るのか、それとも前総書記が巻き返すのか。

閉会前日の一三日、党員の不正腐敗を取り締まる中央規律検査委員会の新委員名簿が配られ、場内がざわめいた。李克強・筆頭副首相と次期総理の座を争っていた王岐山副首相の名があり、後にそれが決定的な意味をもつが、賀国強・常務委員の後任の規律検査委書記に確定したのである。王岐山は姚依林元第一副首相の娘婿で、「太子党」とされる。金融、貿易分野を担当し、朱鎔基前総理に近い構造改革論者として海外でも評価が高かった。

閉会日の一四日早朝、衝撃的な情報が駆け巡った。側近筋の情報として、胡錦涛が総書記とともに党軍事委員会主席も退く意向を示したと、外信が同日付けで一斉に報じたのである。江沢民は二年間同職に留まって睨みを利かしており、「胡錦涛敗北」と伝える外信もあった。しかし、胡錦涛もただでは転ばない。肉を切らせて骨を断つごとく、江沢民系の徐才厚、郭伯雄両中央軍事委副主席を道連れに辞任させ、自分の息がかかった范長竜、許其亮両上将を任命する捨て身の人事を終えていた。これが後に決定的な意味を持つ。

党大会では最後に、党規約改正が成され、「幹部の選抜においては徳を先とし、全国から公正かつ真面目な人材を結集する。（幹部は）品性を重んじ、手本を示すべきである」との決議文が採択された。続いて中央委員二〇五人、中央委員候補一七一人が選出された。新華社が習近平、李克強が中央委員に選ばれたと別格で伝え、王岐山副首相、劉雲山党中央宣伝部長、劉延東国務委員、李源潮党中央組織部長、汪洋広東省党委書記、張高麗天津市党委書記、張徳江副首相・重慶市党委書記、兪正声・上海市党委書記、范長竜上将（六五歳）、許其亮上将（六二歳）ら計一二人の新中央委員の名を略歴付で紹介した。その中から七人の新常務委員が選ばれる仕組みである。

一週間にわたる大会は閉幕し、江沢民が胡錦涛に歩み寄り、狸と狐が化かしあうようににこやかな笑みを浮かべながら三秒程度握手を交わし、党の団結を代表たちにアピールした。とは言え、鬼気迫る鍔迫り合いはまだ終わっていない。形式上は翌日の第一期中央委員会全体会議で二五人の政治局員、次いで常務委員の選出となる段取りであるが、リストは前もって現在の常務委員九人と長老らの合議で定められる。常務委員九人を従来の七人に戻すことは決まっていたが、中国の最高意思決定機関となるチャイナ・セブンは習近平、李克強、王岐山以外はまだ未確定であった。

閉会翌日の一五日、新常務委員七人が人民大会堂の記者会見場に序列に従って姿を現した。習近平総書記（五九歳）、李克強筆頭副首相（五七歳）、張徳江副首相（六六歳）、兪正声・上海市党委書記（六七歳）、劉雲山党中央宣伝部長（六五歳）、王岐山中央規律検査委書記（六四歳）、張高麗天津市党委書記（六六歳）の順であった。八月の北戴河会議で内定されていた共青団系の劉延東（六七歳）、李源潮（六二歳）、汪洋（五七歳）が抜け、六七歳定年間際の江沢民系の人物たちとごっそり差し替えられていた。

兪正声、王岐山は「太子党」である。張徳江は北朝鮮の金日成総合大学に留学し、北朝鮮通として江沢民に重用された。張高麗は深圳市党委書記時代に江沢民に引き立てられた「石油閥」の一人とされる。劉雲山は新華社記者、共青団内モンゴル自治区委副書記を歴任している。江沢民系が多数派の構成は、共青団系で固めようとした胡錦涛人事を江沢民が土壇場でひっくり返したことを如実に物語る。そこにどっちつかずの「太子党」が加わり、テミスの剣と天秤のようなバランスを保った。

習近平新総書記にとっては、まさに天の配剤であった。胡錦涛総書記は自身の政界引退と引き換えに長老が党運営に口を挟む内規を撤廃し、江沢民前総書記と刺し違えた。江沢民に近い常務委員がこぞって定年となる五年後の第一九回党大会を見据え、李源潮、汪洋ら共青団系に再登用のチャンスを残す思惑もあったであろうが、結果的に習近平総書記が長老たちに煩わされず、裁量権を存分に行使する環境を整備した。

とりわけ、軍を二分していた「東北の虎」の徐才厚、「西北の狼」の郭伯雄を党中央軍事委から退かせた意味は大きい。後任の軍事委副主席に軍内「太子党」の筆頭格である劉源上将を推薦する案もあったが、無難な范長竜、許其亮に収まった。劉源は文革で非業の最期を遂げた劉少奇元国家主席の息子である。ちなみに、毛沢東の孫の毛新宇(毛沢東の次男・毛岸青の長男)は二〇一二年に四〇歳で人民解放軍最年少の少将に昇進した。中国軍事科学院戦争理論・戦略研究部の副部長を務め、全国政治協商会議委員でもある。人民大学歴史学部卒業後に入隊、「毛沢東の戦略思想研究」との論文で軍事科学院博士号を取得し、〝軍のプリンス〟と一目置かれている。

密かなキーワードは、軍中枢からの江沢民色の一掃である。中央軍事委の日常業務を統括する軍事委弁公庁主任には胡錦涛最側近の陳世炬・党弁公庁主任が横滑りした。前任者は江沢民の息のかかった徐才厚軍事委副主席直系である。また、総参謀長に房峰輝、総政治部主任に張陽を任命したが、いずれも中間的な国防大学出身である。

毛沢東は紅軍を率いて長征を行う過程で共産党の指導権を掌握した。鄧小平も軍事委員会主席として軍を動かし、天安門事件を収拾した。人民解放軍は党の軍隊としての建軍理念を忠実に守って社会主義体制の擁護者を自負しており、共産党にとっては最強の後ろ盾であると同時に監視役でもある。軍から江沢民の影響力が薄まり、本来の姿に回帰しようとしていることが、胡前総書記が習近平新総書記に遺した最大のプレゼントと言えよう。

以上が薄熙来騒動から第一八回党大会に至る、権謀術数が刻んだ起伏に富む軌跡であるが、加藤元編集委員がスクープした「内部報告」と照らし合わせると、点と点がつながる。秘密のベールを剥ぐように、中南海の銃声なき凄まじい権力闘争が透けてみえてくる。最大の謎である二〇一五年三月一八日の最高人民法院の司法活動報告にある「非組織政治活動」はほかならぬ政権転覆の陰謀であった可能性が高い。「内部報告」が「周永康と薄熙来、令計劃の三人が二〇〇九年に政治連盟を結び、薄熙来政権を誕生させる」と明かすクーデター計画は十分に政治的な説明になっている。

首謀者は、公安・安全部門を牛耳る中央政法委員会書記の周永康とする筋立てである。「周永康は自分への捜査を妨害するため、習近平同志に対する暗殺を計画し、公安要員を使って健康診断にまぎれて毒物を注射しようとしたり、会議の席に小型爆弾を仕掛けた」とする。

さらに「二〇一二年三月に開催された第一一期全人代第五回会議閉幕直後の同月一九日、周永康は党中央規律検査委に拘束された薄熙来の金庫番の徐明・元大連実徳集団会長を救出しようとしたが、胡錦涛総書記が首都警備を担当する陸軍三八軍を投入して制圧した。三八軍に包囲された周は中南海に通じる地下道から脱出するが、それを助けたのが令計劃・党中央弁公庁主任である」と、北京の政治の心臓部で武力衝突まで起き、胡錦涛総書記に最も近い秘書長の令計劃・党中央弁公庁主任が敵方の周永康と通じていたとする。

『三国志』を思わせる「内部報告」は一体、誰が、何のために作成したのか？　それが検証されなければならないが、「二〇一五年三月一八日、党中央弁公庁が、習氏らトップ二五人で構成する党中央政治局の決定事項を伝達するために行った」というから、事実なら、習総書記が主導して政変騒動を総括したということになる。加藤元編集委員もスクープ記事で「政権をまたぐ事件処理は、習氏の了解を得ながら進められたことは間違いない。指導部の分裂を避けるために生まれた『常務委は腐敗調査の聖域』との不文律を、習氏は政権一期目で突破して見せた」と評価する。

「内部報告」は意図的にリークされた可能性もある。「内部報告」が出るまで習近平の影は薄かった。次期総書記就任が内定していたとはいえ、受動的な立場に立たされていた。薄熙来の「重慶モデル」を称えていたが、王立軍の亡命未遂事件後は胡錦涛・温家宝ら主流派の薄追求に歩調を合わせている。そのうちピタッと動向が報じられなくなり、失脚説、病気説まで流れた。その矢先の七月、胡耀邦元総書記の息子で改革派「太子党」のリーダーとされる胡徳平・全国政治協商会議常務委員を私邸に招いて「穏中求進、穏中求変、穏中求改」と語り、中立的姿勢を匂わせた。

しかし、「内部報告」は習近平が周永康らの陰謀鎮圧の陣頭指揮に立ったと一転、能動的に描き出す。

そこにはある政治力学的な意図が透けて見える。中南海を揺るがせた薄熙来事件を巡る政争を、周永康、薄熙来、令計劃三人の個人的な野心に帰して収拾する狙いである。周永康は江沢民系＝上海閥、薄熙来は「太子党」、令計劃は胡錦涛系＝共青団派の代表的人物であるが、三人が個人的な野心から「政治連盟」で結託したとすれば、上海閥も「太子党」も共青団派も傷付かず、抗争が必要以上に拡大することもない。党の団結も保たれる。

そのため三人の個人的な結びつきがことさら強調されている。「重慶モデル」を高く評価した周永康政治局常務委員は、薄熙来を党トップに担いで引退後も影響力を温存しようと強引に梃入れした。胡錦涛総書記の側近であった令計劃は二〇一二年一一月の第一八回党大会で政治局入りが確実視されていたが、同年三月に長男が北京でスキャンダラスな自動車死亡事故を起こし、もみ消しを周永康・中央政法委員会書記に依頼した。それが発覚して党中央統一戦線部長に左遷され、不満を抱くようになる。薄熙来と令計劃は山西省の同郷であり、薄を通じて周と令が結託した……。その三人が「二〇〇九年に政治同盟を結んだ」とするのは、同年六月から汚職・犯罪組織摘発を名文にした薄熙来の「打黒・唱紅」運動が全国に拡散したことと関連付けたと思われる。

いずれにしても、三人が罪状を認めればそれで決まりである。クーデター共謀は通常なら極刑を免れないが、三人全員が神妙に罪状を認めることで将来の保釈も見据えた無期懲役に減刑される。泰山鳴動して鼠三匹と、三年以上も全党を揺るがせた「非組織政治活動」問題に幕を下ろすことが出来る。

習総書記が泣く子も黙る公安権力を握っていた周永康を制圧できたのは、軍権を掌握していたことが大きかった。第一八回党大会後の新旧指導者会合（二〇一二年一一月一五日）で、習近平新総書記・軍事委主席が「率先して党指導者の地位を譲ったことは高尚な品格と節操を示す。最高の敬意を表する」と、胡前総書記が党中央軍事委主席の座を前倒しして譲り、軍の指導権を引き渡したことに感謝を述べた。その模様は繰り返し国営テレビが報じたが、それが物を言ったのである。

さらに見逃せないのが、盟友というべき王岐山の規律検査委書記人事である。胡錦涛政権時代からの難題である不正腐敗問題は過去にも、習近平を権力の頂点に押し上げるベクトルとして作用してきた。

二〇〇七年頃まで「太子党」からの総書記の一番手候補は才気あふれる行動派の薄熙来と大方が認め、謹厳実直で地味な習近平は見劣りしていた。それを逆転させたのが、江沢民前総書記の牙城である上海市で起きた大規模汚職事件である。

二〇〇六年九月、国家財産損害額三〇〇億元もの上海市社会保険基金の私的流用事件が発覚し、上海市党委員会書記・党中央政治局員の陳良宇が免職となったのである。上海閥のプリンスと言われた陳良宇は上海万博招致などで高く評価され、ポスト胡錦涛の有力候補の一人と目されていた。胡錦涛総書記は陳良宇の後任に市党委書記を代行していた共青団派の韓正上海市長・党常務副書記を昇格させようとしたが、江沢民前総書記が頭を縦に振らなかった。両者の妥協の線上で浮上してきたのが、清廉潔白と定評があり、敵を作らない堅物の習近平・浙江省党委書記である。

翌年三月に上海市党委書記に就任した習近平は、手際よく事件を収束させた。それが評価され、同年一〇月の第一七回党大会で中央委員に選出され、中央委第一回全体会議において二階級特進の政治局常務委員となり、中央書記処常務書記、中央党校長を兼ねる。翌年三月の第一一期人民代表大会で国家副主席に就任し、薄熙来を一挙に抜き去ってポスト胡錦涛の一番手に躍り出た。

習は強運の持ち主であった。清朝時代は皇帝死去まで後継者を明かさない太子密建が行われたが、新中国になって絶対的なカリスマの毛沢東が生前に後継者を指名し、鄧小平は一三期党中央委第一回会議（一九八七年一〇月）で「重要な事柄については鄧小平同志に助言を求めねばならない」と秘密決議し、引退後も大きな影響力を行使、江沢民の後継者として胡錦涛を指名した。江沢民も二〇〇四年九月に中央軍事委主席の座を胡錦涛総書記に譲る条件として「重要事項は相談する」との秘密合意を取り付けた。しかし、一〇年二期の総書記定年制の下ではカリスマ性を持てなくなり、胡錦涛の次は集団指導体制下での初の選挙となった。江沢民系、胡錦涛系いずれも自派候補でまとめきれず、中間派の習近平が漁夫の利を得る。かくして二〇一〇年一〇月の共産党第五回中央委全体会議で中央軍事委員会副主席に選出され、次期総書記が事実上、内定した。

中南海で育った幼馴染である習近平と薄熙来は、「太子党」のゆるい先輩、後輩からライバル関係となる。一歩も二歩も先を越された薄熙来は焦る。実力で総書記の地位をもぎ取ろうとして強引な手法に走り、墓穴を掘ることになった。

中南海消息筋によると、「『内部報告』は習近平の政治的な勝利宣言である」。手際よく事態を処理できたのは、胡錦涛総書記の全面的支援を得て、上海市社会保険基金私的流用事件の経験が存分に活かされたからであろう。辣腕を党内外に示し、棚から牡丹餅式に得たと思われていた党総書記、国家主席の地位を実力で確固たるものにした、とのイメージ作りに成功したわけである。

現職の党総書記が名実ともに中国のトップであることが、二〇一四年八月の北戴河会議で改めて党内外に示された。北京から南東三〇〇キロの渤海湾に面した河北省秦皇市の風光明媚な聯峰山麓の一帯には、幹部らの高級別荘が点在する。水泳を趣味とする毛沢東が避暑をかねて党幹部らを呼び集め、じっくりと時間をかけて内外政策を練ってから、毎年恒例化した。鄧小平が実権を握ってからは一線を退いた長老たちが加わり、「長老政治」の場と化していた。

しかし、任期三年目の習総書記主宰の会議に参加したのは、政治局常務委員七人ら現役幹部だけであった。周永康前政治局常務委員が「重大な規律違反容疑」で取調べ中と公表された直後であったが、江沢民元主席、李鵬元首相、胡錦涛前主席、温家宝前首相ら長老たちは一人も顔を見せなかった。事実上の一任である。胡錦涛前総書記を一〇年間縛ってきた「長老政治」に幕が下ろされたのである。

一週間にわたる非公開の会議は、習主席の独壇場であった。「中華民族の偉大なる復興という中国の夢に向かってさらに前進し、中国の特色ある社会主義の不断の発展を成し遂げよう」と長年温めてきたビジョンを存分に披瀝し、高揚した様子が人民日報や新華社から伝えられた。

注目すべきは、安倍首相を念頭に厳しい対日批判を展開していた時期と重なっていたことである。腐敗撲滅闘争と「抗日」を結びつけて共産党の思想的な純化路線を推し進め、イデオロギー的指導権を掌中にせんとしていた。

「いまだに日本の少数の人間は歴史の真実を無視し、戦争中に犠牲になった数千万の中国人民の生命を無視している。侵略の歴史を否定し、歪曲し、美化する人間に対して、中国人民は絶対に相手にしない。今年から九月三日を抗日戦争勝利記念日に格上げし、党と国家を挙げて盛大に祝う」

折しも北京市郊外の盧溝橋近くの中国人民抗日戦争記念館では国家的祝日に格上げされた第一回「抗日戦争勝利記念日」の式典が挙行されていたが、北戴河会議を終えた習主席は政治局常務委員全員を従えて会場に現れた。奇しくもこの日、日本では安倍首相が第二次改造内閣を発足させていたが、知ってか知らずでか、習総書記は北京の人民大会堂に移ると党・政・軍主要幹部を集め、「中国人民抗日戦争および世界反ファシスト戦争勝利六九周年記念座談会」を催した。そして、戦後七〇周年の二〇一五年に向け、安倍政権の歴史修正主義に反対する一大キャンペーンを内外で展開するとの「重要講和」を行った。

内政では「依法政治（法に基づく国家統治）」が政策課題として明確に位置付けられた。腐敗撲滅を法的に裏付けたのである。総書記就任直後から「依法政治」を政治改革ビジョンとして掲げたが、第一八期党中央委第四回全体会議（四中全会。二〇一四年一〇月二〇日～二三日）で「中国の特色ある社会主義法治システムの構築」を戦略的目標とする「依法政治」に関する決定が採択され、任期内の二〇二〇年までに実現すると期限を切った。

雨降って地固まるように、習近平政権の基盤は磐石となった。五中全会（二〇一五年一〇月）で政権運営を中間総括し、ポスト習近平の人事まで見据えた二年後の第九回党大会に向けた準備に入る。

腐敗撲滅運動も佳境に入る。新華社電（二〇一五年九月一五日）が、劉建超外務次官が腐敗予防局副局長に就任したと伝えた。海外に逃亡した腐敗幹部に対する摘発強化が狙いである。同局は胡錦濤時代の二〇〇七年に設置されたが、地球的規模でフル稼働される。

5 「太子党」の宿命

周永康、薄熙来、令計劃の「非組織政治活動」との闘争シナリオを通して、習近平の立ち居地や思想、信条が鮮明に浮かび上がる。

元来、「空談誤国、実幹興邦」と空論を戒め、堅実を奨励する質実剛健の気風である。清代の書画家・『竹石』の一節の「千磨万撃してもなお堅勁、その東西南北の風に任す」を暗誦し、岩場の竹に自分を重ねるが、血生臭い権力闘争の中にあっても己を忘れることはなかった。

同じ「太子党」の気心の知れた薄熙来とは本来、思想、信条が近かった。「重慶モデル」を評価したのもそのためであり、とりわけ父親の世代が傾倒した毛沢東への熱い思いに共通したものがある。その点が「文革の残滓がいる」と薄熙来を生理的に嫌った温家宝と異なる。

温は薄の元上司であるが、全く反りが合わなかった。英紙フィナンシャル・タイムズが「温家宝首相が数年来少なくとも三度、共産党中央の非公式幹部会議で第二次天安門事件の再評価を提案し、胡耀邦、趙紫陽元総書記二人の名誉回復を求めたが、薄熙来が強く反発した」と伝えたように、両者の対立の根は第二次天安門事件にまでさかのぼる。温は党中央弁公庁主任として胡耀邦、趙紫陽に忠実に仕えたが、薄熙来の父の薄一波元副総理は二人の解任に一役買っていた。

習近平の父親の習仲勲元副総理は胡耀邦、趙紫陽解任に批判的であったが、薄一波とは抗日時代から西安で活動した同志としての厚い絆がある。それをDNAレベルで共有しているのが習近平と薄煕来なのである。「内部報告」は薄煕来の個人的権力欲や腐敗を指弾しているが、毛沢東崇拝思想に一言も言及していないのは不必要に問題を拡大させない習ならではの政治的配慮と解釈できよう。

習近平は温家宝とも良好な関係を保っている。二〇一三年一〇月一五日、父親の生誕百周年記念行事を催し、中国中央テレビがドキュメンタリー番組を流した。そこに政権を内側から見てきた温家宝前首相が飛び入り出演し、「習仲勲同志は、胡耀邦同志の仕事を全力で支持した。正直、親切で思いやりがある。率直な発言もした。心に曇りがない人物であった」と評した。胡耀邦を吊るし上げた民主生活会に習仲勲が参加し、「人治ではなく、法によって問題を解決することが必要だ。私も含めて老指導者は第一線から退いて、胡のような若手に任せる必要がある」と一人、胡耀邦を擁護したとの秘話を明かした。胡・温執行部が習近平に後を託した思いを伝え、「依法政治」への期待感を表したのであろう。

習近平の、見方によっては八方美人的な交流の広さは、父親を倣った義理堅さでもある。父親の習仲勲は文革で失脚したが、組織再建を担っていた胡耀邦党中央組織部長の家の食事に呼ばれた後、広東省党委員会第二書記、後に第一書記に復活した。深圳市を特区に指定して全国のモデルにするなど多大な業績を残し、八大元老に列せられたが、胡耀邦との信頼関係を最後まで大切にし、掌を返す不義理はしなかった。

習近平は胡耀邦の長男の胡徳平（一九四二年〜）全国政治協商会議前常務委員との交誼を大切にす

る。胡徳平の反骨精神はこれまた父親譲りで、政権と距離を置き、異例のベストセラーとなった著書『中国はなぜ改革せねばならないのか』で政治改革の必要性を訴え、「太子党」で異彩を放っている。その胡徳平が二〇一四年四月八日夕方、日本の首相官邸に黒塗りの車で横付けし、菅義偉官房長官との会談に臨んだ。習主席の特使として、日中和解に一肌脱いだのである。「親日派」のレッテルを貼られ、憤死した父親の胡耀邦死去二五周忌直前であった。その三日後、胡錦涛前総書記が共青団の育ての親である胡耀邦の湖南省の生家を訪れ、銅像に献花したが、香港紙『明報』が「生家訪問は習近平主席の了解の下に実現した」と意味ありげに伝えた。

その三カ月後の同年七月下旬、福田康夫元首相が「ボアオ・アジア・フォーラム」理事長として訪中するが、平素反りの合わない安倍首相を訪ねてメッセージを預かり、習主席に伝えた。習との非公開会談には安倍首相の外交ブレーンである谷内正太郎・国家安全保障局長も同席した。習主席は靖国神社参拝中止、尖閣（釣魚）問題で日中間に領有問題が存在することを認める、の二点を日中和解の「政治的な障害」として福田特使に提示し、争点を明確にした。

その流れで同年一一月一〇日、北京でのＡＰＥＣ首脳会合に合わせて習主席と安倍首相の初の会談が実現する。習主席は安倍首相に一度も笑顔を見せず、会談も二五分だけのそっけないものであった。一時間前の朴槿恵韓国大統領との会談が和気藹々としたものであっただけに、戦後最悪と言われる日中関係の厳しい現実がそのままテレビ画面に映し出された。しかし、問題を解決する対話のチャンネルは回復され、半年後のバンドン会議六〇周年記念首脳会議でも第二回会談が実現した。

安倍首相とは就任早々ギクシャクしているが、安倍の唐突な靖国神社参拝が習の逆鱗に触れた。その日、二〇一三年一二月二六日は奇しくも毛沢東の生誕一二〇周年記念日に当たり、習近平主席は天安門広場の毛沢東廟（毛主席紀念堂）参拝を終えて出てきた直後、秘書から「安倍首相がこれから靖国神社を参拝すると日本のメディアが伝えている」と知らされ、顔色が変わった。面子を潰され、安倍首相の歴史修正主義への批判を強めるが、日本のメディアがしばしば誤って報じる糞味噌の「反日」ではない。抗日闘士であった親の代からの筋金入りの「反日本軍国主義」である。「反日」と「反日本軍国主義」の違いを峻別しないと、習近平を理解することは難しい。

習近平主席の基本姿勢は、あくまでも同じアジアとして日本と協調することである。安倍政権の親米的な姿勢と不協和音を醸しているが、戦略的次元から見れば、米国と日本を巡って激しい綱引きをしているのである。習主席は地球規模の大国外交を前面に出した中華人民共和国初の指導者と言える。米国のオバマ大統領とも会談を重ね、個人的な信頼関係を築いている。副主席時代の二〇一二年二月に訪米して会談し、オープンで話が出来るとの印象を残した。主席になって再度訪米し、長く風下に立たされていた米国と対等なG2として世界秩序に責任を負う「大型の大国関係構築」で基本的に合意した。堅い調整に長けたテクノクラートタイプの胡錦涛前総書記とは異なる、「決断力のある戦略家」とホワイトハウス内で評され、一目置かれる。

党派性を超えた習近平の幅広い人脈からは、個人的な信頼関係をベースに人間関係を築く懐の深さをうかがい知れる。人の話にじっくりと耳を傾ける聞き上手ではあるが、自分の意見を率直に語り、合意を引き出す話し上手でもある。

その原点は、多くの涙を流した青春の記憶を刻んだ黄土高原である。父親が文革で失脚し、一五歳で生まれ故郷に近い陝西省延安県文安駅鎮梁家河村に下放され、人生で最も多感な七年間を僻地の寒村で過ごす。「権力や栄耀栄華、名声は花のように移ろいやすい。世間とは薄情で、政治とは残酷なものだ」と、二〇〇二年の浙江省副書記在職時に著した回想録『私は黄土大地の子』で一家離散の苦しかった時期を振り返り、人間不信に陥った虚無的な感想を綴っている。冬寒く夏暑い洞穴での生活に耐え切れず、北京に逃げ帰ったが、「農民の暮らしを知らずしてどうする」と伯父に諭されて村に戻り、村民の信頼を勝ち得て村党委書記に推される。「二二歳で黄土高原を離れる時、『人民の公僕になる』人生の目標ができ、自信に満ちていた。高原は私の信念の根っ子だ」と、挫折から立ち直った自己の原点を率直に書いている。農夫のようにがっしりとした一九〇センチの体躯は、毎日何キロ、何十キロも黙々と歩いた黄土高原の賜物であった。根さえしっかり張っていれば、木は育ち、葉が茂る。

清華大学化学工程部に入学し、国務院弁公庁で耿飈副総理の秘書を務めて外交経験を積んだ後、福建省の寒村を手始めに地方幹部を歴任し、農村振興でコツコツと実績を積んできた。総書記、主席となって要所を固めている側近たちは、下積み時代に気脈が通じた濃密な人脈である。腐敗撲滅の陣頭に立つ中央規律検査委員会書記の王岐山・党中央政治局常務委員とは、運命的な出会いであった。あの黄土高原の寒村で出会い、朝から晩まで一緒になって農作業に汗を流し、厳寒の洞窟で布団を重ねて暖めあった。二〇年後に下放青年の同窓会で再会し、変わらぬ志を確かめあった。

張若飛も中国にいたら、「救国の英雄」の三代目として「太子党」の末席に連なっていたかもしれない。嫉妬、反発、苛立ち……こもごもの思いを込めて「太子党」の立ち位置や役割を見つめてきたが、成熟した民主主義社会の日本から見れば、親の後光で子が特権を享受する社会は歪んで映る。

しかし、親を敬愛し、革命の代を継ぐのも東洋の伝統的な大義である。その原点を、挫折しかかった習近平は「黄土高原は信念の根っ子」と社会の最底辺から見つめ直した。親が革命功労者でなかったら、党総書記、国家主席の座を極めることはまずありえなかった。しかし、革命功労者の子弟だからといって、その座が自動的に保証されるわけでもない。反対に、いわれなき迫害に遭い、苦しむこともある。親の志を、現実を踏まえていかに継承発展させるか——それが不断に問われ、正統性とステータスが後から付いてくる。巨岩に根を下ろした竹のように飄々と、「太子党」に生まれた宿命に立ち向かう現実的理想主義者が習近平党総書記・国家主席ではないだろうか。

6 習近平の中の「第二次天安門事件」

中国にとって六月四日は呪われた日なのであろうか? 張作霖爆殺事件の日であり、張学良の誕生日である。そして……。毎年この日が迫ると北京に異様な緊張が高まり、天安門広場には警戒網が敷かれる。そして、少なからぬ中国人が自信と懐疑心の間で揺れる。毛沢東が健在であった時、九九・九%の中国人が中国革命を熱烈に支持していた。文化大革命終了後、「あの熱気は一体、何だったのか?」と虚脱感に憑かれた。中国における思想難民現象である。しかし、鄧小平の改革開放政策が中国を発展軌道に乗せ、新たな目標と自信を甦らせた。文革の傷も癒されていくかに見えたが、一九八九年六月四日の第二次天安門事件で新たな葛藤が始まる。その傷をいかに癒すか、習近平主席に新たな難題が突きつけられている。

九月三日の抗日戦争勝利七〇周年記念行事を控え、天安門広場の大改修工事が開始された。天安門事件で籠城した学生たちが装甲車を先頭に突っ込んできた戒厳軍に追い立てられた広場で、建国以来最大規模の軍事パレードが行われる予定である。その一方で、新華社通信（二〇一五年七月一一日）が「公安省が二〇一二年以降、四〇件以上の政治事件を煽り立てたグループを『社会秩序をかき乱す重大な犯罪一味』として、各地公安当局に一斉摘発を指示した」との長文の記事を深夜に配信した。香港のNPO「中国人権弁護士関注組」などによると、同月一三日夕までに一二〇人が拘束された。

これらの動きは一つで繋がっている。腐敗撲滅運動で一区切りつけた習主席は、天安門事件の総決算を考えているのである。

三十代半ばであった習近平は、北京中心部を修羅場と変えた第二次天安門事件を全く異なる空間から眺めていた。全国有数の貧困地帯である福建省寧徳地区党委書記として、日々の食にも事欠く地域住民の貧困対策や、民生を二の次に公金横領で私腹を肥やす腐敗官吏の汚職摘発に奔走していた。その目に、遠い北京の騒乱はあまりに浮世離れした非現実的な出来事に映った。

人の心はいかに移ろいやすいことか。その五年前、天安門広場は中華人民共和国建国三五周年（一九八四年一〇月）の祝賀一色に染まっていた。華やかな記念パレードが次々と登場し、「小平爺、ニーハオ」と学生たちの屈託のない声が響き渡り、八〇歳の鄧小平が壇上からにこやかに手を振って応えていた。鄧小平は中国人民の希望であった。

学生たちは改革開放政策への期待を高め、各大学には壁新聞が貼り出されて政治の民主化を求める声が高まる。それに応え、胡耀邦党総書記は「百花斉放・百家争鳴（双百）」（一九八六年五月）を提唱して言論の自由やデモの自由を容認する。いずれも中国憲法が保障しており、鄧小平が定めた「四つの近代化」の政治改革にも合致することで、何も間違っていなかった。

胡耀邦党総書記は日本に対しても融和的で、作家の山崎豊子が日本人中国残留孤児を主人公にした『大地の子』執筆を計画していると知ると、三回も面会して耳を傾け、まだ外国人に開放されていなかった農村地区への取材を許可し、政府関係機関に全面協力を指示した。また、軍国主義者と悪評であった中曽根康弘首相と「日中友好四原則」に合意し、「日中友好二十一世紀委員会」を設立して日本の青年三千人を招待した。

しかし、党の長老たちが「ブルジョア民主主義」と目を剥き、双百は棚上げとなる。約束が違うと学生たちが反発し、民主化を求める集会が頻繁に開かれる。党長老たちは胡耀邦が甘やかしたからだと非難のオクターブを上げる。敏腕で鳴らした胡耀邦総書記は常日頃から、遠慮のない世代交代人事や歯に衣着せぬ物言いで長老たちの反発を買っていた。「親日的」、「独断専行」の大合唱が中南海に湧き上がる。

中央顧問委員会が胡耀邦総書記の思想を点検する民主生活会の開催を求める。党員歴四〇年以上の古参高級党員で構成される中央顧問委員会は初代主任に鄧小平が就任し、党中央委員会を補佐・助言する強大な権限が与えられていた。新年早々、中南海の懐仁堂で民主生活会が開かれた。参加者は長老一二人と政治局員ら二、三〇人とされる。

鄧小平は欠席し、薄一波・顧問委副主任の司会で胡耀邦が自己批判し、再批判が加えられた。人格を貶める個人攻撃的な発言まで浴びせられ、毎日数時間、実に七日半にわたって吊るし上げが続いた。胡耀邦がいくつかの誤りを認めると、政治局拡大会議に移り、集団指導原則違反と政治原則問題での誤りを理由に、胡耀邦の総書記解任が決まった。胡耀邦は総書記を解任されるほどの誤りは犯していないと抗議したが、政治局拡大会議を仕切った鄧小平は終始無言を通し、胡耀邦の政治局員の地位を保全することを確認して閉会を宣言した。胡は会議後、一人呆然と立ち尽くし、声をあげて泣いた。共青団第一書記時代から胡耀邦の薫陶を受けた胡錦涛・貴州省書記は、事の次第を伝え聞き、「あまりに不公平だ」と憤慨した。

総書記を解かれた胡耀邦は、政治局会議に参加しても、議論をじっと見守るだけで一言も言葉を発しなかった。解任二年後の一九八九年四月、会議中に心臓発作を起こし、一週間後に心筋梗塞で死亡する。七四歳であった。訃報を聞いた鄧小平は両手の指を胸の前で交差させ、「長い試練を経た忠誠な共産主義戦士、偉大なプロレタリア革命家」と悼む訃告を出すように命じた。自分の右腕と頼んだ胡耀邦は、何も誤ったことはしていない。ただ、先を急ぎすぎた。

訃告当日夜、北京大などに壁新聞が張り出され、胡耀邦の業績再評価を求めた。各大学で胡耀邦追悼集会が自然発生的に持たれ、人民大会堂での追悼大会開催を求めて天安門広場で座り込み、その数一〇万に膨れあがった。同月二二日、人民大会堂で胡耀邦追悼大会がしめやかに執り行われ、鄧小平が出席した。しかし、学生デモ隊は引かない。北京大や清華大などの壁新聞には「鄧小平討伐」、「社会主義にはまだ存在する理由があるのか」、「中国にもペレストロイカを」といった檄文が乱れ飛んだ。折りしも、「社会主義の祖国」と言われたソ連で一九八五年に共産党書記長に就任したゴルバチョフがペレストロイカ（再建）、グラスノースチ（情報公開）を標榜し、民主化へと舵を切っていた。そのゴルバチョフが積年の中ソ論争に幕を下ろすべく訪中（同年五月一五日）することになり、学生たちはますます勢いづいた。

鄧小平はゴルバチョフを丁重に送り返す。三週間後、前もって郊外に配置した部隊を北京市内に出動させて天安門を包囲し、学生デモ隊の解散を命じた。天安門広場の戒厳部隊の前で熱唱して士気を鼓舞した軍隊歌手が、後に習近平と結婚する彭麗媛、現人民解放軍総政治部歌舞団団長・少将である。

戒厳部隊の装甲車が学生たちが築いたバリケードを蹴散らし、叫び声と銃声が響き、火の手が上がる様子がテレビ画面に映し出されたが、習近平にはハリウッド映画のような違和感があった。天安門を埋め尽くした学生デモが文革時代の紅衛兵と重なって映る。社会の実態を無視して理想主義に走るのは、昔も今も変わらない。北京など大都市部は改革開放政策の恩恵で生活水準が上がり、自由にものが言えるが、最貧困地区の寧徳地区では日々、食べるものを解決しなければならない。畑を耕し、工場を動かさなければ生きていけず、誰にもデモをする暇などない。

学生たちはゴルバチョフのペレストロイカをモデルにしているが、いかにも危うい。それは実は、中国の改革・開放を後追いしていただけにすぎない。

習は一年後に訪ソして実態をつぶさに見てきたが、方向性を見失って内乱状態に陥っていた。その翌年のソ連解体時は福州市党委書記を務めていた。党中央の緊急文書を伝達する政治学習会を招集し、訪ソの見聞を交えながら「ソ連人民は中国人民よりも良い生活をしていたが、今は貧困の中にいる。民主化の代償だ。ソ連と同じ道をたどってはならない」と毅然と言い放った。総書記になってからも「旧ソ連は共産主義への信念が崩れた」、「政治的中立と称して軍を党から分離したため、共産党が消滅した」と、ソ連崩壊の教訓を幹部たちに繰り返し訓示している。

習近平の目には、ノーベル平和賞受賞者の劉暁波は現実逃避しているように映る。

米コロンビア大の客員研究者であった劉は六・四事件直前に帰国して学生たちを支援し、「四君子」と称されたが、軍突入直前に天安門から自主退去した。置き去りにしたとの罪悪感に駆られ、犠牲になった学生たちの代わりに国内で発信すると主張して民主化運動を続けてきた。度々投獄されるが、二〇〇八年に共産党一党独裁から複数政党制移行を主張する「〇八憲章」をネットに発表し、「国家政権転覆扇動罪」で懲役一一年の実刑判決を受けた。「〇八年憲章」は、「抗日戦争勝利後の中国は再び憲政をスタートさせたが、国共内戦の結果は中国を現代版全体主義の深淵に陥れた。『新中国』は、名目は『人民共和国』だが、実態は『党の天下』であった」と、新中国建国を否定し、蔣介石の国民党を評価する。鄧小平の改革開放政策については「市民社会を育てた」と一定の評価を与え、「私有財産制復帰」を提唱し、資本主義復活を志向する。欧米社会では中国の代表的な民主化活動家と評価され、二〇一〇年にノーベル平和賞が授与される。

温家宝は劉暁波とは明確に一線を画する。学生デモには同情的であったが、ノーベル賞授与が報じられると外務省報道官談話で「政治的茶番劇」と非難し、各国に授与式のボイコットを呼びかけた。

欧米の押し売り民主化は拒否し、「西側の（個人主義的な）政治制度モデルを決してそのまま引き写しにしない」（胡錦涛政治報告）との姿勢を堅持する。

習近平は劉暁波とほぼ同年輩で、文革の嵐の中で青年期を過ごした共通体験を有している。屈折した心情を理解できないではないが、中華人民共和国建国の意義まで否定するのは憎しみに任せた極論であり、欧米社会への幻想からくる投降主義である。黄土高原にがっしりと根を張った「太子党」の目には、批判のための批判、ひ弱で無責任にさえ映る。

張若飛も祖父張学良の役割を否定し、半世紀も不当に幽閉した蒋介石を肯定する意見には与することはできない。思い起こすのはソ連体制の暗部を描いたソルジェニーツィン（一九一八年〜二〇〇八年）の『収容所群島』である。「〇八年憲章」はしばしばそれに比されるが、ソルジェニーツィンは亡命した西側社会に失望し、ソ連崩壊後にロシアに戻る。ロシア各地を巡り、エリツィン大統領の無秩序な経済自由化を痛烈に批判し、晩年、プーチン大統領を「ロシアを着実に復活させた」と絶賛した。

劉暁波の人権は当然、尊重されねばならないが、主張そのものは思想難民的であり、中国社会では少数意見にとどまる。

ハルビン生まれで天安門事件後に来日し、『時が滲みる朝』で芥川賞を受賞した楊逸は印象深いコメントを残している。「天安門事件があった一九八九年当時、中国の人たちは私を含めて民主化のことを誰もわかっていなかったと思う。豊かな米国に対する憧れがあって、体制が変われば中国も米国のようになるんじゃないかという勘違いから始まって、暴走したんじゃないか」（朝日新聞二〇一〇年八月一八日）と率直に振り返っている。

視野が広くなり、経験値が増えれば考えも変わるが、楊逸の考え方は中国の同世代が多く共有する。事実、天安門事件で反体制的な民主化闘争の先頭に立った学生、知識人の多くは、経済成長の波に乗って体制内エリートと化した。日本で安保反対闘争の先頭に立った全学連など多くの青年学生が、社会に出て高度成長の担い手になったのと似ている。

中国メディアが発表した二〇一四年の一〇大流行語の一位は「法による支配」であった。外から見れば不十分ではあるが、大多数の中国人は体制内自由が許されていることに閉塞感を感じておらず、今ほど暮らしやすい時代はないと考えている。人生選択の幅が広がり、自分の意思に従って生きられるからである。

体制批判をしない限り、あらゆる自由が許され、放縦で、無秩序的ですらある。その典型が、「一人っ子政策」で生まれた新世代「バーリンホウ（八〇后＝一九八〇年代生まれ）」で、二〇一一年の時点で二億二千万人に達し、「この時代に中国で生まれたことがラッキーだった」と我が世の春を謳歌する。個性的でわがままだが、進取性、開放性、それに中国人らしいおおらかさを併せ持つ。名門大から外資系企業に就職して年収数千万円の生活をエンジョイする者あり、理想に燃えて共青同から共産党員への道へと突き進む者ありと、前世代には考えられなかった多様な人生を生きている。

張若飛は体制内自由が良いと言っているわけではない。無制限な自由が許される社会は、残念ながら地球上のどこにも存在しないと考えているのである。劉暁波が憧れる米国でもＦＢＩ、ＣＩＡ、軍諜報機関が常に反体制派に目を光らせ、九・一一後に制定された愛国法はテロ容疑者を令状なしで秘密裏に拘束している。多くのリベラリストや共産主義者を葬った一九五〇年代のマッカーシズムはいわば〝米国の天安門事件〟であるが、過去の闇の中に封印されたままである。

この日本においても、張若飛はいまだに〝籠の中の鳥〟なのである。しかし、日常生活に取り立てて不自由はないし、声を出すことは自由に出来る。

中国では今、あらゆる人が声を上げ始めた。地元政府の強引な土地収用、公害病、火葬場建設、待遇悪化、給料未払いなどに集団抗議するデモ、スト、陳情などの事件が二〇〇〇年代半ばに八万七千件に達し、農民、労働者、退役軍人ら「底層」が経済要求闘争の主役となっている。少数民族問題や地下教会など信仰・宗教の自由の問題も噴出している。権利侵害に泣き寝入りする時代は完全に過去となった。

習主席はそれを「法治や民主を進歩させる」（三中全会）なかで解決しようとしている。近代政党政治の原理原則に沿っているが、問題は責任の取り方である。

政党を機軸にした政党政治には一党制、二党制、多党制があるが、それを選択するのは主権者である国民である。中国では、労働者・農民の意思と利益を代弁する共産党が人民民主主義政権＝共産党独裁政権を打ち立てたとされる。国共内戦という特殊条件下の結果として確立されたものであり、欧米のような普通選挙で確認されたことはないが、それが「中国の特色ある社会主義」の政治的な本質である。

米国などは民主主義にもとる一党独裁と非難するが、中国共産党の最高理念であるマルクス＝レーニン主義では「国家が消滅する共産主義社会に至る過渡期のプロレタリア独裁」として正当化される。反対に、欧米の政治システムを富裕層＝資本家の利益に奉仕するブルジョア独裁と批判する。双方に一理あるが、中国が自己の正当性を論理一貫して主張するには、共産党が本来の使命である勤労大衆の利益のために闘う姿勢を明確にしなければならない。

その待ったなしの主戦場は、改革開放政策の基本理念である「共同富裕」構想が具体的に問われる格差の解消の闘いである。人民日報のウェブサイト人民網（二〇一四年七月二八日）は「一％の富裕層が国民所得の三分の一以上を占め、最下層二五％は一％」と実態の一端を明かしている。名目上は私有財産制を否定しているため、固定資産税や相続税が整備されていない。累進課税もなきに等しい。だが、資本家に甘い日欧米と異なり、政権が必要と判断すればいくらでも効果的な是正措置が取れる。

腐敗撲滅運動も市場経済化で泥にまみれた共産党を根本から立て直し、思想的純潔性を取り戻すのが狙いなのだ。腐敗蔓延は畢竟、金銭万能主義の商品経済、資本主義に毒されたことに起因する。放置すれば思想的精神的に武装解除され、知らぬ間にソ連の二の舞になる。その撲滅は、社会主義・共産主義の理想実現のために献身的に闘う前衛としての誇りと矜持を取り戻し、精神的に再武装する純化路線のプロセスなのである。庶民が腐敗撲滅運動に拍手喝采を送るのも、それに期待しているからにほかならない。

張若飛は、習近平は一途な共産主義者だと思う。総書記に就任した直後、「中華民族の復興という〝中華の夢〟を実現する」と党と国民に呼びかけたが、中華の夢とは中華帝国の復活ではなく、社会主義・共産主義の中国が世界の中心にあるという意味であろう。任期一〇年をその確かな里程標にするのが、習近平の夢である。

７　各論に入った「米中大型大国関係」

夢を正夢にするには試練に耐えねばならないが、順風満帆に見えた習近平政権を想定外の突風がみまう。二〇一五年八月の上海発世界同時株安である。中国の市場対策の弱点と共に、北京が咳をすると世界が風邪を引く歴史的な現実をパラドクシカルに示した。

異変は同年六月からの上海株式市場での株価暴落で始まり、中国人民銀行が八月一一日から三日間で人民元を四・六五％切り下げると、元安・株安・資金の国外流出のトリプル現象が吹き荒れ、東京、ソウル、ニューヨーク、ロンドン、パリなどの格式市場の株価が続落した。国際資源価格も急下降線を描き、高度成長を謳歌していた新興諸国は一転、不況の奈落に突き落とされた。過去にも中国政府は貿易黒字拡大や元高抑制のためのドル買い・元売り介入をし、世界経済に活を入れてきたが、全く逆の展開に市場では「輸出支援のための元安誘導」、「中国経済は予想以上の減速……」といった悲観論が拡散した。リーマン・ショック後、四兆元（約八〇兆円）の大型景気対策を実施して世界経済を牽引してきた中国もいよいよ息切れかと、世界経済は一寸先が闇の様相を帯びてきた。

おりしもアンカラで開催された主要二〇ヶ国・地域（G20）財務省・中央銀行総裁会議では中国経

済に議論が集中し、「必要に応じ、新たなリスクに対処する」と暗に構造改革を促す緊急声明（九月五日）が発表された。中国頼みを告白したのも同然であるが、翌六日、中国財政省が「過剰生産や過剰在庫の解消など今後五年間は構造転換の陣痛期になる。消費主導への転換は苦難の調整過程になるだろう」と楼継偉財政相が会議で発言していたことを公表した。G20はもはや世界同時株安に有効策を打ち出せない。それ以上に深刻なのは、中国当局が経済を制御しているとの神話が揺らいだことである。世界経済は舵取りを失った巨大漂流船と化しかねない。

世界に与えた影響力の大きさに中国自身が困惑し、中国人民銀行は急遽、「市場実勢に合わせた改革の一環。外貨準備高が減少した第一の要因は、為替市場での操作である」と、為替介入を認める異例の声明（同月八日）を出した。人民元切り下げの政策意図を明かして国際市場の動揺を抑えようとした、中国としては画期的な措置であった。その翌日、李克強首相は大連市での夏季ダボス会議交流会で政府系金融機関の株購入による株価下支え策をあっさり認めた。「国際的にも行われている。透明な資本市場を育成する」と理解を求め、為替相場安定に自信を示した。中国の外貨準備高は同年八月末時点で三兆五五七四億ドルと前月末比で九三九億ドル減少し、単月の減少幅としては統計がある一九九九年一二月以来最大ではあるが、まだ十分に余裕がある。

中国の投資家の未熟さが株乱高下の一因である。一九九〇年末に開業し、中国の金融センターとなって日が浅い上海証券取引所は、機関投資家が中心の日本などと異なり、投資家の八割を二億人の個人投資家が占め、一攫千金の株長者を夢見て投機的に売り買いする。追加金融緩和で一時的な上昇局面に入った今年六月以降、新規口座開設数が激増したが、その四割を占める三〇代以下の層が過剰に反応したとの見方もある。

厄介なのは、中国の基本的な統計に対する疑義が国際社会で芽生えたことだ。内部告発サイトの「ウィキリークス」が暴露した米公電には、李克強が遼寧省党委員会書記時代の二〇〇七年、ラント駐中大使との会食時に「遼寧省の経済評価では電力消費、鉄道貨物量、銀行融資（残高）を重視する。GDPは参考に過ぎない」と語ったとある。弱り目に祟り目に、大連港石油パイプライン大爆発事故（七月一六日）で大連市当局と企業との癒着疑惑が浮上した。情報化社会では情報統制は逆効果となる。安心できる良質の情報提供が最良の情報管理であることを実践しなければ、事態の収拾は覚束ないだろう。

中国が咳をし、風邪を引いたのが日本である。アベノミクス最大の成果とされた日経平均株高が一瞬にして暴落し、同年八月の消費者物価指数も日銀が異次元量的緩和に踏み切った二〇一三年四月以来の前年同月比マイナス〇・一％下落と二％の物価上昇目標は吹き飛んだ。七月～九月期の実質GDP成長率は前期に続いてマイナスに落ち込んでいる。中国人観光客の爆買いで国内消費が支えられているのが実情である。中国の影響力を思い知らされた安倍政権内ではやっかみ半分に、中国政府は経済の舵取りは出来ても制御は出来ないとの見方が広がっている。一人当たりGDPが一〇〇〇ドルから一二〇〇〇ドルの間をさ迷う「中進国の罠」に嵌っているとの声も聞こえるが、はたしてそうであろうか。

外資導入・輸出振興型の経済が大きな曲がり角に差し掛かっていることは、衆目が一致する。中国税関総署発表の貿易統計によると、高度成長の原動力であった輸出は直近の八月に前年同月比五・五％減の一九六八億ドルと二ヵ月連続でマイナスとなった。輸入もマイナス一三・八％の一三六六億ドルと二〇一四年来、一〇ヶ月連続減少した。一～八月の輸出は米国向けが前年同期比六・一％、東南アジア諸国連合六・三％とそれぞれ増加しているが、最大の貿易相手であるEUが四・七％減、日本も一〇・四％減であった。貿易総額は七・五％減で、中国政府が今年（二〇一五年）の目標とする六％増の達成は極めて難しい。今年一～三月期、四～六月期の実質成長率は前年同期比七・〇％と発表されているが、輸出力低下から「実態はもっと低い」と一部エコノミストは声を上げる。

しかし、肝心な事実を見逃している。中国は財政出動に十二分の余力があり、強みとなっている。国家債務残高は対GDP比四三・四六％（二〇一五年四月IMF推計）と、米国一〇五・〇六％、日本二四六・一四％よりも遥かに低い。政策金利（一年後の貸出基準金利）も四・六〇％（二〇一五年八月）と、下限ギリギリの米国〇・二五％、日本〇・一〇％に比べ金融政策の選択肢が多い。習近平指導部は外資・輸出依存の高成長から消費主導の安定成長に構造転換させる方針を打ち出しているが、財政政策と金融政策の両輪を巧くかみ合わせさえすれば十分に可能である。

確かに、楼継偉財政相が「今後五年間は構造転換の陣痛期」と認めるように、リーマン・ショック対策の大型財政出動の反動というべき過剰生産や過剰在庫の解消は容易ではない。鉄鋼、石炭、セメントなど主要産業は過剰生産、過剰在庫に苦しみ、野放図な不動産投資が産み落としたゴーストタウンが全国津々浦々に醜態をさらしている。国務院会計検査署の調査によると、地方政府は二〇〇八年から一三年にかけ帳簿操作などで三六六四億元（七兆三千億円）を裏金にプールし、経費穴埋め、横領などに流用した。三八万ヘクタールの土地が違法に収用され、開発業者と結託して私腹を肥やしたことも明らかにされた。一九九〇年代初頭の日本のバブル崩壊を彷彿させるが、幸いにして、腐敗撲滅運動が自浄作用を促し、大崩れする気配はない。逆に、腐敗根絶と財政規律確立を徹底すれば成長力が高まる。

習主席の政権基盤はいつになく安定しており、構造転換の成否は状況に応じた柔軟な政策運用が出来るかの一点にかかっている。消費が思うように伸びないのは、平均所得が伸びず、中間層や低所得者層の購買力が弱いこと、国内製品に競争力がなく海外に爆買を奪われていること等が要因である。前者は格差縮小、後者は技術開発によるブランド企業育成といった処方箋を着実に実行すれば自ずと出口が見えてくる。

最難関は非効率的な国有企業の改革である。日米欧は公平な競争を妨げているとして規制緩和や国営企業の民営化を求めているが、張喜武・国有資産監督管理委員会副主任は国有企業改革長期戦略を発表（九月一三日）し、二〇二〇年までに「決定的成果を上げる」と啖呵を切った。株式上場による民間資本導入で「混合所有制」を推進し、経営効率を高める狙いだ。国有企業は従来、子会社の株式のみ上場していたが、グループ全体で株式を上場して資本力を強め、「国有企業の主導的役割を発揮させる」。「中進国の罠」を超えた韓国などの経験を参考に、国有企業の民間投資を最大四九％まで上げて競争と民間活力を導入するが、国は最大安定株主として残り、先進国が軒並み行き詰まっている新自由主義的な完全民営化とは明確に一線を画す。

完全民営化は中国の国の在り方、共産党の存立基盤を揺るがすからである。共産党は国有企業と国有銀行の人事権を通して運営実権を保持してきた。最低限の国有化は社会主義・共産主義社会実現を目指す習近平の夢に不可欠な手段であり、手放すことは許されない。

そもそも民営化が万能薬でないことは、リーマン・ショックで証明済である。鉄道、郵政などの民営化と一体化した日米欧の新自由主義的モデルは、目先の利益至上主義と強欲資本主義をはびこらせ、格差拡大で成長力を失わせ、底なしの「先進国の罠」に陥らせた。中国が同じ愚を繰り返す必要はさらさら無い。高度成長時代の日本、韓国など最盛期の国はどこも、政権与党が社会全体の利益を見据えて中長期的経済開発戦略を描き、国家機関、大学など研究機関、企業の力を総結集した。目先のコスト削減や利潤追求に流れる私企業任せでは実現不可能なことである。

「中進国の罠」から抜け出し、「先進国の罠」にも陥らない秘策は、中国の外ではなく、内にある。官僚主義と腐敗を根絶し、その間の経験値を全開すれば、共産党は改革開放に踏み切った当時の情熱と活力を甦らせ、新たな飛躍に踏み出すことができる。最大の資源は人材である。学費が年々高額化し、四年間で生活費を含め四万元が必要とされ、低所得者層の子弟の進学の門が狭まっているが、習近平が無償で清華大で学んだ時代のように学費免除を復活し、世界最大数の人材を活用すれば、中国経済が最も必要とする技術革新が百花繚乱となろう。

中国の存在感を否応なく実感させられたのが、他でもない米国である。中国抜きでは、いわゆるゼロ金利に沈んだ米連邦準備制度会（ＦＲＢ）の利上げもままならないのが偽らざる実情だ。

ＦＲＢはリーマン・ショック後、米国債を買い入れて市場に大量の資金を供給する量的緩和と〇・

二五％の超低利金利政策（二〇〇八年一二月）で米経済を支えてきたが、二〇一四年一〇月に量的緩和終了を宣言し、超低利脱出のタイミングをうかがってきた。量的緩和で市場に流したドルを吸収した後の利上げが本来の順序であるが、景気落ち込みを恐れ、あえて順番を逆にした。米雇用情勢好転や物価二％上昇を見定め、利上げを検討する米連邦公開市場委員会（ＦＯＭＣ）開催（二〇一五年九月一六、一七日）の運びとなったが、蓋を開けてみれば、委員一〇人中九人が反対する圧倒的な票差で利上げ案は先送りされた。イエレンＦＲＢ議長は「もう少し時間をかけたい」と年内利上げ目標は下ろさないが、マイナス金利を主張する声まで出始めている。イエレンが「焦点を当てるのは、中国をめぐるリスク」と認めたように、八月の中国発世界同時株安に縛られたのである。ニューヨーク株式市場さえ乱高下を繰り返して金融引き締めに神経質な展開になり、〇・一％台の微々たな利上げでも暴落のリスクがともなう。世界中のドル資本が米国に還流し、中国など新興国経済の減速やドル高を促進→デフレ圧力→米グローバル企業の業績悪化→米経済減速へと負のスパイラルに巻き込まれかねない。中国が咳をすれば、米国も風邪、下手をすれば肺炎になりかねない。

要するに、ＦＲＢは自信を持てないのである。米国経済は住宅、自動車分野が好調で雇用も堅調だが、成長率三％の壁を超えられない。ＯＥＣＤは二〇一五年の米国のＧＤＰ成長率を二％と予測（中国六・八％、韓国三％、ユーロ圏一・四％、日本〇・七％）、ＩＭＦは二〇一五年一〇月の成長率見通しで二・六％とした（中国六・八％、ユーロ圏一・五％、日本〇・六％）。老木のような経済に、ゼロ金利で選択の幅が極端に狭まったＦＲＢは現状維持に汲々とし、プラスの活力を注ぐことが出来ない。「財政出動なき金融緩和では成長力を回復できない」（サマーズ元財務長官）と、有力者も匙を投げている。

米国としては、利上げを保留している間に中国経済が本来の力強さを取り戻すのをじっと期待するしかない。中国も本音では米国の利上げ先延ばしを歓迎した。ドルに依存する米中経済は一蓮托生であり、危うい吊橋をいたわりあいながら渡っている。それが「米中新型大国関係」の実体であり、外交の役割は自ずと決まってくる。


ワシントンと並んで世界の耳目が注がれるところとなった北京で、「抗日戦争勝利・世界ファシズム戦争勝利七〇周年記念式典」（二〇一五年九月三日）が挙行された。抗日戦争勝利を主題にするのも、五〇カ国の外国首脳や政府代表団を招くのも初めて、と初物尽くめの式典で一際注目されたのが、習近平が総書記就任わずか三年にして挙行した閲兵式である。江沢民元主席、胡錦涛前主席はいずれも閲兵式は総書記二期目、退任三年前であった。習主席は毛沢東が生前愛用した人民服で天安門城楼の中央に仁王立ちし、左側に江元主席、胡前主席が並んだ。直前まで香港メディアがかまびすしく伝えた「習近平暗殺計画」説を吹き飛ばし、中南海奥深くの権力闘争に決着が付いたことを中国国民に周知せしめる無言の政治セレモニーであった。

習総書記・主席が軍をほぼ完全に掌握したことは、誰の目にも明らかであった。陸軍偏重から脱し海空軍とバランスを取る新中国成立以来の軍改革に携わる指導グループを前年三月に発足させ、七大軍区再編と軍全体の効率化、ハイテク化を押し進めてきた。それを内外に誇示するかのように、青く晴れ上がった北京ブルーの下、一糸乱れぬ分列行進と共に、複数の核弾頭搭載弾道ミサイル「東風

41」や対艦ミサイル「東風21D」、ステルス仕様の空母艦載機「殲15」が次々と姿を現した。オープンカーで閲兵した習は、内面の高揚感を抑えるように視線をいくぶん下向きに落した。演説では「人民解放軍は人民の子弟である。人民のために奉仕する根本的な精神を心に刻み、祖国の安全と世界平和を守る神聖な使命を忠実に遂行しなければならない」と人民解放軍の思想的な純化に力を入れた。総兵力を二三三万人から三〇万削減する方針を表明した一言に、軍を完全掌握した自信をにじませた。

故宮（紫禁城）を背にした過去最大規模の閲兵式は米国へのメッセージであった。米国は経済大国化した中国の新軍事戦略を東シナ海、南シナ海で米軍を牽制する「接近阻止・領域拒否」（米国防長官官房年次報告書二〇〇九年）と定義し、警戒している。それを承知で習政権は、唐の時代から中国船が行き交っていた南シナ海を自己の領海とする九段線に含め、南沙諸島の岩礁埋め立て、滑走路・港湾建設を強行した。その直接的な狙いは中東・アフリカから輸入する原油の八割以上が通る海域の安全確保や海底資源開発であるが、米本土を射程圏内に入れる潜水艦発射弾道ミサイル搭載の原子力潜水艦を水深の深い海に展開させる対米核抑止戦略上の秘めた思惑もある。米国との「新型大国関係構築」を悲願とする習近平は、中国近海にとどまらずハワイ諸島沖合いまで米軍を押し戻し、そこを境に東は中国、西は米国と太平洋を二分する新しい縄張りを描く。オバマ大統領の目には西太平洋での米国の権益を脅かす覇権的な挑戦に映るが、中国としては百年少し前まで米国は西太平洋と無縁であり、元に戻るだけとなる。建国二百三十余年と五千年の、文化の物差しの違いがある。

習近平が強気な姿勢を崩さないのは、旧ソ連崩壊の混乱から立ち直ったロシアとの戦略的な提携が視野に入っているからである。クリミア併合で制裁を課され、G8から排除されたプーチン大統領が記念式典に参加すれば米欧からボイコットされることを覚悟して招待し、これ見よがしに天安門城楼の中央に共に並び立った。習主席の右側にプーチン大統領、朴槿恵・韓国大統領、ナザルバエフ・カザフスタン大統領、パン・ギムン国連事務総長・・・と外国、国際機関代表がズラリと顔を揃えた。米欧は駐中大使らを代理参列させ、図らずも転換期の国際社会の構図が浮き彫りにされた。

習主席はこの四ヶ月前、欧米諸国がボイコットしたモスクワでの対ドイツ戦勝記念式典（五月九日）に参加し、プーチン大統領と会談した。それ以来、今年だけで三回目となる中ロ首脳会談では「我々の（歴史）認識は一致している」と新蜜月関係をアピールした。プーチンがノルウエーと共同しているオホーツク海の海底油田開発に掘削技術を有する中国企業の参加を求めると、習は即座に快諾した。プーチンは訪中直前、「露中の貿易額は昨年、八八四億ドルに達した。中国はロシア経済の鍵となるパートナー」と秋波を送り、米欧の経済制裁を中国との関係強化で乗り切る意向を明かしていたが、習は受け入れた。「一路一帯構想」にユーラシア大陸の三分の一を占めるロシアとの提携が必要不可欠であり、プーチンのユーラシア経済同盟やインドや中央アジアを包摂する上海協力機構とシンクロすることでＡＩＩＢに弾みがつくと強かに計算したのである。

依然として不確実要因は、〝中国の脅威〟を露骨に想定した安全保障法案採決に邁進し、北京の式典に駐中大使も参加させなかった安倍政権である。習主席は「七〇年前の今日、中国人民は一四年の抗日戦争の偉大な勝利を手にした。近代以来、中国の外敵の侵入に対する最初の完全な勝利であった」と、抗日戦争の意義を強調した。「中国人の死傷者は三五〇〇万を超えた……、深く心に刻んで忘れない。中国人民は人類のために さらに大きな貢献を果たす」と声を上げたのは、「将来の世代に謝罪を続ける宿命を負わせてはならない」とした安倍首相の終戦七〇周年談話（同年八月一四日）へのあからさまな牽制であった。

日本社会には大規模閲兵式は日本への当て付けと受け取り、習近平の「抗日」を「反日」と反発するデリカシーが漂うが、「反日」は習の本意にもとる曲解である。習が演説で「日本軍国主義」と二回繰り返したように、「一四年間の抗日戦争」は張作霖爆殺事件を出始めに関東軍が仕掛けた九・一八事変（満州事変、一九三一年）以後の一四年にわたる日本軍国主義との戦い、すなわち、「抗日本軍国主義戦争」を意味している。

安倍首相とのすれ違いも、そうした歴史認識上の齟齬に起因する。「日本が再び、世界の中心で輝く国にする」と安倍は熱く語るが、東條英機や岸信介らが率いた日本を〝輝いていた〟と認識しているとしたら、もはや悲劇を通り越して喜劇である。朴槿恵大統領もユーラシアを一つの経済圏に統合する「ユーラシア・イニシアチブ」や北東アジア開発銀行創設を提唱しているが、その種の発想が東アジア国際社会で安倍首相にだけ見られず、世界第三の経済大国が米国の方を向きっぱなしであるのはいかにも不自然であり、地域全体にとって不幸なことである。「平和学の父」と呼ばれるヨハン・ガルトゥング博士は、安倍首相が「抑止力」を名分に強行採決した安全保障関連法（同年九月一九日成立）について「憲法九条に違反し、国を不安にする。米国の思惑通りに動き、自立できていない」（戦後七〇年「国連平和デー」記念講演）と手厳しく批判した。「抑止力」は軍拡を招くとの歴史的な教訓を踏まえたものである。「異文化を折衷させるのが得意な日本は、国際問題の和解にも寄与できる」と呼びかけ、平和国家として歩んできた戦後の日本への率直な思いを披瀝したが、日本への最大公約数的な国際的評価ではないだろうかと張若飛は思う。

習近平主席は同年九月二二日から二五日まで米国を公式（国賓）訪問した。主席就任後初の米国公式訪問であるが、ワシントンには「『新型大国関係』は米国の優位を否定する狙いがある」と警戒感が高まった。中国側は「信頼醸成と疑念払拭の旅」（王毅外相）とジャブを繰り出し、米側は「米中関係は二一世紀で極めて重要なものであり、互いの違いについて正直であらねばならない」（ライス大統領補佐官）と応じ、米中首脳会談中止を求める声に対して「未来像を描くことについて、中国側と協議を重ねた」と事前調整を明かし、沈静化に努めた。習主席とオバマ大統領は前年九月の北京会談以降の諸問題を率直に議論の俎上に乗せた。南沙諸島埋め立て問題、尖閣諸島問題などが焦眉の戦略的課題として浮上していたが、とりあえず脇に置かれ、代わってサイバー攻撃問題が中心議題とされ、共同対処で「合意」と繕った。しかし、会談では本音が火花を散らし、習近平は「南シナ海は歴史的に中国の領海」と一歩も譲らず、会談直後の共同記者会見でオバマは終始、厳しい表情であった。「米中新型大国関係」はいよいよ丁々発止の各論に入った。オバマ大統領は渋々ではあるが、公式の場で初めて中国を「大国」と呼んだ。ラッセル国務次官補（東アジア太平洋担当）は「米中には二国間問題でも、国際問題でも重大なフリションポイント（摩擦点）があるが、今回は対立点を直接ぶつけた」と語った。習主席は二六日、意気揚々とニューヨークに向かい、国連総会で国連創設七〇周年記念演説を行い、居並ぶ各国首脳の前で大国としての責任を果たしていく覚悟を表明した。

米中が本音で対話すれば、衝突する局面も出てくる。代表的な保守系のシンクタンクであるハドソン研究所のマイケル・ピルズベリー中国戦略センター長は著書『一〇〇年マラソン――超大国米国に取って代わる中国の秘密戦略』で、「中国は建国一〇〇年の二〇四九年までに経済、政治、軍事的に米国を圧倒する戦略的な目標を立て、囲碁のように勢力を拡大している」と、中国の覇権主義への警戒を呼びかけた。事実、「一〇〇年の計」は毛沢東が立てた戦略目標に沿っており、習近平の核心的な信念であると言っても的外れではない。ピルズベリーは「(共産党)独裁を民主化へと導いてきた米国の戦略の見直しが必要」とあからさまに米国の本音を明かしているが、中国が警戒するのもまさに米CIAがジャスミン革命を中国で起こそうと内政干渉することである。

米中間の本質的な矛盾であるが、超えられない壁ではない。労働者や農民階級の前衛を自称する中国共産党の独裁(プロレタリア独裁)が庶民の人権や自由をどこまで保障しているかと言えば、まだまだ実情は肌寒いものがある。だが、翻って、米国でも格差拡大の中で庶民の生存の権利が日々、侵害されている。中国側には、米国の民主主義は社会主義者・共産主義者を大弾圧したマッカシー旋風の上に築かれているとの批判もある。人権、自由、平等は宙に浮いたスローガンではなく、具体的に検証される中で米中の正当性が問われることになる。

オバマ大統領が険しい表情ながら共同記者会見で中国を「大国にふさわしい国際的責任を果たすべきだ」と述べたのは、理由がある。もはや中国の経済力を無視できない。世界の資金決済に占める人民元のシェアーは二〇一四年末に二・一%へと上昇して四位の円(二・六%)を抜き、人民元経済圏は綻びが目立つ一位（四四・六％）のドル経済圏の強力なライバルになろうとしている。

習主席はオバマ大統領との会談直前、最初の訪問地のワシントン州シアトル市での米経済団体の歓迎夕食会（二二日）で「中米の健全な協力は世界安定の重石となり、対立と衝突は両国だけでなく世界にも大きな災難をもたらす。新たな起点から新型大国関係を構築しなければならない」と強調し、四項目の注文をつけた。①互いの戦略的意図を正しく判断、②地域・国際紛争や地球規模の課題で協力深化、③意見相違の適切な管理、④国民レベルの友好協力促進であり、「新型大国関係」を具体化したものであった。

その間、米中は南シナ海、東シナ海問題、サイバー攻撃問題などで対立し、オバマ大統領は自衛隊の海外派兵に道を開く日米同盟関係強化でリバランス戦略を補強、一段と不協和音を高めている。米中新冷戦との見方まで出ている中、習主席はあえてオバマ大統領に正面から対等の関係への戦略的な調整を求めたのである。公にされてはいないが、前年一一月の中国共産党中央外事工作会議で「特色ある大国外交がなければならない」と決議され、「新型大国関係」構築が正式の外交方針とされていた。

習近平があくまでも強気なのは、経済で米国を圧倒できると確信しているからである。シアトルでは、アップル、アマゾン、マイクロソフトなど米企業トップを集めて連日、懇談し、米中企業座談会では「中国は市場規模が大きく、今後も比較的高い成長を維持できる」と誘い水をまき、米中投資協定締結に前向きな姿勢をみせた。また、ボーイング社の工場を訪れ、旅客機三〇〇機（総額三八〇億ドル）を発注して同社最高経営責任者を小躍りさせるなど、貿易総額世界一の経済を梃子にオバマ大統領に譲歩を促した。

平和あっての経済である。習は9・3記念式典で「世界は依然として平和ではない。我々は歴史から教訓を得て、平和を守る決心を固めねばならない。中国は永遠に覇権と拡張を求めない」と、一〇分余りの短い演説に「平和」を一八回も交えた。二〇一一年三月一〇日の全人代で唐家旋外交担当国務委員は「平和的な発展路線を堅持しよう」との報告で、「中国は世界最強の大国として国内総生産が世界の三〇％に達したが、拡張や覇権を求めなかった。鄭和は世界で最も大規模な船団（約三万六二艦隊一四〇五年）を率いて西方（紅海、ペルシャ湾）に七回も出港したが、持って行ったのは、略奪や植民地化ではなく、陶磁器、絹、茶であった」と述べた。インカ文明を消滅させたスペインに始まる西洋帝国主義と差別化したもので、習近平の歴史観に通じる。

異なる価値観や社会システムを武力で変えるアメリカ十字軍的発想は、泥沼化したアフガニスタン、イラク戦争で破綻した。ロシアによるシリア反体制武力勢力への空爆はそのディレンマを突いたもので、中国や、難民殺到で悩むEU諸国からも暗黙の支持を受けている。

究極の主戦場はやはり社会の土台である経済であるが、オバマ大統領はAIIB惨敗の巻き返しをTPPで果たそうと満を持した。日本を誘って守秘義務を楯にした秘密主義的な閣僚会合（二〇一五年一〇月五日）で「大筋合意」した。「中国のような国にグローバル経済のルールを書かせるわけにはいかない。米国が主導的に築く」と歓迎声明を出したが、その直後、次期大統領有力候補のクリントン前国務長官が反対を表明した。新自由主義的なTPPが格差を拡大するとの危惧は米国内にも広くあり、米国上院初の社会主義者の議員であるバーニー・サンダースは「〇・一％に富が集中するのは不道徳だ。私は民主社会主義者である」と民主党大統領候補演説会で訴え、支持率が急上昇している。格差なき豊かな経済社会を時代は求めている。それに誰が応えるか、勝者はその先にある。

エピローグ――張四代の系譜と夢

1　国境を超えた愛

歴史の悪戯であるが、日本の敗戦がなかったら張若飛はこの世に存在しなかったであろう。日本降伏直前、満州、蒙古には約一〇〇万の日本人入植者がいた。日中戦争は多くの中国人民を犠牲にしたが、日本人入植者も地獄に突き落とされる。新天地開拓の夢を持って入植し、必死に働き、ようやく豊穣な大地の恵みを享受しようとした矢先、破局に襲われたのである。

広島、長崎に原爆が投下された二日後の一九四五年八月九日、ソ連軍一五〇万が一斉に満州に侵攻する。同年二月のヤルタ協定のシナリオに沿ったもので、ソ連は四月に日ソ中立条約を延長しない旨を日本に通告していた。関東軍は子供、老人を除く日本人入植者男子全員を徴兵する。関東軍将兵六〇万の二五万を占めた。しかし、赤子の手をひねるようにソ連軍に制圧され、満州国は瓦解する。関東軍のほとんどがソ連軍に武装解除され、シベリアに抑留される。老人、女、子供ばかり残された入植者は畑、家財道具を投げ捨て、命からがらの逃避行で広大な満州をさすらい、多くが飢餓、疫病で行き倒れた。

瀋陽には日本人千数百人が集まっていた。張若飛の母、谷口五十子の家族も瀋陽に避難していたが、満蒙開拓民ではなかった。五十子の回想によると、母は元佐賀藩主の鍋島子爵家の三女であった。祖父善太郎は豪商で、福岡県門司を拠点にした対朝鮮・中国貿易で巨万の財を成し、爵位を与えられ、貴族院議員に列せられた。

五十子は一九二四年（大正一三年）に門司で生まれた。父梅次の仕事の都合で小学校二年生の時、建国間もない満州国に移住した。国策の「満蒙開拓団」が送り込まれる前のことであるが、国内は不景気で、門司も倒産の嵐が吹き荒れ、失業者や路上生活者があふれていた。父親が満州国で何をしていたのか知らされなかったが、金モールに縁取られた官服姿の写真を見ている。連合艦隊司令長官となる山本五十六と親交があり、名前もそれから取ったと聞かされていた。

満州国の首都であった新京の第一尋常小学校に編入し、五年のときに旅順の小学校に再転向、旅順高等女学校（四年制）に進学した。レンガ造りの洒落た家の食堂にはペチカがあり、使用人が働いていた。日本から「満蒙開拓団」が続々、送り込まれ、最終的には一〇〇万世帯五〇〇万人に達すると喧伝されていた頃である。だが、戦局の暗転が一家の上にも影をさす。内地のように食べ物に困ることはなかったが、準戦時動員体制に組み込まれていく。

五十子は教師を志し、旅順高女付属師範学校（二年制）への進学を希望していたが、大連技芸専科に変えた。それも勤労奉仕のために一年で中退した。弟は満州から特攻隊に志願し、鹿児島県知覧の飛行場で沖縄に迫る米艦隊に突っ込む特攻機に乗ろうとしていた直前、日本が降伏して九死に一生を得た。

五十子は赤い糸に手繰られるように、代用教員から瀋陽市内の逓信所にタイピストとして送られた。国民党軍が入城してくると、戦争犯罪人摘発の名目でシラミ潰しに日本人を拘束し、五十子も友人二人と共にスパイ容疑で収容所に収監されてしまうのである。

東北（満州）は杜聿明東北保安司令が張学良のすぐ下の弟である張学銘・東北保安司令部参議室中将主任の助力を得ながら統治したが、国民党軍、共産党軍が混在していた。抗日統一戦線を組み、名目上は蒋介石の統一的な指揮下に置かれていたが、実際の指揮系統は別であった。国民党軍は支配地域で日本人狩を行い、戦犯容疑者を処刑し、日系資産を敵性資産として接収した。蒋介石について「対日賠償請求権を放棄してくれた」、「大陸残留の日本人を無事に送還してくれた」と「東洋道徳の権化」のごとく称える人がいるが、事実誤認である。偏狭な漢民族主義者であり、当初は天皇を戦犯リストに加え、対日賠償を要求した。「日本軍国主義と日本人は区別せよ」と寛容であったのは、共産党の毛沢東であった。抗日闘争時代の延安には後に日本共産党議長となる野坂参三らもいて、日本軍国主義に反対する共同闘争を行っていた。

五十子の人生は一つの出会いから劇的に転回する。収監されていた収容所を国民党軍の若い中佐が視察に訪れ、五十子たちのいる尋問室に入ってきた。一八〇センチを超えるすらりとした体を颯爽と軍服に包み、ハンサムな顔に小さな笑みをたたえていた。立ち居振る舞いにどことなく品がある。「貴公子」と呼ばれ、特別な存在であることが五十子にはすぐに分かった。

日本人女スパイに興味を持った「貴公子」は、何を思ったか自ら審問に臨んだ。自分たちのスパイ容疑は濡れ衣だと無実を主張して譲らない気丈な日本人女性に興味を持った。自分はいいから、友達二人は解放してくれと、愛くるしい顔に凛とした表情を浮かべて訴えるのをジッと聞いていた。通訳を介していたが、友人を思う一途な思いが「貴公子」の心をくすぐった。後に「本当は華奢な体つき、瓜実のように白く形の良い足が気に入ったんだよ」と五十子に打ち明けている。

若き中佐は唐突な交換条件を出して五十子を驚かせた。「自分と交際してくれれば、全員釈放しよう」。

二十一歳の五十子と五歳年上の張義の馴れ初めであった。周囲を当惑させた異色の組み合わせの二人はデートを重ね、一九四六年五月初め、身内だけの質素な結婚式を挙げた。

2 父を人質に取られた「貴公子」張義

結婚して間もなく、蒋介石が瀋陽を訪れた。東北行営が歓迎宴を催すことになり、張義夫妻も招かれた。

五十子は生まれて初めて華麗なチャイナドレスを身にまとい、宴会場でかしこまっていると、蒋介石と妻の宋美齢、宋慶齢が現れ、着席した。美貌の「宋三姉妹」と噂に聞いていた宋姉妹は、映画の一場面を切り取ったような華があった。蒋介石が何事か甲高い声で演説した。

「貴公子」は五十子が初めて覚えた中国語であったが、結婚してから真の意味を知らされる。張義は杜聿明・東北保安司令の妻の甥に当たり、士官学校卒業後に専任参謀として配属されていた。二六歳の若さでの中佐は国民党軍でも張義くらいしかいなかった。

張学良が監禁された後、東北軍は国民党軍と共産党軍に分裂した。張学良の四番目の弟張学思らは共産党軍に走ったが、張学銘や「貴公子」のいる主流派は張学良を事実上の人質にしている蒋介石に忠誠を誓わざるを得なかった。

新婚夫婦の新居は瀋陽市内の閑静な一角にある二階建の旧日本人家屋であった。張義が副官に専用車で送り迎えされ、頻繁に訪れる側近たちと何事か話し合っていたのを五十子は記憶している。

満州国が消滅した東北の情勢は混沌としていたが、形式上、蒋介石を首班とする中華民国政府が統治者となっていた。奇跡的に日本に生還した旧入植者の市川大伸が大切に保管している謄本には、「昭和十七年九月九日満州国按山市常磐街四段一号地で出生……届出在満州国特命全権大使梅津美治郎受付入籍」とある。「満州国特命全権大使」の梅津美治郎は一九三九年から一九四四年まで関東軍司令官を兼任していた。満州国崩壊後に生まれた弟のそれは「昭和二十一年一月十五日中華民国遼寧省按山市初音街出生届出受付入籍」とあり、「満州国」が「中華民国」に変わっている。

勝気な五十子は結婚の条件を一つ、出していた。「瀋陽に避難してきた日本人の日本引揚に協力してください」。

大陸に残る旧軍人、日本人入植者の引揚はＧＨＱの斡旋で蒋介石の中華民国と日本との間で送還協定が結ばれ、一九四六年五月七日から開始された。同年八月に共産党も同意したが、内戦再発の混乱で手続きは遅々として進まず、厳しい冬が足早に迫っていた。家を失い、日々の糧にも事欠く瀋陽の日本人たちは絶望感を募らせていた。

船はいつ出るのかと五十子も気が気でならなかったが、張義が吉報をもたらした。

「ようやく引揚船のめどが付いた。冬が来る前に瀋陽の日本人は自分の祖国に帰ることができるだろう」

「どこから出るのですか？」

「山東省の青海港だ。船室は確保したから、父上に準備するようにと伝えてあげなさい」

待ちに待った引揚事業が動き出し、五十子の父を団長に瀋陽日本人会が鉄路で青海港に向かい、日本政府の引揚船で母国へと向かった。五十子の記憶では、四〇〇世帯一二〇〇人余であった。張義は青海まで付き添ったが、義父とじっくり話し合う時間がなかったと、残念そうに五十子に伝えた。五十子の父は張義になかなか心を許さず、「偉い人物だ」、「恐ろしい男だ」ともらしていた。

父を港まで見送れなかったことが、五十子には心残りであった。身重になっていた。

翌年、長男の若愚が誕生する。新婚生活は幸せな、満ち足りた日々であった。いま東京の一隅で一人住む五十子は、コーヒーとバターパン、アメリカ製ミルクにタマゴの朝食を夫と共にした人生の至福の時を思い起こす。

抜けるような群青色の空が広がる一九四八年の晩秋、瀋陽郊外には三〇〜四〇センチほどに育った大豆がたわわに実る畑が地平線の果てまで続き、農家の屋根や庭先には真っ赤なコーリャンがうず高く干されていた。一見して平和そのものの郊外まで遠出しての帰り道、夫が市街で測量隊を指揮している様子を見かけた。瀋陽の都市整備にあたっていると思っていたが、防衛線を固めていたのであった。

一一月が近付いてきたその日、朝から冷たい北風が吹いていた。昼過ぎ、家の外で車が急停車する音がした。バタンとドアが閉まる音。ガラガラと玄関が忙しく響き、義が息せき切って飛び込んできた。

「子供を連れてすぐ瀋陽を離れなさい。飛行機を準備してある」

せかされるまま五十子はミルク、オムツ、着替え、当座の生活に必要なものだけをカバンに詰め込み、二歳の若愚を抱いて待機していた車の後部座席に滑り込んだ。

「私は後で行く。北京で待っていなさい。現地の手配は済んでいる」

郊外に共産党軍が迫っているという。車窓の外には人々が走り回るのが見えた。

「大丈夫ですか？」

「八路軍に無二の親友がいる。一度助けたことがあるから、自分は心配ない。早ければ二、三カ月で追いつけるだろう」

車は飛行場に着き、滑走路に待機していた輸送機に横付けした。すでにエンジン音が響いていた。義は五十子がタラップを上がるのを見届けると、もと来た方向へと車を返らせた。

機内はガランとして、乗客は自分たちだけであった。両側に兵士が横並びに坐る板張りの細長い席があり、中央が武器を置く台座であった。副操縦士が五十子を座席に固定した。プロペラ音が大きくなって機体が走り出し、フワッと浮いた。輸送機は夕方に北京の空港に着き、五十子が若愚と小荷物を抱えてタラップから降り立つと、車がすっと寄って来て、手際よく乗せた。北京市内へと向かう。市内は静かで、閑散としていた。やがて日本風の造りの民家の前で止まった。

ほどなくしてから瀋陽が陥落したと、中国人のお手伝いから聞いた。北京はまだ静かであったが、五十子は息を殺すように夫の帰りを待った。捕虜になった国民党軍兵士は人民裁判にかけられ、地域の共産党幹部に「反革命」と断じられれば即処刑されるとの噂を耳にした。日本人であることを知られまいと、家から出ることはほとんどなかった。一、二カ月経つと瀋陽の自宅に何度か来たことがある将校たちがポツンポツンと訪ねてきた。疲れた国民党軍の軍服であった。義の安否を尋ねると、「貴公子は大丈夫。まもなく戻るはずです」と同じような返事が返ってきた。

三カ月後、明けた年の初めに義が元気そうな姿を現した。

「政治学習を受けて、釈放されたのだよ」

「杜聿明司令はご無事ですか?」

義の表情が曇った。

「自決された」

瀋陽陥落に半狂乱となり、柱や壁に頭をぶつけ、血みどろになって息絶えたという。それ以上詳しいことは語ろうとしなかった。

北京市にも共産党軍が入場してきた。総崩れとなった国民党軍は抵抗らしい抵抗もせず、撤退していった。毛沢東が凱旋し、同年一〇月、中華人民共和国が樹立された。

義は北京を離れようとしない。軍服を脱ぎ捨て、どこかさばさばしていた。そのうち、天津市城市城建委員会に建築士として勤務することになった。城市城建委員会は名所旧跡保存や公園の建設管理などを担当する。張学良の同腹の弟の張学銘は北京無血開城後に、天津に閑居した。さらに、新中国成立後、華北大学(中国人民大学)に入り直して都市工学を学び、九・一八事変が起きるまで市長を務めていた天津市の城市城建委員会に勤務する。

義は張学銘のいる城市城建委員会に技師として勤務した。その一方、しばしば地方に出張した。「何のためか言わなかったが、カバンの中にぎっしりと札束を詰め、金塊をみたこともあった」と五十子は記憶をたどる。

3 周恩来総理の口添えで日本に「一時帰国」

一九五〇年初め、義の「仕事の都合」で成都に移る。汽車で南京まで下り、長江を船で上り、重慶を経て成都市の黄瓦子に落ち着いた。

張義一家が成都に移った頃、鄧小平が共産党西南局第一書記として赴任してきた。鄧小平は同地の旧家出身で、故郷に戻ったのは一六歳でフランスに留学した時以来である。清朝の官僚であった父親から、「二度と戻ってくるな」と言い渡されたと語っている。地の利に明るく、不安定化していた地域の治安維持や民主改革に辣腕を発揮していた。朝鮮戦争(一九五〇年六月~一九五三年七月)が勃発し、中国政府が「抗米援朝」に国を挙げると、鄧小平の行政手腕を高く買っていた毛沢東に急遽、中央に呼び戻される。

五十子は中国語にも慣れ、白秀霞という通名で隣人とも親しく交わった。友人の助言で、外出するときには必ず掌大の「赤札」を持ち歩いた。赤い小冊子には、毛沢東の演説や著書から抜粋した革命語録が書き込まれていた。「護身府のようなもので、赤札さえ身につけていれば、反革命分子と間違われることもなかった」と当時の世相を活写する。「赤札」は後の文化大革命で紅衛兵が振りかざした『毛沢東語録』の原型である。国民党に協力的であった四川大学の教授や学生たちが人民裁判で処刑され、市内の畑に埋められたとの噂を耳にし、怖いもの見たさで友人と噂の現場に行ってみると、畑のあちこちから頭や手足の一部が露出していたと、生々しい声で身を震わせる。

張義夫婦には長女の韻英、次女の韻麗と三年ごとに家族が増え、また三年後の一九五七年夏、若飛が生まれた。飛は、『三国志』の舞台となった蜀（四川）の英雄・張飛の一字を採って名づけられた。

翌年、集団農場と地方行政機関を一体化した人民公社が、四川でも組織され始めた。男女平等、女性の社会参加という新社会の風潮に五十子も家にこもっていられず、職を得ようと考えた。「周恩来総理に手紙でお願いし、四川大学の日本語教員に採用されることになったのです」。差出人は白秀霞としたが、周恩来首相が若い頃に日本に留学したことを知っていたので、文面は日本語で書き、末尾に「谷口五十子」と記した。手紙を出すことを夫に相談すると、無言で笑みを浮かべた。

しかし、一九五八年春、一通の手紙が張一家の運命を狂わす。四川大の日本語教師の職が決まりかけていた五十子のもとに、佐賀の親戚から父親が病床にあるとの手紙が届いた。里心が募り、病気見舞いの一時帰国を考える。思い立ったら止まらない。

「病床のお父様に子供たちを一目見せようと、一番偉い人に直訴した方がてっとり早いと周恩来総理に手紙を出して里帰りをお願いしたのです。周総理の計らいで急遽、引揚船に乗ることが決まりました」

夫は「周恩来総理からの手紙を読むと、気の済むようにしなさい」と快く送り出してくれたという。

淡々と語る五十子だが、摩訶不思議な光景ではある。国事に奔走していた周恩来首相が、一介の日本人女性にわざわざ就職の世話をし、思い立って帰国するわがままも聞き入れてくれたと言う。一介の日本人女性ではなかったからである。盟友・張学良の姻戚と知っての、義理堅い周恩来ならではの配慮であろう。歴史にＩＦは禁句だが、仮に張義が当初から共産党軍に加わっていたら、海軍参謀長までなった叔父の張学思とともに活躍の場が与えられたかもしれない。

敗戦後の日本には海外から六六〇万の引揚者が全国一〇の指定港に戻ってきた。京都の舞鶴港には一九四五年一〇月から一九五八年九月まで、雲仙丸、興安丸、白山丸などで約六六万人が中国大陸や朝鮮半島から引揚げてきた。

最終便に間に合うようにと、五十子は四歳の次女と一歳の若飛二人を連れて成都を汽車で発ち、青島から興安丸に乗った。一九五八年七月に舞鶴港に到着したが、港には出迎え一人いなかった。入管職員に尋ねても「わからない」との答えが返ってくるばかりであった。

途方にくれた五十子は、引揚者寮がある東京に向かった。品川区北品川の常盤寮に入ったが、十畳一間に二世帯同居という窮屈さであった。夫から「東京は空襲で焼け野原となり、広島、長崎は新型爆弾で廃墟と化した」と聞いていたが、その痕跡はまだ至るところに残っていた。銀座にも板張りの住宅密集地があり、都心を少し離れれば掘っ立て小屋が立ち並んでいた。朝鮮戦争特需で復興の槌音が聞こえ始めたとはいえ、まだまだ貧しかった。

裸一貫で帰国した引揚者たちの苦労は筆舌に尽くしがたいものがあった。「一時帰国」のつもりで戻った五十子は、身一つで荒野に放り出されたも同然であった。東京にいた弟から父の消息を知り、愕然とした。父は五十子が成都を離れる前に亡くなっていた。五十子は佐賀の実家には行くまいと心に決めたが、成都に戻ることも不可能であった。

五十子は自立する決意を固めた。中国語の通訳や、当時はまだ珍しかったタイピストとして働いたが、幼児二人を抱え生活は成り立たない。育ち盛りの若飛は栄養失調状態に陥っていた。五十子はキリスト教系の慈善団体が運営する孤児院を紹介され、泣く泣く若飛を預けた。

筆舌に尽くしがたい苦労を重ねた母を恨む気は、張若飛には毛頭ない。いま生きていることを神に感謝するのみだ。ただ一つ悔やまれるのは、父の記憶が全くなく、母の愛情を知らないで育ったことである。いまだに愛情という感情に戸惑う。

二歳の若飛が預けられたのは、杉並区にある「カリタスの園」である。イエズス会に次ぐカトリック系の修道会が運営する。幼児部の「蕾の寮」に入り、やがて小児部の「小百合の寮」に移った。小学生になると、国分寺市にあるサレジオ学院に移り、小等部、中等部と学んだ。「カリタスの園」ではチョ・トシオと呼ばれていた淡い記憶がある。サレジオ学院に移ってから谷口俊夫に変わり、やがて、独裁者と恐れられた神父の院長先生から「五〇番」と呼ばれた。「五〇番」が自分の名となり、いつのまにか慣らされてしまった。今でも思い起こしても虫酸が走る院長は、孤児を罪深いものと決め付け、自分を慰める快楽の道具にしか考えていなかった。若飛は「原罪意識」に苦しんだ。聖書には「悲しみに流されず、暗い考えに耽らず、心を喜ばせよ」(「シラの書第三〇章」)とあるが、「人の罪」とは何だろう？

若飛はサレジオ学院卒業目前、本名を思い知らされる。就職先に自衛隊を選んだ。警察とともに差別のない職場として人気があった。自衛官が出張してくる採用面談会は院生の門出を飾る風物詩であったが、面接官に「中国人は採用できない」と言われた。院から渡された外国人登録証には「在留資格：永住者　出生日：一九五七年八月一日　国籍等：中国四川省成都市　出生地：成都　上陸許可：一九五八年七月一三日　氏名：張若飛」とあった。

サレジオの先輩神父の親切に甘えて川口カトリック教会の寮に寝泊りし、アルバイトをしながら埼玉県下の定時制高校に通っていたある日、母が訪ねてきた。まじまじと若飛をみつめ、「意外と背が小さいのですね」と言った。映画でよく観た母子再会の感激的なシーンはなく、淡々と言葉を交わした。自分で編んだという白い小さな毛糸の足袋を渡されたことを覚えている。

それから数回、母から父とのなれそめを聞いた。「お父様は張義と言うのです。とてもハンサムで、立派なお方でした。瀋陽では貴公子と呼ばれていたのです」と述べ、セピア色の写真を見せてくれた。すらりとした、品の良さそうな人物が写っていた。

「義という名は、清朝最後の皇帝の溥儀様の一字を戴いたのです」

「お曾祖父は偉い方でした。満州の軍閥で、馬賊などではありません」

母は輿に乗ると父から聞いたこと、中国で見聞したことを思いつくままに語り、若飛は身じろぎもせず、華族言葉が抜けない丁寧な言葉にジッと耳を傾けた。母との会話が苦手であった。母と子の関係というイメージが湧かないので、どう声を掛ければよいのか分からず、どうしても他人行儀になる。

成都にいる父や兄姉の様子が知りたかったが、あまり語ろうとしなかった。母は父とは手紙のやり取りをしていたが、一九八〇年に姉が変死し、それを知らせた際、初めて再婚したことを明かした。それから手紙が来なくなった。成都に戻ることを断念した母は、再婚していた。


天涯孤独の張若飛にもケイちゃんというよき理解者ができた。若飛はケイちゃんと連れ立って、三〇年ぶりに「カリタスの園」を訪れた。世話を焼いてくれた村岡シスターが園長になっていた。

「チョ・トシオ君じゃないの！」

園児時代の名を呼び、懐かしい笑顔で迎えてくれた。ロザリオのネックレスにチラリとやった目が、少し潤んでいた。

人一倍やんちゃだった若飛をよく覚えていた。小さいのに几帳面で、礼儀正しく、躾がきちんとなされていた。そういえば、母親も粗末な服を品よく着こなしていた。園では、ミルクをよく飲み、丸々太った。綺麗好きで、真新しい服を欲しがった。ベランダのブランコによく乗っていた……。若飛の記憶と重なる部分も、えっと驚く意外な部分もあった。

園に入所した経緯を知りたいと願い出ると何枚かの写真をみせてくれ、その中に色あせた一枚の写真があった。寮を慰問に来た賓客の前でちょこんと立っている幼児が写っている。「チョ・トシオ」であった。賓客は若飛の記憶では皇太子（平成天皇）夫妻である。それが事実としたら不思議な巡り合わせだが、筆者（河信基）の問い合わせに村岡ゆきえ宮崎修道院長は「事実です。皇太子夫妻はだっこをねだる子供たちの頭を優しくなでられました」と語った。皇太子妃美智子の母校の清心女学院が同じカトリック系のグループということで、成婚記念にお忍びで訪れてきたという。翌年に宮内庁からカリタス学園に「事業の奨励」として恩下賜金が贈られている。

「とても優しい園長先生ね。来てよかったわ……」

カリタスからの帰り道、ケイちゃんが泣いてくれた。

翌日、村岡シスターから丁重なファックスが届いた。

「三十数年前の書類を調べまして、別紙のことがわかりましたので、お知らせ致します。張若飛（谷口俊夫）と中国名もきちんと記入されてありました」と添え書きされていた。別紙には「本籍中国四川省成都市黄瓦子二〇号。母谷口五十子。昭和二一年五月、奉天にて張義と結婚。父親は職業軍人（士官学校卒業）で、城市城建委員会に勤務し、建築士」とあった。外国人登録証とともに張若飛の存在を証明する数少ない記録である。

「主の平和」と題した小文が添えられていた。「お母様から時々電話があり、様子をおたずねされています」と書かれ、次のように結ばれていた。

「過去に大変な境遇や困難があったにせよ、今日の張さんを見て、これらを立派に克服されて今日の自分を築かれてきたのでしょう。これからも頑張ってください。……神の前にも隣人の中にあっても誠実にあられますことを心からお祈り致しております」

食い入るように読んでいた若飛の目から、ポロポロと大粒の涙があふれ落ちた。あの頃が無性に懐かしい。できるならば、戻りたい……。古巣を訪ねて本当に良かった。母のように遠くから見守ってくれていた村岡シスターに心から感謝している。自分がいま生きているのは、「カリタスの園」があったからなのだ。

張若飛には国籍がない。外登の国籍欄には「中国四川省成都市」とだけ記され、中華人民共和国なのか中華民国（台湾）なのか分からないようになっている。

一般の中国人は国籍蘭が「中国」となっている。中国には戸口と呼ばれる戸籍制度があるが、若飛は確認する術がない。戸籍上、存在しないも同然なのである。友人たちと海外旅行に行こうとしても、パスポートが取得できなかった。

若飛は外登の更新時、ひょんなことから国籍が故意に曖昧にされていることに気付いた。外登が見るのもいやで、五年毎の更新期限を忘れ、出入国管理局からの通知でかけつけるケースが何度かあった。

入管係官に認められ、長蛇の列を飛ばして窓口に案内されたりしたが、ある日、係官から交付された真新しい外登に目を落とすと、国籍欄が「台湾」に書き換えられていた。申請した覚えはないので指摘すると、係官は慌てた様子で「単なる事務的なミスです」と言いつくろい、「成都市」と元通りに訂正した外登を作り直した。祖父の張学良が台湾で監禁されているのと無関係とは思えなかった。自分は「二つの中国」の間で宙ぶらりんになっているのだ。

張若飛は張学良を祖父と信じているが、実はそれを裏付ける文献がない。張学良の家族関係について最も詳しい『張学良家族』（安徽文芸出版）にも張義の名が出てこない。「張義は貴公子」との妻・谷口五十子の証言はもはや疑う余地がなく、張作霖直系であることも確かであるが、学良との関係は特定できない。張作霖の第二子で学良のすぐ下の弟・学銘の可能性もある。

4　半世紀の時空を超えた「救国の英雄」

蔣介石が一九七五年に亡くなる。翌年、周恩来、毛沢東が世を去り、一つの時代に幕が下りようとしていた。

張学良は大陸反攻の夢に悶々とした蔣介石と最後まで折りえなかった。台北郊外の陽明山に移された直後（一九五四年）、蔣介石が訪ねてきた。一八年ぶりの再会であった。蔣は大陸反攻に協力すれば自由にすると言い、西安事変の真相を明かすようにと迫ったが、頑として口を閉ざした。その翌年、張学良はキリスト教の洗礼を受け、週一回、教会の礼拝に通う自由を与えられた。

張学良の心の支えは、大陸に残した旧東北軍であった。還暦を迎えた年であったが、周恩来首相夫妻が北京飯店で西安事変二五周年（一九六一年一二月）の祝宴を主宰したという英字新聞の記事に目元をほころばせた。弟の張学銘夫妻、学思夫妻、劉鼎、楊丞民ら多数の旧東北軍関係者が招かれていた。国民党軍からの転向組と気にかけていた張学銘の第二の人生は順調で、天津市の工程局副局長、人民公園管理委員会主任と新都市造りに持ち前の感性と才能を生かしている。義も一緒らしい。影のように付き添ってくれた秘書の趙一荻と一九六四年に正式に式を挙げ、男子が一人生まれた。前妻の于鳳至は一九四〇年、病気療養のために子供たちを連れて上海から船で米国に渡っていた。

張学良の監禁は徐々に緩和されていく。蒋経国が総統に就任した直後、張学銘が兄の安否を尋ねる書簡を送った。張学銘は台湾との再統一問題を担う政治協商会議委員になっていた。中米国交回復（一九七八年一二月）を果たした中国は、台湾との新たな対話を模索していた。

一九八二年、蒋経国は父親の大陸反攻策と一線を画し、「孫文の三民主義による中国統一」を大陸に提案した。この頃、台湾の一人当たり国民所得は六〇〇〇ドル台に達し、ＧＮＰで大陸をはるかに上回っていた。大胆な外資導入・輸出振興策を導入して経済は高度成長軌道に乗り、韓国、シンガポール、香港とともに「アジア四小龍」と国際社会から注目されていた。

台湾に負けじと改革開放政策に舵を切っていた鄧小平は翌年六月、「国共両党の平等な対話」「台湾の司法権独立、軍隊保有容認」など六項目を逆提案する。密使が台湾海峡を行き交うが、鄧小平が「武力行使による統一」の放棄を拒否したため蒋経国は激怒し、共産党とは「接触しない」「交渉しない」「妥協しない」の「三不政策」を宣言し、秘密接触を打ち切った。

蒋経国が一九八八年一月に急逝し、李登輝が副総統から昇格すると新たな動きが出てきた。李新総統は蒋経国の葬儀に張学良の席をもうけた。同年暮には私邸に招き、クリスマス家庭礼拝を共にした。いずれも内外の反応をそっと確かめるような非公式なものであった。

天は張学良に長寿を与えたが、意地悪であった。張学良が再会を望んでいた弟の張学銘は五年前、七七歳で病死していた。新中国建国後、政治から距離を置いたため文革の迫害も免れ、張作霖の一四人の子の中ではもっとも穏やかな人生をまっとうした。

張学銘の後任として、前副総理の谷牧・政治協商会議副主席が任命された。やはり旧東北軍関係者である。張学良が西安に共産党支部設立を許した直後に東北軍に加わり、東北軍内の共産党地下組織の主任をしていた。改革開放政策で経済担当副総理として敏腕をふるった鄧小平の側近であった。

中台の急接近が始まるかに見られたが、北京が建国以来の危機に陥る。第二次天安門事件である。その模様は日本のテレビでも連日、大きく報じられ、張若飛も食い入るように見つめていた。抗日時代は清廉潔白で犠牲精神に富んだ共産党は青年学生の憧れであり、共産党軍は正義の戦士であった。この後身である人民解放軍が装甲車を押したて、ほとんど無防備の学生デモ隊を追い回している。中国民衆が嫌った残忍な国民党軍と見まがう衝撃的なシーンであった。

鎮圧は一日で終了したが、ありえない事態に革命の正統性を自負してきた共産党幹部たちに動揺が広がり、周恩来未亡人の鄧穎超は泣き崩れたという。周恩来とは抗日運動の輪の中で結ばれた学生時代以来の同志であった。

翌一九九〇年六月、台北発のニュースが世界の耳目を引き付ける。張学良の九秩大寿（九〇歳誕生会）が台北市内の円山大飯店で盛大に催されたのである。王群・元国民党外交部長が主催した華やかな会場には、蒋介石未亡人・宋美齢からの花輪と李登輝総統が贈った額が飾られ、彩を添えた。

五四年ぶりに公の場に姿を現した「東北の貴公子」は、白髪の老人となっていた。紅顔の美男子と謳われた顔には無数の皺が走っていたが、盟友の未亡人である鄧穎超の祝電が紹介されると、スーッと赤みが差した。九〇歳とは思えないかくしゃくとした歩みで、マイクの前に立った。

「もし国家と民族が私を必要とするのなら、若いときに負けないように尽力し、貢献したく思っている。……。機会があれば大陸を訪問したい」

張学良の中で新たな使命感が芽生えていた。中台統一には第三次国共合作が必要だ。

その一カ月後、李登輝総統は蒋経国の「三不政策」を廃棄し、対中政策を主管する国家統一委員会を設立する。翌年五月、動員戡乱時期臨時条款を廃止し、一方的に共産党との内戦状態終了を宣言する。台湾人のアイデンティティーにこだわる「内省人」初の総統である李登輝には、蒋介石とともに大陸からやって来た「外省人」と異なる視点があった。京都大学在籍中に学徒動員された元日本軍少尉の経歴を隠さず、親日派を自称していた。中台統一とは別の、台湾独立の道を密かに模索し、張学良には何の怨念も未練もなかった。

同年秋、張学良はＮＨＫとのインタビューに応じ、「ＮＨＫスペシャル〝張学良がいま語る〟日中戦争への道」（一二月九日）、「張学良・磯村尚徳対談〝私の中国・私の日本〟」（一〇日）と連夜放映された。張学良が全世界に直接メッセージを発したのは、西安事変で「対時局通電」を発表して以来のことである。

「私はずうっと中国の国家統一を主張してきた。当時私は、自分の国が弱くて力がないということを非常に悲しんでいた。父の死が私の気持を動かしたのではない。ただあの事件（張作霖爆殺事件）のせいで、私はそれまで以上に抗日運動に没頭するようになった」

半世紀の沈黙から復活した老雄は、改めて抗日の正当性を訴えた。「大陸訪問の意思がある」と声を強めたのは、衛星放送で聞いているであろう北京を意識したメッセージであった。北京の中南海深く、鄧小平が画面に目をこらしていた。周恩来とは刎頚の交わりであり、張学良とも西安時代から旧知の間柄であった。

張若飛は初めて祖父と信じる張学良の素顔を目にした。「日本人には忠があるが、最も欠いているのは恕だ」との言葉が印象に残っている。忠もあり、恕もある自分のことを言われている気がした。

水面下では中台の熾烈な交渉が始まっていた。鄧小平は張学良の大陸訪問を歓迎すると述べ、李登輝に台湾の自治を認める「一国二制度」を提案する。これに対して台北は台湾の主権を主張し、GATTやAPECへの加盟を申請、国連への復帰活動を積極化する。北京も巻き返し、韓国、シンガポールなどと修好して台湾との国交を断絶させた。

一九九一年三月、張学良は訪米を許される。米国各地で親戚・支持者らから九秩大寿の祝いを受けながら過ごし、六月に台湾に戻る。

人民日報が張学良の米国行きを囲み記事で報じ、米国での言動をつぶさに伝えた。一九九二年に人民日報などの中国記者団が初めて台湾に入り、張学良を公式訪問した。半世紀もの幽閉に耐えた老将軍への称賛の声がうねりのように高まる。台湾では西安事変も張学良も完全に抹殺されたが、大陸では教科書で「西安事変は現代中国の転換点」と位置付けられ、張学良は「救国の英雄」と評価されていた。抗日にすべてを捧げた伝説的な英雄が時空を超えて蘇り、張学良待望論が沸騰する。

天安門事件で窮地に立たされた鄧小平は、張学良の助けを必要としていた。共産党内では改革開放路線は共産党の支配を弱体化させるとの懐疑が強まり、趙紫陽の後任の江沢民総書記も後ろ向きになっていた。鄧小平は「南巡講和」で江沢民に警告を発し、「経済がすべてを圧倒する。経済発展なくして、中国革命に未来はない」と檄を飛ばして改革開放路線に引き戻した。しかし、共産党の権威は傷付き、民衆の心は離れ始めていた。愛国主義のシンボルとなった老将軍が北京空港に降り立ったら、多くの国民が涙し、共産党に絶対の信頼を寄せた建国時の熱気が蘇るであろう。

張学良が訪米から台湾に戻って一年ほどたった翌一九九二年春、東京郊外の五十子の自宅を三〇代と思われる中国人男女が訪れてきた。長男の若愚の友人で、米国からの帰途、立ち寄ったという。

「張義氏が亡くなられたことを伝えて欲しいと、若愚さんから伝言されたのです」

突然の訃報に五十子は驚愕し、成都の若愚に国際電話を掛けた。電話口に若愚が出たが、中国語を話さなくなっていた五十子には、受話器の向こうの声が十分に聞き取れない。来客に代わってもらい、

「喉頭癌で亡くなった」とかろうじて聞き出した。

「ずっと独りで、母の帰りを待っていました」

しばらくして送ってこられた長男の手紙には、そう書いてあった。五十子は泣き崩れた。

それから少し愚痴るようになった。「一時帰国のはずでした。騙されて、成都の家族から引き離されてしまったのです……」と恨み言を口にし、「瀋陽時代が人生で一番幸せでした」と懐かしんだ。

それから一、二カ月後の同年七月、周恩来未亡人の鄧穎超が死去したと報じられた。人民大会堂で追悼大会が執り行われることになった。張学良が念願の大陸訪問をするには絶好の機会であったが、ついに姿を現さなかった。

翌年暮（一九九三年一二月二〇日）、張学良は大陸とは反対方向の米国へと出国する。養生のためとハワイに移り、ホノルルに住む五番目の弟の学森の自宅に身を寄せた。大陸への里帰りは一切、口にしなくなった。

破綻した中国経済を奇跡的に復興させた大功労者の鄧小平が、一九九七年に世を去った。張学良より三歳下の九二歳であった。阿片戦争で英国に奪われた香港返還を自分の目で確かめたいと述べていたが、八カ月及ばなかった。死去四日前、夫人と五人の子供が党中央に書信を送り、「質素かつ厳粛に哀悼せよ！」との遺言を伝え、告別式は行われなかった。家族に託した所信では「小平同志は徹底的な唯物主義者であり、……一生を余すところなく祖国と人民に捧げてきた」と総括されていた。

毛沢東が「綿中に針を蔵す」（あたりは柔らかいが芯は硬い）と評したように、革命を志した初心を忘れず、権力の頂点に立ちながら党総書記・国家主席となることなく、個人崇拝に反対し、公平と無私に努め、家族を大事にして質素な生活を崩さなかった。遺体は献体に回すようにと遺言したが、愛娘の鄧楠は角膜のみ移植して火葬とし、泣いて馬謖を切るように更迭した胡耀邦元総書記の直系である胡錦涛・政治局常務委員が遺灰を空中から東シナ海にまいた。

その四年後の二〇〇一年九月二八日、張学良は肺炎を患い、ホノルルの病院に緊急入院する。鄧小平の長男の鄧樸方が張学良を見舞った。鄧樸方は酸素吸入器につながれた意識不明の老雄に向かって言った。

「あなたは民族の英雄です。みんなが敬慕しています」

張学良は遠路やってきた車椅子の賓客を声もなくみつめ、小さくうなづいたようであった。目に光るものがあった。鄧樸方は重度の身体障害者であった。北京大生時代の文革で紅衛兵につるし上げられ、窓から転落して脊髄損傷の重傷を負ったのである。

一〇月一四日、生命維持装置を外された張学良は静かに一〇一年の人生を終えた。最後を看取ったのは、趙一荻とその間に出来た息子、前妻との娘、三人の孫であった。


張若飛は東京近郊の行きつけの中華料理店で、祖父を大写しするテレビ速報に釘付けになった。

「張学良氏が老衰の為、入院先のハワイの病院で逝去しました。百歳でした」と伝え、「西安事件の真相は墓場に持っていった」と締めくくった。北京政府は帰国を拒んだ祖父をどう評価するだろうかと気になったが、翌日の新聞に江沢民・共産党総書記兼国家主席の弔電が紹介されていた。

「民族滅亡の危機に楊虎城将軍と共に愛国精神、抗日の大義を掲げ、共同抗戦を訴えた。十年にわたる内戦を終結させ、歴史的な貢献をした」

中国の評価は変わらず、一貫していた。

西安事変の真相と里帰りを拒否した真意、その二つの謎に頑として口を閉ざして張学良は旅立ったが、張若飛には祖父の心情が伝わってくる。沈黙を守ることに意味があった。沈黙とは秘密を守ることであり、秘密が口を閉ざす錠である。二つの沈黙は根っ子が同じなのである。

5 張学良は秘密共産党員であった

西安事変の最大の謎は、張学良は共産党員ではなかったのか?との疑問形に置き換えられる。蒋介石はそれを疑い、『西安半月記』、『西安事変回憶録』で「張学良は共産党に操られた」と書いている。張学良に会うたびにそれを質し、認めれば解放すると臭わせた。張学良はうんと言わず、『西安事変懺悔録』でも「愛国心ゆえであった」と強調している。

結論から先に言えば、張学良は秘密共産党員であった。中国共産党員であったが、コミンテルンからは承認されなかった。

張学良は米国人家庭教師から英語とともにキリスト教の影響を受けている。一六歳で結婚したが、当時としては早婚とも言えない。頭脳明晰かつ早熟で、父張作霖が創設した軍官学校である東三省講武学堂で秀才と知られた。陳独秀の新文化論に感化され、共産主義の文献を読み漁り、思想的にはリベラルな左派であった。右派の筆頭格である父と衝突し、周囲をやきもきさせた。蒋介石と蒋経国父子との関係に似ている。

九・一八事変以降、抗日の急先鋒であった毛沢東の共産党を、親日的な蒋介石と対比しながら有力な政治勢力として意識するようになる。周囲で、四娘をはじめ共産党の工作員の影がチラホラする。

一九三三年の訪欧も、隠された最大の目的はモスクワに行くことであった。それを最も警戒したのが日本で、日本外務省からは欧州の各公館に張学良の動きを監視するようにとの極秘指令が出ていた。張学良がストックホルムでスウェーデン国王の謁見を受け、ドナルドが中国に戻るために張学良と別れた直後、ヘルシンキの公館が「張学良は秘かにレーニングラード（現ペテルスブルグ）へ行った」との電報（一〇月一〇日）が入り、本省に緊張が走る。日本は仮想敵国のソ連の影響が満州、中国に浸透するのを最も警戒していた。固唾を呑んで続報を待っていると、一カ月後、「学良は一時、漠然と露国行きを考えていたが、今はその考えを捨て、帰国を考慮している模様なり」（一一月一七日）との第二報が送られてきた。

この時、日本側は張学良が共産党員であることを疑っていた。張学良に目を光らせていた天羽英二・外務省情報部長は、日銀職員の岡崎嘉平太に明かしている。「僕は後にイタリー大使になった天羽英二さんから小さなパンフレットを渡された。三枚か四枚の短いモノです。『(張学良は）中国のコミュニストだ。これに気をつけとれ、これは必ず大きくなるんだ』」（『我らの生涯の中の中国』みすず書房）。

天羽は宋子文をマークし、新規借款要請に西洋列強が応じないように圧力をかけていた。張学良帰国後、「列強による中国援助は日中の特殊関係を考慮すれば、反対せざるを得ない」との非公式談話

「天羽声明」(一九三四年四月)を発表した。内閣情報局総裁で敗戦を迎え、A級戦犯として公職追放される。岡崎嘉平太は全日空社長になり、日本人引揚や日中覚書貿易事務所代表として日中友好に寄与した。

ソ連入りを断念した事情を張学良は帰国後、何柱国・東北軍騎兵軍長に打ち明けている。「中国政治の安定には開明的集権が必要だ。国家建設実現には二つの路線がある。一つはファシズム路線であり、もう一つは共産主義路線である。残念ながらソ連を遊歴できなかったが、私の理解するところでは、共産主義成功の条件は階級矛盾がきわめて先鋭で、外患のない状況であることだ。半植民地状態のわが国には適用できない。残された道はファシズムしかない」(何柱国『西安事変前後的張学良』『西安事変親記』中国文化出版社一九八六年)。

張学良はソ連の状況を自分の目で確かめようとしたのであるが、ソ連から入国ビザが下りなかった。スターリンはソ連大使館襲撃で李大釗らを殺害した張作霖一族をよく思っていなかった。張学良よりも、蒋介石との関係を優先させたのである。孫文生前時から「レッド・ジェネラル」と蒋介石を買い、モスクワにいる息子の経国を通して手懐けることで中国への影響力を強め、米国を牽制しようとしていた。

帰国した張学良は、国民党左派で共産党シンパの宋慶齢に接近する。さらに、西安事変前年の国民党第四期六中全会(一九三五年一一月一日~六日)直後に上海に行き、宋慶齢の紹介で古参共産党員の劉鼎と会っている。

この頃、コミンテルン第七回大会（一九三五年七月二五日）では各国共産党に反ファシズム人民戦線結成を指示する決議が採択されている。張学良はコミンテルンの統一戦線理論にヒントを得て、国民党と共産党との合作、すなわち、統一戦線を思い描いたのであろう。そのためには、共産党の協力が必要である。

張学良は劉鼎を通し、毛沢東側近の張聞天に共産党入党を打診する。「張学良はわが党に入ることを求め、訓練を受けたいとしている」（劉鼎一九三六年六月三〇日党中央宛電報『西安事変新探』）、「六月下旬南京から帰ってすぐ、計画を策定したいので幹部を派遣して欲しいとの要求と、わが党に加入したい旨、連絡してきた。我々は葉剣英、朱理知を派遣し、将来、入党を認めたいと伝えた」（張聞天同七月二日コミンテルン宛電報『西安事変新探』）との証言は、張学良の共産党入党を明確に示している。

当時の共産党組織は、レーニンが創立したコミンテルン（第三インターナショナル。一九一九年～一九四三年）が中央党で、各国の共産党はその支部との位置付けであった。中国共産党は張学良入党についてコミンテルン中央の承認を求めた。張学良は延安での周恩来との再会談（一九三六年五月一三日）で四項目の政策協定を交わした。そのうち四項目目が「張学良が通行を保障して共産党代表の鄧発をソ連に派遣」というのがあるが、張学良の党員申請が目的とみられる。

ところが、コミンテルンの返事は、全く予想外のものであった。「張学良の入党を受け入れるとの中国共産党の通知を受けたが、張学良を信頼しうる盟友とはみなせない」（「コミンテルン中国共産党宛指示」一九三六年八月一五日）と、入党を拒否しているのである。

コミンテルンは国際共産主義運動の祖国とされたソ連共産党書記長のスターリンの絶対的な影響下にあった。コミンテルンの指示はスターリンの指示にほかならない。スターリンはまだ張学良を信頼していなかった。

しかし、海外留学の経験がなく、コミンテルンとも疎遠な毛沢東は、張学良の中国共産党入党方針を変えない。周恩来の強い勧めがあったと思われる。張学良の協力なしにはすでに回り始めた第二次国共合作成功はおぼつかない。中国共産党には張学良の弟の張学思をはじめ多数の東北軍関係者が、コミンテルンの承認もなく、事実上の党員として活動していた。

張学良はコミンテルンにも隠した秘密共産党員となるが、それが第二次国共合作（西安事変）を成功へと導く要因となった。共産党員でなかったら、周恩来と密議を重ね、毛沢東に「抗日反蔣」を「抗日連蔣」に変えさせるのは難しかった。同志としての信頼があってのことである。

他方、共産党員であることを伏していなかったら、蔣介石が「抗日連共」の約束を守ることはなかった。それ以前に、汪兆銘や何応欽ら南京政府の親日主戦派が「共産党に謀られた」と激昂し、西安を攻撃したであろう。西安事変について日米欧紙が「聯共抗日」と報じたのに、ソ連共産党機関紙・プラウダだけが社説で「親日派と結託した日本の陰謀」と伝えたのは、張学良共産党員説や陰謀説を打ち消す狙いがあったものと思われる。

秘密共産党員であったことが結果的に、張学良が独自のイニシアチブを発揮する上で大きく預かったのである。コミンテルンの統一戦線理論は思想、政治的立場の異なる諸勢力が一点で結束し、統一行動を取る。スペインでは、フランコ独裁政権に反対する統一戦線を実現させたが、勝利しなかった。

ほとんど唯一の成功例が、西安事変による第二次国共合作であった。

蔣介石が共産党員ではなかったかと張学良を疑ったのは、当たっていた。しかし、張学良が「愛国心ゆえであった」と反論したのも嘘ではなかった。党利党略の蔣介石と信念の張学良は生涯、折りえなかった。

張学良にとっては秘密共産党員であることを秘することは「抗日救国」の信念であると同時に、楊虎城や周恩来ら同志への義理でもあった。その秘密を守ることは、信念と義理を守ることに他ならない。それ故に、大陸に戻ろうとしなかった張学良を鄧小平の息子・鄧樸方が丁重に見舞い、江沢民総書記が弔辞で「救国の英雄」と変わらぬ賛辞を表したのである。

6 中国に戻らなかった張学良の真実

中国に戻らなかった第二の謎の答えは、「悪いやつほど長生きする」と自戒した張学良の言葉の中にある。

三カ月の初訪米（一九九二年三月～六月）は世相の変化を張学良に痛感させた。米国の行く先々で在米華僑に一年遅れの九秩大寿を盛大に祝われ、張学良は上機嫌であった。ニューヨークでの懇親会も不屈の英雄への尊敬と敬慕に満ちた雰囲気であったが、地元のジャーナリストが投げた質問が宴会場をどよめかせた。

「天安門事件をどう思いますか？」

「天安門事件……？　テレビを見ないのでよく判らない。何であれ、一方の言い分だけを鵜呑みにするのは良くない」

宴会場は水を打ったように静まり返った。地元華僑系新聞のジャーナリストはなおも食い下がった。

「毛沢東の大躍進政策や文化大革命で八千万人を超える犠牲者が出たと言われています。抗日戦争時よりも犠牲者が多いのですが？」

張学良は声を荒げた。

「事実関係はよく分からない。しかし、政権維持のために国民の命を犠牲にするのは、どの政府も同じこと……」

挑発に乗せられ、不用意な発言をしてしまった。

〝失言〟が報じられると、沈黙していた国民党右派がここぞとばかりに声を上げた。「西安事変がなかったら、共産党政権が誕生することはなかった」「天安門の痛ましい事件も起きなかった」。……。段々とエスカレートしていく。「西安事変は間違っていた」「抗日開始は早すぎた。日本の真珠湾奇襲攻撃まで待てば、中国は孤立無援で八年間も日本と戦い、三〇〇万の兵士と一〇〇〇万の民間人犠牲者を出さなくとも済んだはずだ」「西安事変は百害無益であり、張学良は千古の逆賊」だ。……。

張学良は我が耳を疑った。西安事変がなかったら、分裂した中国は日本に席巻され、米国も対日姿勢を変えていたことであろう。その道理が天安門事件で覆されようとしている。

彼らは汪兆銘と同じことを言う。西安事変に反対し、対日協力的な新南京政府を作った汪が正しかったというのか。汪は中国人民から漢奸（売国奴）と糾弾された。骨髄腫で終戦一年前に日本の名古屋大病院で死去し、遺骸は南京の孫中山（孫文）陵の隣に埋葬されたが、漢奸に永眠は許されなかった。分厚いコンクリートで覆われた墓は日本降伏後、国民党軍により爆破され、遺体は焼かれて灰が長江に捨てられた。

妻の陳壁君は逮捕されるが、「孫文の遺訓に忠実であった夫が、漢奸であろうはずがない」と言い張り、無期懲役を宣された。毛沢東が孫文未亡人の宋慶齢・国家副主席を上海の監獄に送り、罪状を認めれば釈放する旨を伝えると、「夫に罪はない。愛する国民を惨禍から救うために日本と結んだまでのこと。米国と結んだ蒋介石、ソ連と結んだ共産党とどこが違うのか」と断る。孫文生前は親密な同志であった二人の老女は、手を取り合って泣いた。陳は一〇年後、獄死し、遺灰は少女時代に遊んだコバルトブルーの南シナ海に、息子の手でまかれたという。

張学良の「抗日」の大義にいささかの揺らぎもなかったが、旧東北軍関係者が多数、文革で非業な最後を遂げたことを知り、怒りを抑えることが出来なかった。それは誰でもない、自身への怒りであった。

張学思は海軍参謀長・少将まで昇進したが、五四歳で病死した。そう知らされていたが、文革での迫害が原因であった。林彪に濡れ衣を着せられて逮捕され、病に侵されても、満足な治療を受けられなかった。周恩来が入院させようと手を尽くしたが、林彪の腹心である海軍政治委員の李作鵬に妨害された。息を引き取る直前、「コーリャン（モロコシ）とジャガイモを食べたい」と言ったという。

コーリャンとジャガイモ、それは幼い頃に弟らと囲んだ食膳に並べられた故郷東北の特産品であった。張学良は名状しがたい感情に突き上げられ、嗚咽が止まらなかった。

旧東北軍関係者は、東北局第一書記時代に「東北の小皇帝」と言われる権勢をふるった高崗との関係を蒸し返された。高崗は中央に移って国家計画委員会主席、国家副主席となるが、一九五〇年代中頃、「東北を独立王国たらしめようとした」と分派活動を批判され、党籍を剥奪された。旧東北軍関係者は高崗との関係を口実に、狂徒と化した紅衛兵につるし上げられ、暴行され、殺されたのである。

高齢の毛沢東が妻の江青ら「四人組」に操られた文革で、劉少奇・国家主席ら多くの古参幹部が犠牲になった。鄧小平、葉剣英、習仲勲らも様々なレッテルを貼られ、僻地に追放されて命を脅かされた。周恩来まで迫害され、養女が死に追いやられた。毛沢東死後、鄧小平が実権を握り、「四人組」を排除して文革に終止符を打った。張学思らの名誉も回復されたが、逝った者は二度と帰ってこない。

張学良はもはや自分には、大陸に居場所も役割もないと思った。エマーソンは「いかなる英雄も最後にはうんざりさせられる」と述べたが、毛沢東ですら例外ではなかった。自分もそう思われるに違いない。

一九九三年暮、張学良を乗せた飛行機は米国へと向かった。雲海の彼方の故郷東北が走馬灯のように頭を過ぎる。抜けるような瀋陽の秋空を忘れたことはない。ゴビ砂漠から吹き寄せる猛烈な砂塵が天空の太陽さえ黄色く染めてしまう真冬の黄塵万丈さえ、懐かしい。父の眠る墓稜・元帥林に一度は訪れたかったが、一切の感傷を断ち切るときであった。

中国を外から眺める傍観者たろうと決意していた。今となってはそれしかない。「抗日」そのものが目的ではなかった。その先に理想社会を描いていたのである。共産党員になったということは、共産主義社会実現のために闘うということである。その信念を捨ててはいけない。鄧小平の改革開放路線が、究極の目標への戦略であることも理解していた。命ある限り、それを見届けよう。

あの世に持っていった共産主義への信念とキリスト教への信仰が祖父の中でどう結びつくのかと、張若飛は思った。おそらく一体化しているのであろう。キリスト教は死後の天国を夢見る。共産主義は万人が自由、平等な天上の楽園を地上に実現しようとする。その違いだけなのだ。

張若飛は共産主義者ではない。しかし、キリスト教徒として違和感をもっているわけではない。

おわりに

読者諸賢はすでに気付かれたと思うが、近現代の日中関係は張作霖暗殺事件から狂い始めた。日清戦争から対華二一カ条要求に至る過程でも中国の「反日」民族主義がところどころ燃え上がるが、あくまでも部分的な現象に止まった。国が〝弱い〟からと自らのいたりなさを反省する空気が知的、政治的なエリート層を支配し、中国共産党初代総書記の陳独秀、周恩来、蒋介石など志ある青年が続々と〝強い〟日本に留学し、中華民国の国父とされる孫文も日本を活動の拠点にした。だが、張作霖暗殺事件を境に、日本の非道、無道が中国人民の怨嗟の的になった。

歴史認識問題を解消するには張作霖を正しく理解することが不可欠である。馬賊と貶め、中国国家元首（大元帥）へのあるまじきテロを隠蔽し、侵略政策を正当化してきた大正時代以来の官製常識からそろそろ解放されなければならない。

本文に詳しいように、張作霖は貧農の母親の細腕で育てられ、獣医の見習いをしていたが、日清戦争従軍後、時代に目覚め、先を読む目と卓越した人心掌握術で奉天軍閥の領袖、中国東北三省（満州）の覇者へと駆け上がり、全中国をうかがう。日本の三倍の広大な満州の地政学的な特徴を存分に生かし、地域特産の大豆で世界市場を席巻して豊穣の大地に変えた。目指すは万里の長城を超え、清朝滅亡後に軍閥が割拠する全中国を統一することである。

他方の日本は第一次大戦後の不況と凶作・飢饉に苦しみ、明治維新以来の「文明開化」＝西欧化政策が大きな曲がり角に差し掛かっていた。外交の柱と頼んでいた日英同盟も失効し、張作霖の東北政府との同盟に活路を見出そうとしていたのである。

「大東亜共栄圏」思想が日本で急速に広がったのもその頃で、孫文をはじめ中国の革命家にも共鳴するものが少なくなかった。しかし、力に物言わす領土拡張主義的な軍国主義がとぐろを巻き、張作霖に牙を剥いたのである。それを早くから見抜いていたのが伊藤博文を暗殺した朝鮮の独立運動家・安重根であり、獄中で著した未完の「東洋平和論」で「大東亜共栄圏」の変節を鋭く告発している。

「二人のプリンス」はそれに翻弄され、天皇裕仁は軍部にいいように操られ、敗戦後はA級戦犯容疑で訴追されかねない窮地に陥った。しかし、軍部が連合軍に解体されるのを奇禍とし、ポツダム宣言受諾の「聖断」で敗戦を受け止め、現人神の呪縛から自らを解放する人間宣言を発する。マッカーサーGHQ司令官の日本民主化の意を汲んで率先垂範し、平和憲法制定に尽力した。そうして象徴天皇の地位を全うし、一九八九年に八七歳の天寿を終えた。

伊藤博文ら野心的な下級武士・農民中心の薩長軍閥政府による急進的な文明開化政策の錦の御旗に利用されたのが明治天皇とするなら、その子の大正天皇は自立心旺盛で、庶民の中に入ろうとし、内では一夫一妻制で家族を大切にした。プレッシャーに潰されて脳の病を患い、勅書を丸めて遠眼鏡にしたと醜聞を流されたが、大正デモクラシーはその開明性と無関係ではありえない。それを見ながら育ったのが昭和天皇であり、戦後日本再出発にあたって生涯、最初にして最後のイニシアチブを発揮したのである。

もう一人のプリンス、張学良は裕仁に倍する苦難の道を歩み、二つの大きな謎を遺した。一つは西安事変の真相について証言を拒んだことである。蔣介石は共産党員であると疑い、幽閉して自白を待ったが、張学良は頑として口をつぐんだ。本書執筆の目的の一つがその謎を明かすことにあったが、試みは成功したと自負している。

もう一つの謎は、台湾での半世紀の幽閉を解かれた張学良は故郷への里帰りを公言し、鄧小平も特使を送って「救国の英雄」の凱旋を促していた。しかし、張学良が向かったのは故郷東北と正反対方向のハワイであった。何故あれほど望んでいた故郷に、父が眠る瀋陽郊外の元帥陵に墓参すら行こうとしなかったのか、その訳についても固く口を閉じ、二〇〇一年に肺炎で一〇一年の波瀾万丈の生涯を終えた。

張学良が大陸への帰国を拒んだ原因は中国共産党の中にあった。張学良は無言の抗議をしたのであるが、大陸はそれを受け入れ、江沢民主席は弔電で「救国の英雄」と不滅の功績を称えた。「救国の英雄」張学良が全生涯をかけた理想を、「抗日」を全面に出す習近平はどう受け止めようとしているのか？　習が唱える「中華の夢」が具体的に問われる。

もはや中国の存在と役割なくしては世界の今と未来を語ることは難しい。かねてからそう考えていた著者は、東京圏の一隅に住む張学良の孫と知り合う好運を得た。一九五四年に四川省成都で生まれたが、周恩来首相の配慮で日本人の母親と一緒に「一時帰国」し、故あって現在に至るという。張学良と周恩来の特別な関係を垣間見た思いがし、中国近現代史の最大の謎とされる西安事変の真相に一直線に迫った。そうしてソ連崩壊後に外部に流出した史料などとあわせ、張学良が中国共産党秘密党員として周恩来らと密接に協力した歴史の真実にたどり着いた。それはコミンテルンの統一戦線の実践であると同時に、「抗日」に全人格をかけた張学良の信念そのものである。「抗日」の本質が見えた瞬間であった。

「抗日」の原点から、万人が自由平等な社会主義・共産主義社会実現を綱領に掲げながら、資本主義復活と受け取られている改革開放路線に驀進する中国の矛盾した現実を分析した。習近平の執念とでも言うべき腐敗撲滅運動の究極の目標や世界第一の経済大国を視野に入れた「中華の夢」に肉薄した。毛沢東、周恩来、張学良らが目指した理想は、人生最大の逆境にあった文化大革命の最中に下放された黄土高原に泥臭く根を下ろした習近平の中では、建前でも、絵に描いた理想でもない。

それは「ソ連を恋しくないものには心がない。ソ連に戻りたいものには能がない」とニヒルに語るプーチン・ロシア大統領の心情にも通じるところがあり、エマニュエル・トッド、トマ・ピケティ、チプラスらソ連崩壊後の思想難民と化した西欧知識人の見果てぬ夢でもある。

ソ連式社会主義が崩壊し、資本主義もまた格差拡大や地域紛争、環境汚染などで大きな曲がり角に差し掛かっている。一段と先行きが不透明で混沌とした現代世界は、偏狭なナショナリズムに傷付いた過去を根底から総括し、インターナショナルな地平線を新たに切り開く力強いビジョンと瑞々しい論理を求めている。

習近平政権が前人未踏の夢の実験に挑んでいることは間違いなかろう。

最後に、忍耐強く付き合っていただいた張若飛氏、出版を快諾していただいた竹内淳夫彩流社社長に感謝したい。また、無二の同志として長く支えてくれた妻・太景粉に心から感謝する。

参考文献

人民日報、朝日新聞、毎日新聞、読売新聞、東京新聞、産経新聞など

『張学良家族』（李翠蓬　安徽文芸出版社）

『習近平の密約』（加藤隆則　竹内誠一郎　文藝春秋）

『「ドイツ帝国」が世界を破滅させる』（エマニュエル・トッド　堀茂樹訳　文藝春秋）

『人類５万年　文明の興亡 上・下』（イアン・モリス　北川知子訳　筑摩書房）

『素顔の孫文―国父になった大ぼら吹き』（横山宏章　岩波書店）

『東京満蒙開拓団』（東京満蒙開拓団を知る会　ゆまに書房）

『張学良の昭和史最後の証言』（ＮＨＫ取材班／臼井勝美　角川書店）

『張家三代の興亡―孝文・作霖・学良の〝見果てぬ夢〟』（古野直也　芙蓉書房出版）

『溥儀の忠臣　工藤忠―忘れられた日本人の満州国』（山田勝芳　朝日新聞出版）

『張学良文集 1・2』（毕万闻主编　新华出版社）

『張学良　忘れられた貴公子』（松本一男　中央公論社）

『馬賊で見る「満州―張作霖の歩んだ道」』（渋谷由里　講談社選書メチエ）

『鄧小平文選』（中共中央文献編集委員会編　中共中央編訳局＋外文出版社訳　テン・ブックス）

『鄧小平秘録 上・下』（伊藤正　産経新聞社）

人民日報ＨＰ

『清朝と近代世界　一九世紀〈シリーズ中国近現代史1〉』（吉澤誠一郎　岩波新書）
『ダライ・ラマ「語る」』（ダライ・ラマ／相馬勝　小学館）
『第二次世界大戦　ヒトラーの戦い二』（児島襄　文春文庫）
『歴史・小説・人生』（浅田次郎　河出書房新社）
『過去の克服　ヒトラー後のドイツ』（石田勇治　白水社）
『ロシアの論理―復活した大国は何を目指すか』（武田善憲　中公新書）
『正義論』（ジョン・ロールズ　川本隆史・福間聡・神島裕子訳　紀伊国屋書店）
『科挙―中国の試験地獄』（宮崎市定　中公新書）

■著者紹介

河《ハ》 信《シン》基《ギ》

1971年中央大学法学部卒業。朝鮮新報記者、朝鮮大学経営学部主任教授（講座長）を経て評論活動に入る。朝鮮南北、日本、中国など東アジアの政治・経済問題を中心に各国・地域の伝統や文化を踏まえた分析は、タブーを排して本質を抉り、「慧眼」と評されている。著書は『朴正熙　韓国を強国に変えた男』ほか多数。

〝二人《ふたり》のプリンス〟と中国共産党《ちゅうごくきょうさんとう》
——張作霖《ちょうさくりん》の直系孫《ちょっけいまご》が語《かた》る天皇裕仁《てんのうひろひと》・張学良《ちょうがくりょう》・習近平《しゅうきんぺい》

2015年12月5日発行　　定価は、カバーに表示してあります

著者　河　信基

発行者　竹内淳夫

発行所　株式会社　彩流社
〒102-0071　東京都千代田区富士見2-2-2
TEL 03-3234-5931 FAX 03-3234-5932
ウェブサイト　http://www.sairyusha.co.jp
E-mail　sairyusha@sairyusha.co.jp

印刷　明和印刷㈱
製本　㈱村上製本所
装幀　佐々木正見

ISBN 978-4-7791-2189-0 C0030